청년
붓다

[큰글자책] 청년 붓다: 바람과 사자와 연꽃의 노래

발행일 큰글자책 초판3쇄 2023년 12월 20일(癸卯年 甲子月 壬子日) | **지은이** 고미숙
펴낸곳 북드라망 | **펴낸이** 김현경 | **주소** 서울시 종로구 사직로8길 24 1221호(내수동, 경희궁의아침 2단지) |
전화 02-739-9918 | **팩스** 070-4850-8883 | **이메일** bookdramang@gmail.com

ISBN 979-11-92128-26-9 03990

책으로 여는 지혜의 인드라망, 북드라망 **www.bookdramang.com**

바람과 사자와 연꽃의 노래

청년 붓다

고미숙 지음

티
BookDramang
북드라망

책머리에

붓다가 번개라면 청년은 피뢰침이었다!

나는 불자(불교신자)가 아니다. 명상이나 요가 같은 수행도 거의 해본 적이 없다. 그렇다고 불교를 깊이 연구한 학자도 아니다. 이런 처지에 '붓다 평전'을 쓰다니, '이게 가능해?'라는 자의식이 종종 올라왔지만, 이미 나는 쓰고 있었고, 이미 쓰기 시작한 다음에야 멈출 도리가 없었다.

대체 이 '사건'이 어디서 시작되었는지는 나도 모르겠다. 몇 년 전 『고미숙의 로드클래식』을 내면서 『서유기』와 맺은 인연 때문인 것도 같고, 코로나 팬데믹의 영향인 것도 같고, 유튜브에서 달라이 라마 강의를 들으면서 시작된 것도 같고, 깨봉(감이당&남산강학원의 본거지 깨봉빌딩) 청년들이 준 자극 때문인 것도 같고… 세상만사 다 그러하듯, 그 모든 인연이 두루 연동되었으리라(지난 20여 년 동안 깨봉의 멘토이신 정화스님께 매달 한 번씩 불경강의를 듣긴 했지만, 스님은 부처님 이야기는 거의 하지 않으신다. 주로 과학에 대한 이야기를 들려주신다^^).

나는 고전평론가다. 고전은 내게 있어 일용할 양식이자 활동의 플랫폼이고 존재의 지평선이다. 그동안 『열하일기』, 『동의보감』, 『임꺽정』 등을 '리라이팅'해 왔는데, 동양고전은 기본적으로 유불도儒佛道가 교차한다. 따라서 고전평론을 하다 보면 불경을 만나는 거야 필연적인 코스다. 크게 보면, 『동의보감』이 몸과 자연의 원리에 대한 탐구라면, 불교는 마음을 통해 우주의 다르마를 터득해 가는 여정이다(2021년 말에 낸 『몸에서 자연으로, 마음에서 우주로: with 동의보감&숫타니파타』가 그에 대한 간략한 스케치다). 그러니 고전을 통해 '몸과 마음', '생명과 우주'에 대한 탐구의 길 위에 들어선 다음에야 붓다와 마주치지 않을 도리가 있겠는가.

출발은 2017년 감이당에서 한 '불경세미나'부터였다. 불경은 팔리어로 된 초기경전, 한자로 된 대승경전이 주 텍스트다. 『숫타니파타』, 『담마파다』, 『우다나』 등이 전자에 해당한다면, 『유마경』, 『금강경』, 『화엄경』, 『법화경』 등이 후자에 속한다. 워낙 방대한 스케일이라 2년에 걸쳐 그야말로 '주마간산'走馬看山 격으로 읽어 갔다. 그럼에도 무지와 편견이 하나씩 깨어져 나갔다(자세한 내용은 이 책의 인트로에서 밝혔다).

그중에서도 나는 붓다의 생애가 가장 흥미진진했다. 대충 알고 있다고 생각했는데, 사실은 거의 모르고 있었던 것이다. 그래서인가. 매 장면이 감동의 연속이었다. 이렇게 파격적인 인생 스토리라니, 이렇게 전복적인 사유의 여정이라니. 비전은 심오하고 일상은 세밀하였다. 심오한데 이렇게 디테일하다고? 놀라웠다.

게다가 놀랍게도 그는 청년이었다! 출가할 때가 스물아홉 살, 성도할 때가 서른다섯 살. 청년기에 존재에 대한 근원적인 질문을 던지고 그 질문을 온몸으로 깨쳐 '일체지'一切智의 경지에 이르렀다. 완벽한 자유, 완벽한 해방이었다! 청년이 어떻게 그럴 수가? 라고 생각하겠지만 사실은 그 반대다. 청년이었기에 가능한 일이었다. 청년의 활기, 청년의 열정이 아니고선 불가능한 성취였다.

공교롭게도 우리 시대의 화두도 '청년'이다. 특히 우리 '감이당&남산강학원'의 비전이자 키워드 역시 '청년'이다. 그런데 붓다가 청년이라고? 이 오묘한 인연의 파동을 어찌 외면할 수 있으랴. 사회는 청년들에게 말한다. 너 자신이 진정 원하는 것을 하라고. 청년들은 답한다. 내가 뭘 원하는지를 모르겠다고. 원하는 건 치맥과 쇼핑, 맛집 등 오직 감각적 욕망

뿐이라고! 부모들은 청년들에게 말한다. 꿈을 가져라~ 꿈은 이루어진다! 청년들은 답한다. 꼭 꿈이 있어야 하나? 꿈을 이루면 정말로 자유와 해방을 누릴 수 있나? 그 '넘'의 꿈 때문에 얻은 건 불면증뿐이라고!

이것이 21세기 문명이 마주한 욕망의 블랙홀 혹은 허무의 사막이다. 붓다의 고뇌, 붓다의 깨달음이 아니고서야 어떻게 이 블랙홀을 빠져나올 것이며, 어떻게 이 사막을 통과할 수 있을까? 이것이 내가 '청년 붓다'라는 화두를 들게 된 내력이다. 붓다가 번개라면 청년은 피뢰침이었다고나 할까.

하지만 막상 작업을 시작하고 보니 도처에 장애였다. 가장 큰 장애는 나의 무지. 붓다의 가르침은 알면 알수록 모르는 게 많아진다. 한 걸음 다가가면 다시 저만치 천 걸음 앞에 멀어져 있다. 아, 역시 무리였어, 라고 생각하기를 여러 번. 그런 망설임을 타개해 준 한 귀인^^이 있었으니, 데이비드 봄 David Bohm(1917~1992)이 바로 그다! 그는 양자역학과 상대성 이론, 나아가 과학과 영성을 교차시킨 20세기 최고의 물리학자다. 아인슈타인이 '영적 아들'spiritual son이라 불렀고, 달라이 라마가 '과학의 구루'science guru라고 칭한 바로 그 사람.

데이비드 봄의 생애와 사상을 다룬 다큐멘터리 〈인피니트 포텐셜〉Infinite potential을 보면 이런 대목이 나온다. 미국 프린

청년 붓다

스턴 대학에서 양자역학의 정통이론에 대한 강의를 했는데, 그 강의의 끝에 그가 도달한 결론. "정말이지 양자역학이 뭔지를 모르겠어!" 그는 이렇게 결심한다. "무언가를 이해할 수 없다면 그때 해야 할 최선의 행위는 책을 쓰는 것이다." 다 알고 난 다음에 쓰는 게 아니라 뭔가를 이해하고 싶을 때 쓴다는 뜻이다. 그래서 그는 양자역학에 대한 책을 썼다고 한다. 그래서 나도 쓰기로 했다^^. 붓다의 다르마를 더 많이, 더 깊이 이해하려면 일단 쓰는 수밖에는.

불자도 수행자도 아닌 나에게 있어 붓다는 인류의 위대한 스승이다. 가야 할 길을 가르쳐 주는 스승이자 그 길을 함께 걷는 길벗이다. 그의 다르마는 깊고 넓다. 한마디로 '지혜의 바다'다. 나는 그 진리의 대양을 유영하고 싶다. 하지만 아직 해안가는커녕 실개천에서 자맥질하는 수준이다. 하지만 모든 실개천은 강물로, 강물은 바다를 향한다지 않는가. 이 책이 그 바다로 가는 한 걸음이 되기를 간절히 소망한다. 나에게도 또 여러분에게도!

남산 아래 '2080세대'의 유쾌한 배움터 깨봉빌딩에서
2022년 6월 1일
고미숙

차례

왜
'청년/붓다'인가?

붓다는 '청년'이다?!

먼저 청년에 대하여. 붓다의 이름은 싯다르타. 북인도의 작은 왕국 카필라바스투Kapilavastu의 왕자였다. 아버지 슈도다나Suddhodana 왕이 쉰이 넘어서 얻은 첫아들이었다. 유일한 후계자였다는 뜻. 그런데도 출가를 했다. 다시 말해 왕이 될 수 있고, 되어야만 하는 조건에서 그 조건을 박차고 나왔다는 뜻이다. 좀 놀랍긴 하지만 당시 인도에선 꽤 많은 왕자들이 숲으로 가서 수행자가 되었다. 워낙 땅이 넓어서 '헤아릴 수 없이' 많은 왕국이 있었고, 또 왕들은 '헤아릴 수 없이' 많은 왕비들을 거느렸기 때문에 또 '헤아릴 수 없이' 많은 왕자들이 태어났다. 그러다 보니 대부분은 왕이 될 수 없는 왕자들이었다. 출가한다고 해서 나라와 왕권을 포기하는 건 아니었다.

하지만 싯다르타는 달랐다. 버려야 할 것이 너무 많았다. 무엇보다 아버지 슈도다나의 사랑과 믿음, 백성들의 신망이 절대적이었다. 이 호의와 책임감을 떨쳐내기란 정말 어렵지 않았을까. 게다가 그의 신분은 크샤트리아, 당시 인도사상의 축인 바라문교의 전통에 따르면, 전사의 계급이었다. 전사에게 전쟁과 통치는 신성한 의무다. 바라문교의 경전인 『베다』를 비롯하여 힌두교의 경전인 『바가바드기타』 등에서 한결같이 강조해 마지않는 거룩하고도 고귀한 의무. 그것을 내려놓는다는 건 실로 엄청난 결단이었으리라.

출가할 때의 나이는 스물아홉. 성도成道 했을 때의 나이는 서른다섯. 스물아홉과 서른다섯. 당시로서도 그렇지만 우리 시대의 기준으로 보면 충분히 젊다! 무슨 뜻인가? 붓다의 고뇌와 깨달음은 청년기의 산물이라는 것. 이 사실은 몹시 중요하다. 모든 사상은 그 안에 시대를 뒤흔들 역동적 에너지를 품고 있지만 그렇다고 다 청년기의 산물은 아니다. 공자의 사상은 중년 이후에 무르익었고, 노자는 태어날 때 이미 노인이었다지 않은가. 그에 비해, 붓다의 가르침은 청년의 파토스가 아니고선 불가능하다.

무엇보다, 그가 던진 질문이 그렇다. 세상이 왜 이토록 부조리한가? 혹은 천하를 어떻게 평정할 것인가? 등의 정치·

사회적 질문이 아니라 어떻게 하면 '생로병사'의 괴로움에서 벗어날 것인가? 라니! 이 질문은 2,600년이 지난 지금도 인류의 보편적이고도 심오한 과제다. 조금도 퇴색하지 않은 살아 숨 쉬는 미션이다. 문명이 이토록 고도화된 지금도 사람들은 '노·병·사'를 감당하지 못한다. 출산과 양육은 엄청난 비용과 노동으로 산정되고, 성장해서는 노후대책을 위해 청춘을 다 바쳐야 하고, 질병에 대한 두려움은 보험에 대한 집착으로, 죽음에 대한 불안은 오직 노화를 지연시키는 것으로 대체한다(아니면 내세에 대한 열망으로 향하거나). 그럼에도 누구도 이런 사이클 자체를 질문하지 않는다. 그저 숙명으로 받아들일 뿐.

하지만 싯다르타는 달랐다. 싯다르타가 보기에 생로병사는 그 자체로 모든 괴로움의 원천이었다. 부자건 빈자건 여자건 남자건 건강한 이건 병약한 이건, 누구도 이 괴로움에서 벗어날 수 없다. 과연 이 고통에서 벗어나는 길은 없을까? 절실하고 절박했다. 그 절절함이 그로 하여금 스물아홉의 나이에, 아들이 태어난 바로 그날 밤, 성을 벗어나 숲으로 가게 했다. 이후 6년에 걸친 수련과 고행을 거쳐 마침내 깨달음의 새벽을 맞이한다. 이 과정은 청년의 신체성이 아니고는 결코 가능하지 않다.

초기 승단이 구성되는 과정 역시 그렇다. 깨달음을 이룬 직후 붓다는 사슴 동산에서 다섯 명의 수행자들을 깨달음으로 인도한다. 이후 수많은 청년들이 들어오면서 승단의 규모는 순식간에 천 명을 넘게 되었다. 일찍이 없었던 수행공동체가 탄생한 것이다. 몇 년 후, 다시 고향 카필라바스투로 귀환하여 아버지 슈도다나 왕에게 설법을 하고, 아들 라훌라를 포함하여 샤카Shakya 족 형제들을 대규모로 출가시킨다. 훗날 슈도다나 왕이 죽은 이후 양모(이모)와 누이들까지 붓다에게 귀의한다. 인류 최초로 여성을 위한 수행공동체가 탄생했다. 이 과정을 다 합치면 대략 5~6년. 마흔 전후 해서 이미 새로운 사상과 수행공동체의 지도자가 되었다. 이후 40여 년에 걸친 설법의 여정, 그리고 열반.

그렇다면 이런 의문이 생기리라. 애초 청년의 나이로 깨달았지만 성도 이후 승단의 번영과 영광 속에서 깨달음과 가르침이 좀 변질되지 않았을까? 충분히 가능한 일이다. 실제로 그런 경우는 드물지 않다. 나이가 들고 조직은 커지고 명성이 높아지면 어쩔 수 없이 사상은 노쇠해 간다. 타락까지는 아니라 해도 초기의 활력을 잃고 '기성화'되어 간다. 그래서 붓다의 생애 후반부가 궁금해진다.

길 위에서 진리를 설파한 지 어언 45년, 붓다는 이제 80세의 노인이 되었다. 3개월 뒤 열반에 들기로 선언한 그는 바라나시를 거쳐 북부 쿠시나가라Kuśinagara를 향해 걷는다. 수많은 제자들이 동행한다. 가는 도중에도 설법을 멈추지 않는다. 마침내 사라쌍수나무 아래 늙고 병들고 지친 몸을 누인다. 열반에 들기 직전 제자들에게 한 유언.

"용맹정진하라."

승단을 발전시키라거나 나의 유지를 잘 받들라거나 했다면 그것은 노쇠한 것이다. 보리수 아래의 깨달음이 고작 새로운 조직을 확대하고 스스로 우상이 되는 것에서 멈춘 셈이니까. 하지만 붓다는 그렇게 하지 않았다. 마지막 순간까지 스스로를 진리를 향해 쉼 없이 나아가는 존재로 규정했다. 한 종교의 교조가 아니라 구도자, 스승이자 도반으로. 하여 그는 깨달음에 도달했을 때도 청년이었고, 이후 여래와 세존으로 불린 중년에도, 나아가 죽음 앞에서도 청년이었다. 그의 사상 또한 그렇게 늘 푸르렀다.

무지와 편견

다음 키워드는 붓다. 왜 붓다인가? 붓다는 '스스로 깨어난 자'다. 무엇으로부터 깨어났는가? 삶을 괴로움으로 이끄는 미망 혹은 무명으로부터 깨어났다. 그리고 열반을 성취했다. 이것이 붓다의 여정이다. 너무 단순한가? 아니면 너무 모호한가? 그 전에 고백할 것이 있다.

우리는, 아니 나는 붓다에 대해 잘 알지 못했다. 무지는 편견을 낳고 편견은 또 오만을 낳는다. 가장 흔한 것이 불교는 세속을 등진 은둔의 사상이라는 것. 사찰을 에워싸고 있는 높은 산과 깊은 계곡의 이미지만으로 그렇게 단정했던 것이다. 출가가 얼마나 근원적이고 전복적인 결단인지, 그것이 얼마나 능동적 행위인지 전혀 헤아리지 못했다. "인간 사회에서 물러난 다른 출가자들과는 달리 불교수도승은 세상으로 돌아가 다른 사람들이 고통으로부터 해방을 찾는 것을 도우라는 명령을 받았다." 다시 말해, "그냥 폭력을 피하기만 하는 것이 아니라 '온 세상'의 고통을 덜어 주고 행복을 늘리기 위해 적극적으로 운동에 나설 것을 요구했다".(카렌 암스트롱, 『신의 전쟁』, 104쪽) 생각하면 너무 당연하다. 싯다르타의 출가 자체가 모든 중생을 고통으로부터 구제하기 위함이 아니었던가

다음, 이어지는 사항으로 허무주의 혹은 니힐리즘의 이미지가 있다. 공空, 고苦, 무상無常, 적멸寂滅, 열반涅槃 같은 언어들이 주는 그 어감에 휘둘린 것이다. 특히 무상이라는 말은 쓸쓸함과 처연함을 자아낸다. 무상은 그저 '모든 것이 머무름 없이 흘러간다'는 의미 아닌가. 지극히 당연하고 지극히 '쿨

한' 언어인데, 어째서 그런 감상적 이미지를 환기했을까. 그 뿐인가. 욕망과 집착을 버리라는 말은 무기력과 무관심으로, 행과 불행의 이분법을 벗어나라고 하면 즉시 세상만사 다 그게 그거라는 '귀차니즘'으로 귀결된다. 열광 아니면 허무를 오가는 이분법의 산물이다.

결정적으로 불교의 핵심은 지혜와 자비다. 이건 문외한들도 대강 아는 사실이다. 지혜와 자비, 참 좋은 말이다. 하지만 누구도 그것을 삶의 동력 혹은 문명적 비전으로 삼지는 않는다. 그보다는 실존주의, 해체주의, 혁명과 탈주, 변증법, 내재성 등 서구식 개념어가 훨씬 더 멋지고 근사하지 않은가. 말하자면 지혜와 자비는 그저 힐링언어에 불과할 뿐 지적 긴장감을 야기하지 않는다.

그럼 이렇게 물어보자. 그렇게 멋진 개념들이 대체 인간과 세계를 얼마나 바꾸었던가? 산업혁명 이후 특히 20세기를 장식한 그 현란한 개념어들이 인간의 정신사를 얼마나 진보하게 했던가? 물론 진보에 대한 다양한 증거를 나열할 수도 있다. 하지만 그 대부분은 기술문명과 시스템, 한마디로 물질적 차원에 해당할 뿐이다. 그러나 잊지 마시라. 바로 그런 진보가 일어난 20세기가 호모사피엔스의 탄생 이래 가장 잔혹한 폭력과 학살이 난무한 시대였음을. 부의 격차와 정신적 빈곤이 가장 심화된 시대였음을.

청년 붓다

그 결과가 바로 우리 시대다. 21세기 들어 디지털혁명으로 유례없는 혁신을 거듭했건만 우리의 일상은, 우리의 내면은 여전히 초라하고 빈곤하다. 더 유감스러운 일은 앞으로도 크게 달라질 것 같지 않다는 사실이다. 드론으로 출퇴근을 하고, 하이퍼루프로 공간이동을 하고, 화성 여행이 일상이 되는 날이 온다 한들 우리의 마음이 '하늘처럼 넓어지고 별처럼 빛날' 수 있을까? 천지만물과 소통하고 교감할 수 있을까? 실로 요원하다.

그럼 어떻게 해야 하나? 방향은 간단하다. 소유에서 자유로! 증식에서 순환으로! 확장에서 공감으로! 물리학적 용어로 말해 보면, 앞만 보고 달려가는 직선운동에서 매 순간 방향과 속도를 바꾸는 원운동으로! 코로나 팬데믹은 이런 전환을 더 이상 미룰 이유도, 여유도 없음을 깨우쳐 주었다. 그럼 공존과 순환의 원운동을 위해선 어떤 덕목이 필요할까? 지혜와 자비! 그렇다. 이 낱말들 자체가 바로 무한한 원운동의 표현이다. 모든 이분법은 직선운동의 산물이다. 경쟁과 갈등, 고통과 슬픔을 낳을 수밖에 없다. 그에 반해 원운동에선 이분법이 통하지 않는다. 시작도 끝도 없다. 어디서든 시작할 수 있고, 무엇과도 접속할 수 있다. 순간이 곧 영원이다. 지혜와 자비의 이치가 바로 그러하다. 마침내 우리는 이 언어들의 무한한 잠재력과 마주하게 되었다.

이어지는 또 하나의 편견. 붓다의 깨달음은 번개를 맞은 듯 문득 일어나는 사건이지 배움이나 학습, 지성과는 무관하다는 통념이 있다. 불립문자, 언어도단, 이심전심의 사자성어가 유행하면서 생겨난 이미지다. 차근차근 배우고 익혀서 한 걸음씩 나아가는 건 불교가 아니다. 왜? 불교는 언어와 사유를 단번에 도약하여 '백척간두진일보'百尺竿頭進一步하는 것이니까. 왠지 〈동사서독〉, 〈와호장룡〉 등 무협영화의 아우라가 물씬 풍겨난다. 이 또한 단연코 오해다.

불교는 신이나 초월자 혹은 교주에 대한 신앙이 아니다. 붓다는 신이 아니고 스승이다. 더 정확히 표현하면 '신과 인간들의 스승'이다. 불교에 입문한다는 건 부처님을 신처럼 떠받드는 것이 아니라, 붓다를 스승으로 모시고 열심히 배운다는 뜻이다. 듣고聞 사유하고思 닦는다修는 뜻이다. 불교는 원칙적으로 신자가 되기를 요구하지 않는다. 개종을 요구하지도 않는다. 단지 진리(다르마)의 파동에 접속하라고, 존재와 세계에 대한 가장 '올바른'—진실하면서도 효과적인—길을 가라고 제안할 뿐이다. 출가가 최고의 길이긴 하지만 깨달음의 길은 사방에, 도처에 있다. 삶의 모든 순간이 출가요 깨달음이다.

마지막으로 가장 통속적인 편견이 하나 있다. 불교는 노년에나 적합한 종교라는 것. 무아와 무소유, 비움과 내려놓음

등을 지극히 수동적으로, 노쇠한 행위로 간주한 탓이다. 이거야말로 어처구니없는 전도다. 비우는 것이 얼마나 어려운가? 내려놓음이야말로 고도의 능동적 행위다. 달리는 것보다 멈추는 것이 훨씬 어렵지 않은가. 더구나 지금처럼 초고속으로 질주하는 시대에는 더더욱. 노동과 명상, 어느 것이 더 쉬울까. 명상이 몇 배 더 어렵다. 시선을 밖에서 안으로 돌려야 하기 때문이다. 노동과 배움, 어느 것이 더 어려울까. 배움이 훨씬 더 어렵다. 고도의 집중력을 발휘해야 하기 때문이다.

현대인은 휴식을 모른다. 그래서 생각의 폭류를 멈추지 못한다. 지혜와 통찰의 가치를 잊은 지 오래다. 그런데 하물며 무아라니, 열반이라니, 해탈이라니. 하여 이 깨달음에는 청년의 '활발발'한 에너지가 필요하다. 시공을 가로지르는 '발원'이 필요하다. 한마디로 눈부시게 역동적이어야 한다. 물론 중년 이후 노년, 아니 살아 있는 한 수행을 할 수 있고, 해야 한다. 하지만 반드시 마음의 방향과 일상의 배치를 바꾸어야 한다. 묻고 탐구하고 관찰하고 비우고… 욕망과 소유에 찌든 '낡고 노쇠한' 습관으론 절대 가능하지 않다. 그런 점에서 붓다의 가르침이야말로 다시 청춘을 회복하는 길이기도 하다. 참 역설적이게도!

도시와 숲, 그 '사이에서'

이미 말했듯이, 불교 수행의 목적은 은둔이 아니다. 삶으로부터 도주하기 위해 떠나는 것이 아니라 다시 돌아오기 위해 떠난다. 결정적으로 붓다의 사상은 도시문명의 산물이다. 붓다의 행로 자체가 그렇다. 출가란 왕궁을 벗어나 숲으로 가는 행위다. 하지만 그 숲은 도시의 외곽에 있다. 즉, 도시를 벗어난 산정이 아니라는 것. 이건 너무나 당연한 것이 수행자들은 모두 탁발에 의존해야 하기 때문에 도시문명을 벗어날 수가 없었다. 중생을 여의고 부처가 될 수 없음은 초기 조건부터 그랬던 것이다.

깨달음을 이룬 직후 붓다는 망설이고 주저한다. 과연 이 법의 이치를 알아들을 수 있는 중생이 있을까 하면서. 고심 끝에 결단을 내리는 순간, 그의 발길은 우루벨라 숲에서 바라나시라는 도시로 향한다. 히말라야에서 발원한 갠지스 강이 처음 방향을 북으로 바꾸는 곳에 위치한 바라나시는 당시 가장 번성한 도시 중의 하나였다. 지금도 바라나시는 인도인들이 가장 사랑하는 도시다. 이름 자체가 '영적인 빛으로 충만한 도시'라는 뜻이다. 하여, 힌두교인들은 갠지스 강에서 목욕을 하면 업장을 소멸할 수 있고, 그곳에서 죽음을 맞이하면 해탈에 이를 수 있다고 믿는다(물론 붓다는 이런 식의 믿음을 간단히 뒤집었다. 만약 그게 사실이라면 갠지스 강의 물고기가 가장 먼저 해탈했을 거라면서^^). 기본적으로 힌두교의 성지지만 붓다의 초전법륜初轉法輪이 행해진 곳이기도 하다. 처음의 발걸음뿐 아니라 이후에도 그의 발길은 늘 도시를 향했다. 라자가하, 사왓티, 바이샬리 등 붓다가 가장 오래 머무르고 사랑했던 곳은 도시였다.

물론 붓다와 제자들의 커뮤니티는 도시의 외곽인 숲에 있었다. 숲에서 도시로, 도시에서 다시 숲으로. 핵심은 도시도 숲도 아닌 그 '사이'다. 도시와 숲의 이분법을 벗어나는 그 경계, 거기가 붓다의 동선이다. 도시는 중생의 욕망이 들끓는 곳이다. 그 욕망과의 거리두기를 하려면 숲으로 가야 한다. 하지만 그렇게 해서 도시와 숲이 이원화되면 다시 도루묵이다. 욕망으로부터의 해방이 구원인 건 맞지만, 욕망을 부정하고 해탈을 꿈꾼다면 그거야말로 허망한 노릇이다. 욕망의 진흙탕 속에서, 번뇌의 소용돌이 한가운데서, 욕망과 번뇌가 방향을 바꿀 때 그때 비로소 열반으로 가는 여정이 시작된다. 그러므로 붓다의 동선이 도시와 숲, 그 사이에서 유동했던 것은 실로 당연하다.

당시 인도는 부족국가에서 도시국가로의 전환이 일어나는 시점이었다. 도시문명은 혈연에서 계약으로, 정서적 유대에서 합리적 이성으로, 더 구체적으로는 신에 대한 숭배와

제의에서 인간의 내면적 역량에 대한 발견과 탐구로 사상의 축이 이동하는 것을 특징으로 한다. 대제국의 출현으로 전쟁과 폭력이 난무하는 시대이기도 했지만, 다른 한편 교역량이 늘면서 도시 사이의 교류도 활발했다. 혈통과 지역을 벗어나 다양한 네트워크가 가능해진 것이다. 오랫동안 사람들을 꽁꽁 묶어 놓았던 카스트 제도의 경계도 느슨해지기 시작했다.

이런 분위기에 발맞추어 초기의 출가자들은 대부분 도시국가의 왕과 왕자들, 혹은 부유한 장자長者의 아들들이었다. 이들은 바라문교(브라만교)의 경전을 마스터하고, 동시에 무술과 요가까지도 통달한 엘리트 집단이었다. 하지만 그들은 『베다』의 권위를 포함하여 전통과 관습의 매너리즘에 격하게 반발하고 있었다. 시대전환에 목말랐던 이 청년들은 붓다가 제시한 영적 비전에 열렬하게 응답했다. 한마디로 초기의 승단은 청년의 활력과 지적 파토스가 넘치는 커뮤니티였다. 사상과 조직, 존재방식 모든 면에서 혁신이자 대안이었다.

붓다의 상가, 즉 남녀수도승으로 이루어진 교단은 왕궁의 폭력성의 대안이 될 수 있는 다른 종류의 사회를 모범으로 삼았다. (……) [코살라의 파세나디] 왕은 비꼬듯이 궁정에서는 모두가 부와 지위를 누리고 표독스럽게 경쟁하는 반면, 상가에서 수도승은 "우유와 물처럼 경쟁하지 않고 서로 친절한 눈으로 바라보며 함께 산다"고 말했다. (……)

불교도는 다른 출가자들처럼 숲으로 들어가 사라지는 대신 눈에 잘 띄었다. 붓다는 수도승들 수백 명과 함께 여행하곤 했다. 노란 가사를 입고 머리를 깎은 채 상인들과 나란히 교역로를 따라 걷는 그들의 모습은 주류에 대한 이의 제기를 몸으로 보여 주었다.

(카렌 암스트롱, 『신의 전쟁』, 105쪽)

불교, 마음의 혁명

"붓다께서는 말씀하셨습니다. 제자들이여, 나의 가르침이라도 논리에 맞지 않으면 가차없이 버리라고. 그래서 우리는 늘 "왜?", "왜?"라고 물었죠. 결코 쉽게 "예스"라고 하지 않았습니다."

(14대 달라이 라마)

그렇다. 붓다는 자신에 대한 신앙과 믿음을 요구하지 않았다. 끊임없이 탐구하여 존재와 세계의 연기법을 스스로 터득하라고, 그리하여 무명에서 벗어나 열반을 성취하라고 당부했다. 그래서 불교는 가장 먼저 마음을 탐구한다. 출발은 역시 '고'苦다. 삶은 왜 이토록 괴로운가? 괴로움에는 여러 가지가 있다. 질병, 가난, 차별, 전쟁 등등. 하지만 붓다의 시선은 훨씬 더 깊은 곳을 향한다. 부자든 빈자든 노인이든 청년이든 누구에게나 생로병사는 그 자체로 '고'다. 우리를 둘러싼 모든 것이 잠시도 머물러 있지 않기 때문이다. 만나면 헤어져야 하고 얻으면 잃어야 한다. 생겨나면 소멸한다. 누구도 이 숙명에서 벗어날 수 없다. 모든 영광과 즐거움을 다 누린 양소유(『구운몽』의 주인공)가 최후에 도달한 것도 '참을 수 없는 존재의 허무함'이었다.

결정적으로 우리 시대가 그 증거다. "우리는 모두 세속적인 방식이든 종교적인 방식이든 현대 문화의 핵심에 자리잡은 '무', 공허와 씨름하고 있다."(카렌 암스트롱, 『신의 전쟁』, 607쪽) 이 공허가 전쟁, 자살테러, 죽음충동 등으로 이어진다는 게 저자의 해석이다. 결국 물질적·외부적 조건을 통해서는 이 원초적 괴로움에서 벗어날 수 없다. 이제 정말로 방향을 돌려야 한다. 외부에서 내부로! 물질에서 정신으로! 붓다의 출가도 거기에서 시작한다.

불교는 마음의 과학이다. 하여, 20세기 혁명가들에 의해서 인민의 아편, 유심론, 퇴폐적 부르주아 사상으로 낙인찍혔다. '물적 토대가 상부구조를 규정한다'는 유물론적 원칙에 따르면 그렇다. 마음을 탐구해서 언제 인류를 해방한단 말인가.

나도 그렇게 믿었다. 오직 집단적·계급적 연대만이 전 지구적 모순을 해결할 것이라고. 계급적 차별이 사라지면 전 인류가 자유와 평등을 누릴 것이라고. 물론 그런 고투와 노력 덕분에 적잖은 성취를 이루게 된 건 맞다. 복지 수준이 높아진 것 역시 맞다. 하지만 그 사상의 한계 또한 분명하다. 지난 30여 년 전과 비교하면 우리가 누리는 물질적 혜택은 경천동지할 수준이다. 그럼, 그에 비례하여 정신의 자유를 누리게 되었는가? 아니 그 이전에 불평등은 해소되었는가? 아무도 그렇게 생각하지 않을 것이다. 오히려 격차는 더 벌어졌고 마음은 더 황폐해졌다. 갈등과 대립, 불안과 공허는 거의 모든 이들의 영혼을 잠식하고 있다. 그러고 보니 알겠다. 행복이나 자유는 마음의 영역인데, 우리는 그것을 전혀 돌보지 않았다는 것을. 오직 물질적 분배, 제도적 개혁에만 올인했다는 것을.

그런 점에서 마음은 정말 힘이 세다. 물질이 아무리 넉넉해져도, 복지 수준이 아무리 높아져도 마음은 충만함을 느끼지 못한다. 그 결과 현대인은 우울증, 분노조절장애 아니면 불면증을 앓는 중이다. 정신분석과 뇌과학, 각종 테라피가 넘치는 이유다. 나아가 과연 마음과 물질이 서로 다른 것인가에 대해서도 따져 봐야 한다. 몸과 마음, 존재와 세계, 이 항목들은 서로 나누어질 수 있는가? 또 현대인을 감싸고 도는 이 고립과 허무는 정치경제학적 문제인가, 아닌가? 등등.

그 근원을 따지고 들어가면 결국 생로병사로 압축된다. 더 구체적으로 말하면, 생로병사를 어떻게 해석할 것인가? 특히 생사의 장벽을 어떻게 돌파할 것인가? 이 문제를 풀지 못하는 한 누구도 불안과 공허에서 벗어날 수 없다. 그렇다. 바로 여기가 승부처다. 더 이상 미룰 수도, 외면할 수도 없다. 이제 인류에게 주어진 미션은 마음의 혁명이다. 하여, 붓다를 만나야 한다!

붓다, 21세기 슈가맨

1999년 12월 31일, 새천년을 알리는 폭죽이 터지는 도심 한가운데를 야밤중에 쏘다닌 기억이 있다. 2000년이라는 숫자를 카운팅하면서. 드디어 21세기가 도래하는가? 싶었지만 그저 숫자만 달라졌을 뿐, 별반 차이를 느끼지 못했다. 2008년 금융위기, 이건 좀 충격이었다. 금융자산의 버블경제가 산산이 부서지는 걸 목격했으니. 동시에 스마트폰이라는 '요술램프'가 모두의 손에 쥐어졌다. 스마트폰은 모든 차별을 해체했다. 그야말로 무차별의 세상이 열렸다. 누구나, 어디서나, 언제나 접속할 수 있는! 아, 그래서 이제 진짜 21세기로군. 그랬는데… 2020년, 진정 돌이킬 수 없고, 그 누구도 의심할 수 없는 21세기의 도래를 목도하였다. 그 이름도 '찬란한' 코로나 팬데믹! 스마트폰의 세기에서 바이러스의 시대로. 전자가 기술적으로 세계를 연결했다면 후자는 전 인류를 생리적 차원에서 연결시켜 주었다. 마침내 21세기다! 21세기란 무엇인가? 전 지구가, 전 인류가 촘촘하게 —미시적으로 또 거시적으로— 연결된 시대를 뜻한다.

더 나아가 이 모든 것의 출발은 바로 박쥐, 그리고 야생동물이다. 우리는 왜 그토록 동물들을 탐한 것일까? 그들을 사랑해서? 아니다! 욕망했을 뿐이다. 그 욕망이 부메랑이 되어 돌아온 것이다. 야생동물에 대한 탐닉, 그리고 식탐만의 문제가 아니다. 현대인은 모든 것에 탐닉한다. 상품에 탐닉하고 이미지에 탐닉하고 일에 탐닉하고 관계에 탐닉하고… 탐닉이 곧 삶의 동력이자 행복의 척도라고 착각한다. 코로나가 지나가면 사회적 거리두기는 멈추게 될 것이다. 하지만 그때부터 우리는 '욕망과의 거리두기'를 시도해야 한다.

그런데 이 욕망은 어디서, 어떻게 작동하는가? 그 근원을 탐색하다 보면 결국 마음이라는 장을 만나게 된다. 마음은 어디에 있는가? 뇌에 있는 것도 심장에 있는 것도 아니다. 안에 있는 것도, 바깥에 있는 것도 아니다. 대체 무엇이 마음의 작용인가? 감각적 변화? 감정의 파노라마? 이성 혹은 의지? 의식과 무의식? 잘 모른다. 하지만 분명한 건 우리는 그동안 이 영역을 완전히 방치하거나 은폐해 왔다는 사실이다. 그것을 어떻게 활용하고 고양시킬지를 생각해 본 적이 없다는 것. 마음의 영역은 하늘보다 넓고 바다보다 깊다. 한마디로, 경계가 없다. 그러니 탐구해야 한다. 팬데믹이 던져 준 시대적 미션, 기후재난에 대처하는 길, 인간과 자연의 대칭성을 회복하는 길도 거기에 있을 것이다. 그래서 붓다다.

붓다는 2,600년 전 마음이 어떻게 이 세계를 창조하고 파괴하고 날조하는지를 생생하게 목격하였다. 인류사에 있어 마음이라는 대양에서 무슨 일이 벌어지고 있는가를 이토록 심오하게 또 치밀하게 탐구한 지성은 없다! 그런 점에서 불교는 제도종교의 영역이 아니라 인류학의 차원에서, 영성과 윤리학, 교육학의 지평에서 유통되어야 한다. 신자가 될 것인가, 아닌가는 각자의 몫이다. 신자든 아니든, 공감하든 반발하든 마음의 탐구라는 이 인류의 자산은 모두의 삶에 적극 활용되어야 한다. 상대성이론, 양자역학, 뇌과학 등의 첨단과학과 교감할 수 있는 최고의 영적 내비게이션이기도 하다.

이렇듯 코로나19는 마음과 과학, 과학과 영성이라는 양극단에 있었던 가치들을 단숨에 하나의 지평 위로 옮겨 주었다. 2,600년 전에도 도시문명·도시지성의 산물이었듯이, 붓다의 가르침은 21세기 디지털문명, 온라인세대와 나란히 함께 간다! 21세기가 붓다를 끊임없이 소환하는 이유다. 21세기 슈가맨, 붓다!

* * *

붓다가 21세기 슈가맨인 사소하지만 결정적^^ 증거가 하나 있다. 청년들과 붓다가 코드가 잘 맞는다는 것. 믿기 어렵겠지만, 사실이다. 감이당&남산강학원에는 청년백수들이 꽤 있다. 겉보기엔 부족함이 없어 보이지만 하나같이 마음이 텅 비어 있다. 공空을 깨달았다는 뜻이 아니라^^, 삶이 더할 나위 없이 공허하다는 뜻. 왜? 마음이 정처가 없다. 일자리, 내 집 마련, 결혼, 육아 때문에? 그런 줄 알았다. 하지만 그보다 훨씬 깊은 공허였다. 그런 정치경제적 차원으로 환원될 수 없는, 깊이도 나락도 알 수 없는 공허! 그도 그럴 것이, 왜 사는지, 어떻게 살아야 하는지, 무엇이 좋은 삶인지를 모르기 때문이다. 삶의 비전, 욕망의 지도를 제대로 탐사해 본 적이 없기 때문이다. 그러니 아무리 쇼핑과 게임, 포르노에 탐닉해도 가슴이 늘 헛헛하기만 하다. 이들의 마음은 이제 더 이상 자기계발이나 심리상담 등으로 해소되지 않는다. 훨씬 더 근원적인 치유와 모색이 필요하다.

몇 년 전부터 감이당에선 다양한 종류의 불경세미나와 강의(특히 정화스님의 불교강의)를 진행해 왔다. 붓다의 가르침은 참으로 디테일하지만 동시에 심오하기 이를 데 없다. 우리의 모든 통념과 전제를 깨는, 인류 지성사의 최고 형식이기 때문이다. 그런데 청년들은 그 오묘한 비전과 세밀한 터치에 매료된다. 그 이야기에 귀를 기울이고 거기에 비추어 자기를 돌아본다. 언빌리버블! 우리의 통념으론 그런 식의 심층적 언설과는 가장 거리가 멀 것 같은 세대인데 말이다. 그래서 알게 되었다. 우리 시대 청년들에겐 인류 최고, 최상의 스승이 필요하다는 것.

하여, 다시 서두로 돌아가서 "왜 청년 붓다인가?"라고 묻는다면 아마도 이게 최고의 답변이 되지 않을까? ─ 붓다는 청년이다. 청년은 붓다를 좋아한다!^^

청년 붓다의 사자후,
『숫타니파타』

N개의 사건, 천 개의 스토리

붓다는 신이 아니다. 인간이다. 대부분의 종교는 신의 계시와 은총에서 시작한다. 세계의 종교는 크게 구분하면 유일신교와 다신교로 나뉜다. 단 하나의 초월자를 설정하면 전자에, 창조, 파괴, 유지 등 다양한 신들을 설정하면 후자로 분류된다. 불교는 일一도 다수多數도 아닌 제로(0)라 할 수 있다. 붓다는 종교의 창시자들 가운데 "순수하게 인간으로 남아 있기 바랐던 유일한 인물이었다". 아울러 "신이나 외적인 힘에서 오는 어떠한 영감도 요구하지 않았다".(월폴라 라훌라, 『붓다의 가르침과 팔정도』, 23쪽)

그러면 유물론 혹은 무신론인가, 라고 생각할 수 있지만 그건 아니다. 붓다는 물질과 관념, 영혼과 육체를 이원적으로 나누지 않는다. 유물론도 아니고 관념론도 아닌 셈이다. 또 창조주나 초월적 주체를 설정하진 않지만, 그렇다고 신들의 세계를 부정하지도 않는다. 아니, 오히려 붓다의 가르침에는 다양한 신들과 마왕, 하늘사람들이 등장한다. 다만 이들의 세계 역시 거대한 윤회의 프로세스 가운데 하나라고 간주할 뿐이다. 그렇기 때문에 신과의 합일을 이루거나 죽은 다음에 천국이나 신의 나라에 태어나는 것을 목표로 하지 않는다.

신과 아수라, 인간과 아귀, 축생과 지옥으로 구획된 '육도윤회'의 사이클에서 벗어나는 것. 그것이 열반이고 해탈이다. 따라서 신에 대한 제식과 희생제의 등으로는 그 길에 도달할 수 없다. 신앙과 기도만으로도 역시 가능하지 않다. 그럼 어떻게? 오직 인간 내부의 본성, 그 무한한 잠재력을 깨어나게 함으로써만 가능하다. 붓다가 스스로를 '깨어난 자'라고 말한 것도 그런 맥락이다. 하여, 불교에 입문하려면 당연히 붓다의 생애부터 찬찬히 살펴봐야 한다. 어떤 과정을 거쳐 그런 궁극의 경지에 도달했는지, 깨달음의 구체적 내용이 무엇인지, 그것이 어떻게 우리 존재를 변형시켜 주는지 등등.

붓다의 생애는 단순명료하다. 북인도(현재의 네팔 근처) 작은 나라의 왕자로 태어나 29세에 출가. 6년간의 선정과 고행 끝에 35세에 마침내 도를 이루었다. 이후의 45년은 설법과 유행의 시간이었고, 마지막 80세에 완전한 열반에 이른다. 열반에 이르기 전, 비탄에 빠진 제자들의 마음을 위로하기 위해 자신이 걸어온 자취를 기념하라고 일러 준다. 이른바 4성지다. 탄생한 곳—룸비니 동산, 성도한 곳—붓다가야, 초전법륜—바라나시의 사슴 동산. 그리고 열반에 이른 쿠시나가라. 참, 단순하다 못해 심심할 지경이다. 신화적 판타지를 기대하는 중생들한테는 좀 실망스러울 정도다. 하지만 달리 생각하면, 이 심플한 연대기는 여백이 무한하다는 뜻이다. 즉, 수많은 스토리가 생성될 수 있다는 뜻이다.

실제로 그렇다. 붓다의 전기는 다종다양하다. 이렇게 단순한 여정으로 이렇게 다양한 스토리텔링이 가능하다니. 언뜻 판소리 양식을 연상시킨다. 우리는 판소리 다섯 마당(춘향가·심청가·흥보가·수궁가·적벽가)의 내용을 다 안다. 그런데도 그 이야기들은 매번 다르게 변주된다. 고수와 창자에 따라 전혀 다른 울림을 준다. 기승전결 어느 대목인지 알기 때문에 더 흥미진진하다. 다음 대목이 궁금해서 조바심칠 필요가 없다. 그게 판소리의 매력이자 생명력이다. 발단–전개–절정–대단원으로 이어지는 직선적 과정이 아니라 시작도 끝도 없는, 어디서나 시작할 수 있고 또 끝낼 수 있는 원운동에 가깝다.

붓다의 생애는 훨씬 더 그렇다. 탄생, 출가, 성도, 설법, 열반—불교에 입문하면, 아니 그저 약간의 교양만 있어도 이 스토리는 대충 안다. 그래서 전개와 결말이 궁금한 게 아니라 각각의 스텝이 갖는 의미망, 그 의미망이 자아내는 다채로운 화음에 집중하게 된다. 그리고 이 서사에는 인간만 나오는 게 아니다. 마왕 파순, 천신, 브라흐마, 온갖 정령들, 코끼리, 박쥐 등도 등장한다. 나무의 신들과 용왕, 유정무정의 생물들이 다 조연, 아니면 카메오로 등장한다. 당연히 신화적인 이야기들도 넘쳐난다. 역사와 신화가 씨실과 날실로 교차되어 수많은 의미망을 뿜어낸다. 인간들의 유형은 말할 것도 없다. 왕과 왕비들, 장자, 서민, 노예, 그리고 창녀, 대장장이 등등. 성격도 스타일도 각양각색인 데다 적나라하게 표현되어 있다. 그러니까 붓다의 생애는 온 세상의 중생들, 그들의 삶을 두루 비춰 주는 거울 혹은 스크린에 해당한다. 이 스크린을 통과하는 무수한 필름들을 어떻게 편집하고, 어떻게 해석할지는 각자의 몫이다.

그러므로 누구든 붓다 평전의 스토리텔러가 될 수 있다. 신화들로 가득 채울 수도 있고, 역사적으로 증명된 팩트만으로 구성할 수도 있다. 혹은 신화와 역사 사이를 자유롭게 넘나들 수도 있다. 생애의 어느 한 부분만 클로즈업하거나 45년간의 설법 가운데 몇 장면만 부각할 수도 있다. 그야말로 N개의 사건, 천 개의 스토리가 가능하다. 초입자에 불과한 내가 감히 이런 작업을 감행하게 된 배경도 거기에 있다.

이미 서술했듯이, 이 책의 키워드는 청년! 붓다의 생애와 사상을 청년이라는 코드에 맞출 것이다. 해서, 탄생과 성장, 그리고 출가와 성도, 초전법륜을 펼친 이후 북인도를 종횡하면서 법을 설파하는 시기까지가 핵심이다. 이후 필름은 빠르게 돌아 열반으로 가는 여정으로 마무리된다. 언급했듯이, 그 장면이야말로 붓다의 생애, 붓다의 다르마가 청년의 푸르름을 잃지 않았음을 증명해 주는 최고의 순간이다. 클라이맥스이자 대단원.

다르마는 유동한다!

이제, 이 책의 부제에 대해 이야기를 할 차례다. 왜 '바람과 사자와 연꽃의 노래'인가? 이 낱말들은 『숫타니파타』의 게송에서 유래한다. 『숫타니파타』는 초기경전 가운데 가장 오래된 텍스트로 꼽힌다. 다시 말해 청년 붓다의 여정을 가장 생생하게 증언하고 있다는 뜻이다. 하여, 청년 붓다의 여정에 『숫타니파타』를 동반자로 삼을 예정이다. 물론 다른 경전들도 등장하긴 한다. 하지만 기본 베이스는 『숫타니파타』가 될 것이다.

붓다의 열반 이후, 제자들에겐 붓다의 설법, 곧 경전을 정리하는 작업이 매우 중요해졌다. 처음에는 상당 기간 낭송으로 전승되었다고 한다. 그 어마어마한 분량을 다 암송으로 전파했다니, 생각할수록 장엄하고 경이롭다. 이후 문자화되면서 산스크리트어로, 팔리어로 기록되었고, 이후 다시 한자로, 티베트어로 번역되었다. 따라서 불교에 입문한다는 건 불교가 전파된 다양한 문명권과 접속하는 것을 의미한다. 인도를 비롯하여 중앙아시아, 중국, 남아시아, 그리고 20세기 이후 서구와 아메리카로. 붓다의 가르침은 빛이자 파동이다. 고로 끊임없이 유동한다. 결코 머무르는 법이 없다.

B.C. 3세기 최초로 인도를 통일한 아소카 왕 이후 불교는 인도의 국교가 되면서 전성기를 맞이한다. 아울러 붓다의 법에 관한 다양한 이론들이 범람하게 되는데, 이때를 부파불교部派佛教라고 한다. 동시에 엄청난 물적 지원을 받게 되자 수행자들은 더 이상 붓다 시대처럼 탁발에 의지하지 않고 거대한 승원 혹은 토굴에서 지내게 되었다. 이론적으로나 현실적으로나 세속의 중생들과 상당한 괴리가 생긴 셈이다.

이때 재가자들 중심으로 다르마 자체보다는 붓다라는 인격에 대한 열망으로의 변화가 일어났고, 그와 동시에 사상적 축이 수행자들의 개별적 해탈에서 중생 구제라는 원대한 미션으로 바뀌게 되었다. 이것이 바로 큰 수레바퀴, 곧 대승大乘이다. 말하자면 대중을 중심으로 아주 혁신적인 불교운동이 일어난 것이다. 언어의 힘이라는 게 참 묘해서 한쪽이 대승의 기치를 내거는 순간, 반대편은 소승小乘이 되고 만다. 하지만 세상에 누가 스스로를 소승이라고 자처하겠는가. 게다가 소승불교는 초기불교, 즉 붓다가 직접 설한 경전에 근거하는데, 이렇게 되면 붓다가 소승의 교주가 되는 아이러니가 발생한다. 게다가 이런 식의 이원화는 전혀 '불교적'이지 않다.

소승/대승보다 더 좋은 분류법이 있다. 경전이 쓰인 문자를 중심으로 하는 것. 가장 먼저 산스크리트어 경전이 있다. 하지만 붓다는 산스크리트어로 설법을 펼치지 않았다. 붓다의 언어는 북인도의 대제국인 마가다국의 방언이라고 한다. 그것을 기록한 것이 팔리어 경전이다. 산스크리트어에 비하면 구어에 해당한다. 이 팔리어 경전은 아소카 왕의 왕자와 공주를 통해 실론섬(스리랑카)으로 전해져 전승, 기록되었다. 그래서 스리랑카, 태국, 미얀마, 인도네시아 등 남방불교는 팔리어 경전만을 붓다의 가르침으로 인정한다. 그에 반해 소위 대승경전은 주로 산스크리트어로 되어 있다. 이 경전들이 한자문명권으로, 또 티베트로 전해지면서 국가별 번역이 이루어졌다. 한역대장경, 고려대장경, 티베트대장경 등으로.

다른 종교도 마찬가지지만, 불교의 전파는 번역에서 시작한다. 역경승들은 단순한 번역자가 아니다. 언어의 경계는 인식의 경계이자 문명의 경계다. 그런 점에서 번역을 한다는 건 시공을 가로지르는 대모험이자 횡단이다. 그 자체가 수행이자 구도의 길인 것. 그런 점에서 소승/대승의 구분법보다 팔리어/산스크리트어/한자/티베트어 — 이런 식의 구분법이 훨씬 유효하다. 이 언어들 자체가 불교의 전파경로를 함축하고 있기 때문이다.

『숫타니파타』의 머나먼 여정

다시 『숫타니파타』로 돌아가면, 우리는 이미 이 단어에 익숙하다. 어디선가 들어 본 느낌적인 느낌?^^ 그 추억을 소급해 보면 법정스님과 공지영 작가가 등장한다. 법정스님은 이미 오래전에 이 경전을 번역하셨고, 공지영 작가는 1990년대에 『무소의 뿔처럼 혼자서 가라』는 초대형 베스트셀러를 냈는데, 그 제목이 바로 『숫타니파타』에 등장하는 게송이다. 이두 분 덕분에 『숫타니파타』는 다른 초기경전들에 비하면 귀에 훨씬 익게 된 것이다.

'무소의 뿔처럼 혼자서 가라!', 이 구절 자체가 워낙 멋지다 보니 왠지 '숫타니파타'라는 말에도 심상치 않은 아우라가 느껴진다. 헌데, 알고 보니 참 단순하고 심심한 말이었다. 숫타Sutta는 경전, 니파타Nipāta는 모음이라는 뜻, 구체적으로 풀이하면 "잘 설해진 법문의 한 장"(전재성, 「『숫타니파타』 해제」)이라는 뜻. 당연히 팔리어다. 팔리어 경전이라는 건? 그렇다. 초기경전, 원시불교, 남방불교 등에 속한다는 뜻이다.

팔리대장경은 긴 경전(디가니카야), 중간 길이의 경전(맛지마니카야), 짧은 경전(쿳다카니카야) 등으로 나뉜다. 분량 말고 다른 분류법도 있긴 하지만 이게 가장 기본이다. 역시 좀 심심하다. 근데, 여기에 심오한 의미가 있다고 한다. 심심한데 심오하다고? 이 책의 말미에 가면 그 미스터리가 풀릴 것이다.

이중에서 『숫타니파타』는 세번째, 짧은 경전(쿳다카니카야)에 속한다. 짧은 게송들로 이루어진 경전이라는 의미다. 이 그룹에 속한 대표적인 경전이 『담마파다』(법구경)이다. 이밖에 『우다나』, 『자카타』, 『테리가타』, 『테라가타』 등이 여기에 속한다. 그중에서 『숫타니파타』는 가장 오래된, 가장 고층에 속하는 경전이다. "인도에서 해독 가능한 가장 오래된 문자의 기록은 아소카 왕의 비문"인데, "그 비문에 가장 많이 인용되는 내용이 『숫타니파타』"라고 한다. 붓다의 열반 후 "50년 이전에 성립한" 것으로 '초기불교의 핵심적인 가르침'이자 '원형적인' 가르침이라는 것.(전재성, 「『숫타니파타』 해제」 참조) 이말은 성도 직후 붓다의 여정이 담겨 있다는 뜻이고, 그렇다면 이때 붓다의 나이는 35세에서 40세 전후다. '청년 붓다'의 여정에 이 경전을 파트너로 삼은 이유가 여기에 있다.

더 놀라운 것은 이 경전이 우리에게 오기까지의 과정이다.

팔리어로 된 초기경전은 한역漢譯에선 『아함경』阿含經으로 번역되어 있다. 그런데 중국과 조선에선 대승불교가 주류다 보니 『반야심경』·『금강경』·『화엄경』 등이 중심이 되었고, 『아함경』을 비롯한 초기경전은 상대적으로 소홀히 취급되었다. 그래서인지 『숫타니파타』는 그나마 한역 『아함경』에도 포함되지 않아서, 극히 일부분만 번역되었을 뿐 전체가 한역된 적이 없다. 그러니까 『숫타니파타』는 팔리어로 기록된 채 고스란히 남방지역에서만 전승되고 있었던 셈이다.

그러다 19세기에 서구열강이 인도차이나 반도를 침탈하면서 서구지식인들에 의해 발견되어 영어, 독일어 등으로 번역되기 시작했다. 『숫타니파타』를 비롯하여 초기경전을 접한 서방 지식인들은 열광했다. 일찍이 없었던 새로운 사유와 마주치게 된 것이다. 20세기를 장식하는 불후의 명작, 니코스 카잔차키스의 『그리스인 조르바』를 보면, 주인공 '두목'이 초기불경을 베끼면서 자신의 욕망을 제어하려고 몸부림치는 장면이 작품 곳곳에 등장한다. 실제로 카잔차키스는 희곡 형식으로 『붓다 평전』을 쓰기도 했고, 심지어 공산주의와 불교의 원리를 조화시키려는 시도를 감행하기도 했다. 초기불경이 서구지성사에 얼마나 강렬한 영향력을 미쳤는지를 가늠할 수 있는 사례다.

그렇게 동서문화가 교차하는 와중에 20세기 초반 일본에서 남전대장경南傳大藏經을 발간하면서 비로소『숫타니파타』의 전문이 팔리어에서 일본어로 번역이 되었다. 먼저 서양으로 갔다가 비로소 동아시아로 유입된 셈이다. 이후 또 한참의 시간이 지난 뒤 이 일본어판을 우리말로 옮긴 것이 법정 스님의『숫타니파타』다. 그러니까 남방에서 서양으로, 다시 일본에서 한국으로. 전파의 경로가 상당히 넓고 복잡하다.

일본어를 통한 중역重譯이라 뜻이 다소 모호했음에도『숫타니파타』는 대중들의 뇌리에 강하게 각인되었고, 특히 '무소의 뿔처럼 혼자서 가라'는 우리말의 상용어로 등록되기에 이르렀다. 그러다 마침내 20세기가 마감하기 직전 한국에도 '빠알리성전협회'가 만들어지면서 팔리어 경전들이 하나씩 번역되기 시작했다. 덕분에 나 같은 문외한도 팔리어에서 직접 번역된『숫타니파타』의 전문을 비로소 접하게 된 것이다. 와우!

자, 이쯤에서 정리해 보자. 우리에게『숫타니파타』란, 가장 오래된 경전이면서 동시에 가장 나중에 전파된 텍스트인 것.『숫타니파타』의 이 머나먼 여정은 그 자체로 한 편의 드라마다. 그 안에 붓다의 다르마가 유동하는 경로가 담겨 있다는 점에서 특히 그렇다. 북인도에서 남아시아로, 서구에서 다시 일본으로. 온갖 대륙과 언어의 장벽을 가로질러 다시 우리에게로!

태양의 후예, 그리고 사자후!

싯다르타 왕자 - 고타마 존자 - 세존(혹은 여래), 붓다의 이름은 이렇게 세 단계로 변화한다. 싯다르타 왕자가 막 출가했을 당시의 일이다. 그때부터는 사문 고타마로 불린다. 고타마는 북쪽에 있는 카필라바스투를 벗어나 당시 가장 번화한 마가다국의 도성 라자가하에 이른다. 앞서도 말했지만, 붓다 당시 수행자들은 주로 도시국가 주변에 있는 숲에서 수행을 했다. 거기에는 낡은 관습과 권위에 찌든 바라문교를 벗어나 새로운 해탈의 길을 찾으려는 수행자들로 넘쳐났다. 헌데, 막 출가하여 탁발에 나선 고타마 사문을 한눈에 알아본 이가 있었다. 이른 아침 높은 누각에서 라자가하 시가지를 내려다보던 마가다국의 왕 빔비사라였다.

그대들 보라, 저 사람을.
그의 모습 아름답고 안색 맑으며
그 걸음걸이 유유하여 옹색치 않으며
그 눈 한 길 앞만 보네

이제 막 길 위에 나섰지만 고타마 사문에게는 남다른 포스랄까 카리스마가 흘러넘쳤던가 보다. 당장 시종을 보내 고타마 사문의 뒤를 좇았다. 고타마는 도성에서 탁발을 마치자 교외에 있는 반다바 산 동굴로 돌아갔다. 그 모습을 보고 돌아온 시종이 왕에게 아뢴다.

"대왕이시여, 그 비구는 반다바 산기슭의 굴에 들어가, 마치 범처럼, 황소처럼, 사자처럼 앉아 있습니다."

그렇다. 범 같고, 황소 같고 사자 같은 존재! 그게 고타마 사문이 내뿜는 아우라였다. 대체 어디에 도피적이고 수동적인 이미지가 있는가. 출가를 한다는 것, 모든 것을 내려놓고 맨발로 다시 시작한다는 것, 궁극의 사유를 향해 나아간다는 것, 이보다 더 능동적인 행동과 실천은 없다! 그 말을 듣자, 빔비사라 왕은 몸소 고타마를 찾아간다.

막 출가한 청년 비구와 제국의 대왕이 한자리에 마주 앉았다. 당시 고타마 존자는 스물아홉 살. 빔비사라 왕은 스물네 살. 둘 다 한창 혈기방장한 청춘이었다. 빔비사라 왕이 명한다. "그대의 태생을 말하라."

왕이여, 저 히말라야 산기슭에
예로부터 코살라국에 속하여
재보財寶와 용기를 겸비한

단정한 한 부족 있으니

그 부족은 '태양의 후예'
내 종족 샤카라 하오.
왕이여, 그 집안에서 출가하였으되
갖가지 욕망을 구하고자 함이 아니라
갖가지 욕망의 화禍를 보았기에
헤매임에서 벗어나 욕망을 떠남이 안온임을 믿기에
나는,
그 길에 정근精勤코자 하오.
온갖 욕망이 아니라
정근을 내 마음은 기뻐하리.

(『출가경』; 마스타니 후미오, 『붓다 그 생애와 사상』, 44쪽)

태양의 후예?! 그렇다! 언젠가 선풍적인 인기를 끌었던 국민드라마의 제목이다. 그 연원이 여기인지는 알 수 없으나 아무튼 붓다는 샤카 족, 즉 태양의 후예다. 태양의 후예답게 이 종족은 자존감이 하늘을 찔렀다. 고타마 역시 마찬가지다. 그가 추구하는 건 부와 명예가 아니다. 부와 명예가 일으키는 '화'를 충분히 목격했고, 하여 그 욕망으로부터 떠나기로 했음을 당당하게 펼친다. 부드럽지만 단호하고, 당당하면서도 긍지에 넘치는 위용이 가히 사자에 비견될 만하다.

그리고 이런 위용은 깨달음을 이룬 다음에도 변함이 없다. 아니, 더 강렬해졌다. 그에게는 늘 사자, 코끼리, 영웅의 이미지가 따라다녔다.

"화살을 뽑아 버린 위대한 영웅은 사자처럼 숲속에서 포효한다."

(「쎌라의 경」, 『숫타니파타』)

"어깨가 벌어지고 반점 있는 장엄한 코끼리가 그 무리를 떠나 마음대로 즐기며, 숲속을 유유히 거닐 듯."

(「무소의 뿔의 경」, 『숫타니파타』)

특히 붓다의 형상은 사자에 비유되는 경우가 많다. 평소에 앉은 모습도 사자좌, 열반에 들 때의 누운 자세도 사자와獅子臥로 묘사된다. 붓다, 하면 자비와 비폭력 아닌가. 왠지 라이언 킹의 이미지와는 어울리지 않아 보인다. 하지만 조금만 생각해 봐도 자비나 비폭력은 훨씬 강력한 힘과 확고한 의지를 필요로 한다. 폭력은 힘에 의존하는 거라 내적 충동에 휩쓸려 가는 거지만 비폭력은 그런 흐름에 반해 거슬러 가야 하기 때문이다.

붓다는 평생 온화함을 잃지 않았다. '꼴통짓'을 하는 제자들한테도 역정을 내지 않았고, 자신을 암살하겠다고 덤벼드는 반역자 데와닷타 앞에서도 평정을 잃지 않았다. 그래서 우리는 종종 붓다의 가르침이 부드럽지만 왠지 좀 우유부단할 거라는 이미지를 갖고 있다. 그거야말로 붓다에 대한 무지와 편견이다.

모든 존재를 괴로움에서 구제하겠다는 붓다의 영적 비전은 더할 나위 없이 치열했고, 그 깨달음은 천지를 진동시켰으며, 법륜을 굴리는 붓다의 목소리는 초원을 뒤흔드는 사자후였다. "나는 알아야 할 것을 알았고, 닦아야 할 것을 닦았고, 버려야 할 것을 버렸다. 그러므로 바라문이여, 나는 붓다, 깨달은 사람이다."(삐야닷시 테라,『붓다의 옛길』, 68쪽) 하여 그 진리의 사자후에 감응한 이들은 이렇게 화답했다.

"미묘하오이다. 세존이시여, 미묘하오이다. 마치 넘어진 것을 일으켜 세우듯이, 길 잃은 자에게 길을 가리키듯이, 어둠 속에 등불을 밝히고 눈 있는 자는 보라고 하듯이, 세존께서는 여러 가지 방편으로 법을 밝혀 보이시었습니다. 이제 세존과 법과 승단에 귀의합니다."

바람과 사자, 그리고 연꽃의 노래

그런 점에서 『숫타니파타』는 청년 붓다의 사자후라 할 수 있다. 처음 법을 펼치기 위해 나선 길은 바라나시의 사슴 동산. 함께 고행하던 다섯 명의 도반들이 있는 곳이다. 붓다는 그들을 곧 깨달음의 길로 인도한다. 이후 야사라는 청년과 그의 친구들이 대거 들어오고, 최고 제자가 될 사리불과 목갈라나가 오고, 불의 신 아그니를 섬기던 카시아파 삼형제와 그들의 사도 천 명까지 붓다에게 귀의한다. 아주 짧은 시간에 수행의 커뮤니티가 형성된 셈이다. 그만큼 시대적 흐름이 사상적 전환을 고대하고 있었던 것이다. 그리고 붓다도 청년이었지만 그 커뮤니티의 주역 역시 청년세대였다.

『숫타니파타』에는 초기 승단의 활력이 생생하게 담겨 있다. 그런 점에서 '무소의 뿔처럼 혼자서 가라'는 이런 흐름에 부응하는 최고의 메시지다. 관습과 권위의 장벽을 벗어나 거침없이 나아가라! 집에서 집이 없는 곳으로 당당하게 떠나라! 등의 의미를 환기한다는 점에서 그렇다. 싯다르타 왕자가 성을 박차고 나오는 장면과도 무척 어울린다.

하지만 그게 전부는 아니다. '무소의 뿔'이라는 제목하에도 수많은 게송이 있다. '이 세상도 저 세상도 다 버린다', '물에 사는 물고기가 그물을 찢는 것처럼', '불꽃이 불탄 곳으로 되돌아가지 않는 것처럼', '뱀이 허물을 벗는 것처럼' 등등. 그 중 가장 유명한 게송은 이것이다.

> 소리에 놀라지 않는 사자와 같이,
> 그물에 걸리지 않는 바람과 같이,
> 진흙에 물들지 않는 연꽃과 같이,
> 무소의 뿔처럼 혼자서 가라.

(「무소의 뿔의 경」)

아하, 그렇구나! 소리에 놀라지 않는 사자, 그물에 걸리지 않는 바람, 진흙에 물들지 않는 연꽃. 이것이 '무소의 뿔처럼 혼자서 가라'의 핵심 포인트다. 사자처럼 두려움 없이 가고, 바람처럼 걸림 없이 자유롭고, 연꽃처럼 진흙 속에서도 청정함을 잃지 않는다. 그래야 진정 혼자서 갈 수 있다. 멋지다! 바람과 사자와 연꽃의 노래, 그게 바로 청년 붓다의 여정이었구나! 그런데 그게 구체적으로 뭐지? 어떻게 해야 사자가 되고 바람이 되고 연꽃이 되지? 들을 땐 참 멋진데 막상 그걸 실천하려니 막막하다.

붓다는 철저한 리얼리스트다. '우주는 영원한가 아닌가?', '세상에 끝이 있는가 없는가?' 등과 같은 형이상학적 사변이나 지적인 허영을 만족시키는 화려하고 난삽한 개념에 휘둘리지 않았다. 그는 오직 인간이 생의 근원적 괴로움에서 벗어나 지복에 이르는 길만을 가르쳤다. 그런 점에서 그의 언어에는 원초적으로 은유가 없다! 화려한 수사학 역시 존재의 실상을 가리고 망상을 부추기기 때문이다. 그러므로 바람과 사자와 연꽃 또한 한낱 낭만적 수사가 아니다. 존재를 걸고 구현해야 하는 화두다.

이 화두를 깨치려면 우리 또한 길을 떠나야 한다. 성과 숲, 선정과 고행, 깨달음과 가르침, 그 '사이'를 유연하게 넘나드는 청년 붓다의 여정을 따라. 때론 바람이 되고 때론 사자가 되고 때론 연꽃이 되는 그 '활발발한' 리듬에 몸을 맡기면서. 마침내 무소의 뿔처럼 혼자서 갈 수 있을 때까지!

하늘 아래
나 홀로 존귀하다!

탄생의 사자후

샤카 족의 거점인 카필라바스투는 히말라야의 남쪽 기슭, 현재 네팔에 속하는 지역이다. 갠지스 강의 지류인 로히니 강이 남북으로 흐르는데, 강을 사이에 두고 동쪽에는 콜리 족이, 서쪽에는 샤카 족이 살고 있었다. 두 종족은 전통적으로 결연을 맺었고, 붓다의 어머니인 마야 부인 역시 콜리 족 출신이다. 마야 부인이 왕자를 임신했을 때 아버지 슈도다나 왕의 나이는 쉰이 넘었다. 늦둥이라 더욱 귀했을 것이다. 마야 부인은 아이를 출산하기 위해 친정이 있는 강 동쪽으로 이동하던 중 룸비니 동산에서 출산을 한다.

마야 부인이 산기를 느끼자 동산에 있던 무우수無憂樹(근심 없는 나무? 참 좋은 이름이다^^)의 가지가 아래로 내려왔다.

그러자 마야 부인이 그 가지를 붙잡고 출산을 했는데, 아기는 어머니의 옆구리로 태어났다. 심장 높이의 옆구리. 왜 자궁이 아니고 옆구리일까? 중생의 모든 업은 그 원천이 정욕에서 비롯하고, 붓다가 된다는 건 그 정욕의 굴레에서 완전히 해방된다는 것을 의미한다. 그러니 붓다는 탄생부터 그런 가능성과 잠재력을 지니고 있어야 하지 않을까? 아울러 카렌 암스트롱은 이렇게 덧붙인다. "심장이 우리 삶의 중심이 될 때에만, 즉 다른 사람들의 괴로움을 마치 자신의 괴로움처럼 느낄 때에만 진정한 인간이 될 수 있다는 뜻이다."(카렌 암스트롱, 『스스로 깨어난 자 붓다』, 157쪽) 멋진 해석이다. 종합하면, 붓다의 '옆구리 탄생'은 욕망의 장에서 벗어날 때 비로소 타인과의 깊은 공감이 가능하다는 뜻을 품고 있다.

그렇게 뱃속에서 나오자마자 동서남북 사방으로 일곱 걸음씩을 걸은 다음 오른손은 하늘을, 왼손은 땅을 가리키면서 이렇게 외친다.

"천상천하天上天下 유아독존唯我獨尊"

하늘 아래 나 홀로 존귀하다! 이토록 당당하고 장엄한 출생신고라니. 이거야말로 사자후 아닌가. 물론 이건 신화적 윤색이다. 하지만 신화는 그저 우발적으로 '만들어진 허구'가 아니다. 아득한 고대부터 신화는 당대인들의 마음이자 행동 준칙이었다. 그런 점에서 이 스토리 안에는 붓다가 어떤 존재인지, 앞으로 어떤 깨달음에 이를지가 예고되고 있다.

동서남북, 거기에 위/아래를 합치면 육합六合, 곧 우주다. 일곱 걸음은 육도윤회를 벗어나 해탈로 나아가는 것을 상징하는 숫자다. 그래서 '천상천하 유아독존'에는 이 우주에서 오직 '나'만이 열반과 해탈에 이를 수 있다는 뜻이 함축되어 있다. 여기에 수동적이고 탈속적인 그림자는 전혀 찾아볼 수 없다. 다른 한편 이런 반감이 들 수도 있다. 불교의 핵심은 '무아'인데, '홀로 존귀하다'니, 너무 지독한 '자기중심주의' 아닌가? 내가 최고라니, 모든 중생들 위에 군림하겠다는 건가? 등등.

그런데, 이 호기로운 선언은 여덟 글자가 전부가 아니다. 이어지는 여덟 글자가 또 있다. 그럼에도 주로 이 여덟 자만 회자되는 건 이 구절이 워낙 강렬한 인상을 야기한 탓이리라. 붓다를 믿는 이들은 붓다의 신성함과 거룩함의 표징으로, 붓다를 믿지 않는 이들에겐 불교의 허황함을 드러내는 증거로. 공통점은 둘 다 맥락을 지워 버렸다는 사실이다. 대체 뭐가, 어째서 존귀하다는 것인가?

그 의미를 파악하기 위해서는 다음 구절이 반드시 필요하다. "일체개고一體皆苦 아당안지我當安之" 즉, 일체는 모두 괴로움이니 내 마땅히 편안하게 해주리라. 괴로움을 벗어나는 길을 찾아내 모든 이에게 알려 주겠다는 뜻이다. 괴로움으로부터의 해방은 인류의 오래된 염원이지만 그게 과연 가능해? 물론 가능하다! 누구도 가 보지 못한 길이지만 이제 내가, 나만이 그 길을 갈 수 있다. '나 홀로 존귀하다'는 건 그런 맥락이다.

당연한 말이지만, 여기서 '나'는 개별적 자아가 아니다. 붓다는 개체가 아니다. 물론 지금 막 태어난 아기, 싯다르타 왕자는 개별적 주체다. 카필라바스투의 슈도다나 왕과 마야 왕비라는 부모를 둔 특정한 개인이다. 하지만 '일체개고를 편안케 할 존재'인 붓다는 그런 개별성을 탈피한, 완벽하게 탈주체화한 존재다. "구원은 언제나 다른 모든 사람들의 구원을 전제로 하는 보편적인 구원을 의미한다."(S. 라다크리슈난,『인도철학사』1, 32~33쪽) 그래야 '일체개고'로부터 벗어나게 해줄 수 있지 않겠는가.

결국 이 말은 '나는 붓다가 될 것이다!'라는 선언인 셈이다. 물론 이 아기가 곧바로 붓다가 되는 건 아니다. 태어나자마자 바로 붓다로 현현한다면 그거야말로 신화적 허구다. 그렇게 될 경우 붓다는 '길'이 될 수 없다. 인간의 몸으로 도달한 게 아니기 때문이다. 해탈이 인간의 길이 되려면 반드시 인간의 몸으로, 즉 생로병사, 희로애락의 파노라마를 다 겪어야 한다.

그럼 이제 궁금해진다. 대체 이 아이는 어떤 내력이 있기에 이토록 무궁한 잠재력을 지니고 태어났단 말인가? 그냥 우연인가? 아니면 부모님의 은덕으로? 아니면 샤카 족의 신성함으로?

그렇다. 이 탄생의 사자후에는 비하인드 스토리가 있다. 이 아기는 이미 헤아릴 수 없이 많은 생을 거쳤고, 그 생을 통해 중생을 이롭게 하는 공덕과 자비를 베풀었다는 사실이 그것이다. 그걸 어떻게 아냐고? 자, 여기서부터는 믿음의 문제다. 어떻게 해도 이건 팩트체크가 불가능한 영역이므로. 하지만 논리적 맥락은 분명하다. 그런 스토리를 전제하지 않고선 이런 식의 사자후를 터뜨릴 수 없기 때문이다. 이전 생의 무한한 잠재력이야말로 이 이야기를 2,600년에 걸쳐 지속해온 동력이기도 하다. 붓다가 되려면, 궁극의 깨달음을 이루려면, 그건 엄청난 잠재력을 내포하고 있어야 하는데, 그것은 이전 생의 누적 포인트가 없이는 불가능하지 않을까? 라는 인과론 말이다.

그래서 이제 정말 궁금해진다. 룸비니 동산에서 태어난 이 아기, 태어나자마자 '천상천하 유아독존 일체개고 아당안지'를 선언한 이 아기는 대체 어떤 과정을 거쳐 '지금, 여기', 이 시공간에 도래한 것일까?

어디로부터 왔는가?―『자카타』(본생담)

붓다를 지칭하는 단어는 헤아릴 수 없이 많다. 응공應供, 선서자善逝子, 일체지자一切知者, 신과 인간의 스승, 일체승자一切勝者… 등등. 그중 가장 널리 알려진 명칭은 여래如來다. 여래? 오셨다는 뜻이다. 혹은 가셨다는 뜻도 있다. 일단 어디에서 왔다는 걸까? 생각해 보면, 태어나자마자 바로 붓다를 선언할 정도의 잠재력을 가진 아기라면 뭔가 대단한 내력이 있을 것만 같다. 예수님처럼 하느님의 독생자라든가 마호메트처럼 기도 중에 갑자기 가브리엘 천사의 계시를 듣는다든가. 그냥 우리와 비슷한 수준의 탄생이라면 그게 더 믿기 어려운 일 아닌가. 그래서 붓다에게는 무수한 겁의 전생담이 있다. 수많은 생애 동안 이미 붓다가 되기 위한 공덕을 열심히 쌓았다는 것. 『본생담』(자카타)이 따로 존재하는 것도 이런 맥락의 산물이리라.

『자카타』에는 엄청난 양의 부처님의 전생담이 등장한다. 포괄하는 시공간만 해도 어마무시하다. 인도인들의 시간은 '겁'(이온aeon ― 잘 모르지만 좌우지간 겁나게 긴 시간이다^^)에서 시작하기 때문에 그걸 따라가자면 눈앞이 아찔하다. 그중에서 가장 대표적인 이야기 하나를 소개한다. 수메다라는 청년이 있었다. 어마어마한 부자의 아들인데, 젊은 날 부모가 모두 세상을 떠났다. 집사가 온갖 금은보화가 가득한 창고를 보여 주면서 이게 모두 당신의 것이라고 알려 주었다. 그 순간, 이 청년은 깊은 허무에 빠진다. 부모가 죽음에 이를 때 이 재산은 아무 짝에도 쓸모가 없었음을 자각했기 때문이다. 그래서 모든 재산을 가난한 사람들에게 나누어 주고(워낙 재산이 많은 터라 나누어 주는 데도 일주일 이상 걸렸다^^) 히말라야 중턱으로 가서 수행에 들어간다. 일단 이 지점에서 체크해야 할 것은 죽음 앞에서 생을 사유하는 능력, 그리고 재산을 아낌없이 베푸는 능력이다. 이게 출발점이라면, 그다음 스텝은 생로병사의 괴로움을 넘어서는, 그 길에 대한 원력을 세우는 것이다. 그걸 깨달으려면 스승이 필요하다. 하여 수메다 보살은 붓다를 기다리고 또 기다린다.

그러다 마침내 연등불이 오셨다는 소식을 듣는다. 그즈음 수메다는 하늘을 날 정도의 신통력을 지니고 있었기에 멀리서도 그 소식을 들을 수 있었다. 이 대목에서 보건대, 신통력은 결코 깨달음의 핵심이 아님을 알 수 있다. 사람들은 종종 깨달음을 신통력으로 간주하곤 한다. 그래서 다시 초월적 능력에 대한 의존, 슈퍼맨 혹은 메시아에 대한 숭배로 귀착해 버린다. 영성이 미신으로 추락하는 지점이다. 왜냐하면 거기에 담긴 전제는 자유와 해방이 아니라 초월적 존재에 대한 의존, 그리고 자아의 증식이기 때문이다.

붓다를 맞이하기 위해 마을 사람들이 환영의 퍼레이드를 준비하는 가운데 수메다는 자신의 온몸을 던지는 투혼을 발휘한다. 붓다가 지나가는 길에 있는 진흙구덩이에 자신의 몸을 던진 것이다. 내 몸을 '즈려 밟고' 가시옵소서! 하는 식으로. 그만큼 절박하고 절실했던 것이다.

그 모습을 본 연등불은 예언한다. 이 보살은 수백 억 시간 뒤에 붓다가 될 것이라고. 그다음 부처님이 오시고 또 오시고 또 오시고… 그 무수한 영겁의 시간 동안 수메다는 거듭 태어나면서 보시를 하고 발원을 하면서 기다리고 또 기다린다. 꼭 사람으로만 태어나는 건 아니다. 토끼로 태어나기도 하고 호랑이로, 코끼리로도 태어난다. 몸을 그렇게 바꾸어도 그의 마음은 오직 하나. 생사의 괴로움에서 벗어나는 길, 곧 궁극의 진리를 향한다.

이 스토리들은 당연히 허구다. 하지만 더 중요한 건 이 스토리에 담긴 의미망이다. 이 스토리를 탄생시킨 건 붓다다. 붓다의 출현이 이런 스토리와 함께 온 것이다. 그러니까 여기에는 붓다의 출현이라는 이 '우주적 사건'을 해석하는 인간의 무의식과 상상력이 고스란히 투영되어 있다. 거기에 인도 사상의 핵심인 윤회론이 결합한 것이다. 간추리면 이렇다. 붓다가 된다는 건 결코 한 번의 생애만으론 불가능하다. 그런 식의 도약을 이루기엔 인간의 카르마(업장)가 너무 두텁기 때문이다. 그렇다면 태어날 때 이미 생의 무한한 잠재력을 지니고 있어야 마땅하다. 그런데 그걸 대체 어떻게 표현할 수 있을까? 유전자도 아니고 출생신분도 아니고 초능력도 아닌, 결국 수많은 전생에 쌓은 공덕과 염원으로 해석한 것이다. 구체적으로 풀이하면, 증여의 능력과 진리에 대한 열정.

진화론적으로 보면 충분히 납득이 된다. 우리는 수억 겁의 생애 동안 진화에 진화를 거듭해서 인간이 되었다. 단세포동물에서 다세포동물로, 플랑크톤에서 어류로, 다시 파충류로, 유인원으로. 그 사이에 무수한 변전과 도약이 일어났다. 대체 이 변전과 도약의 원동력은 무엇일까? 무엇이 생명체들로 하여금 인간이라는 종으로 나아가게 했을까? 두 발로 서서 생각하고 말하게 했을까? 간단하다. 두 발로 서기를, 말하기를, 생각하기를 간절히 염원하고 수없이 연습했기 때문이다. 그 마음이 호모사피엔스의 신체로 구현된 것이다. 그렇다면 왜 그토록 두 발로 서서 사유하고 말하기를 염원한 것일까? 알고 싶었기 때문이다. 천지에 대하여. 자신에 대하여. 삶에 대하여. 그 앎을 통하여 존재와 세계를 연결하고 싶었기 때문이다. 생각과 몸은 분리되지 않는다. 생긴 대로 사는 법이다. 그런 점에서 우리의 몸 자체가 우주의 경이이자 비의다. 에피스테몰로지epistemology와 코스몰로지cosmology의 일치!

그럼 인간이 된 이후는 도약이 없었던 걸까? 그렇지 않을 것이다. 마음은 쉼 없이 움직인다. 앎을 향해, 자유를 향해, 열반을 향해. 이것이 모든 인간이 나아갈 바다. 이미 호모사피엔스가 될 때, 아니 그 이전일 수도 있다. 그때부터 본성 안에 내재된, 요즘 말로 하면 초기 설정된 프로그램이라 할 수 있다. 붓다는 바로 그 길을 향해 나아갔을 뿐이다. 신의 계시나 갑작스런 영감이 아니라 인간의 본성을 일깨움으로써 거기에 도달하는 것, 그 점이 다른 종교와 아주 다르다. 다른 종교에선 초월자의 슈퍼파워에 의해 도약이 일어난다면, 불교는 오직 스스로의 자각에 의하여, 또 오랜 시간 한 스텝씩 밟아오는 여정을 중시한다. 그 과정 하나하나가 인간의 숙명 —윤회의 사이클을 끝도 없이 되풀이하는 —의 굴레를 하나씩 벗어던지는 해방의 여정이다. 니힐리즘은커녕 인간에 대한 무한긍정을 보여 준다.

무명에 덮인 중생들은 묻는다. 싯다르타 왕자는 어떻게 붓다가 되었는가? 오랜 시간 붓다가 되기를 염원했기 때문이다. 그리고 끊임없이 수행을 했기 때문이다. 소유를 벗어나 진리를 구하는 수행을. 간단명료하다. 그러니 그 길을 간다면 누구든 붓다가 될 수 있다. 역시 논리적이다. 아, 수억 겁이라는 말에 겁먹을 필요 없다. '겁나게' 길긴 하지만 시공간은 절대(!) 절대적이지 않다. 상대성이론에 따르면 시간, 공간, 에너지와 속도 등은 서로가 서로를 규정한다. 맞물려 돌아간다는 뜻이다. 또 직선이 아니라 여기저기 휘어지고 굽어져 있다. 그래서 마음먹기에 따라 단번에 시공을 주파하는 일도 얼마든지 가능하다. 그러니 붓다의 길로 방향을 틀기만 하면 된다. 그다음엔 한 걸음씩!

이렇듯 『자카타』의 신화들은 우리를 저 아득한 태고가 아니라 생사의 리얼한 현장으로 안내한다.

'32호상'에 담긴 뜻은?

붓다의 신체는 32가지 좋은 상을 지니고 있다. 옆으로 늘어진 눈, 길게 드리워진 귀, 무릎 아래까지 뻗쳐 있는 팔, 사슴 같은 장딴지 등등. 한마디로 인간의 몸으로 갖출 수 있는 완벽한 형상이라는 것. 완벽하다는 게 무슨 뜻일까? 당연히 보기 좋다, 균형이 잡혔다, 카리스마 넘친다, 매력적이다 등등을 의미할 것이다. 그런 경우 부러움과 질투를 동시에 받게 되어 있다. 아니면 거기에 압도되어 공포감을 느끼거나. 헌데, 붓다의 형상은 누가 봐도 마음에서 두려움과 괴로움이 사라지는 체험을 하게 된다. 이건 정말 절대경지다.

역사를 주름잡은 영웅전사들은 하나같이 외모가 출중하다. 그리스-로마 시대의 조각상들을 떠올려 보라. 남성적인 파워, 딴딴한 근육, 압도적인 눈빛 등등. 하지만 그들의 '멋짐'에는 평화가 없다. 그 앞에 서면 누구든 작아진다. 기가 팍 죽는다. 미녀들도 다르지 않다. 아테네 최고의 미녀 헬레네는 그녀를 차지하려는 영웅들의 쟁투로 10년 동안 트로이전쟁을 야기하지 않았던가? 그렇다. 영웅과 미녀는 사람들로 하여금 '죽고 죽이게' 만든다. 영웅이 되고 싶고, 미녀가 되고 싶은 그 마음에는 이미 소유와 지배에 대한 욕망이 맹렬하게 작동하기 때문이다.

하지만 붓다의 몸은 다르다. 지극히 아름답고 완벽하지만 누구에게도 질투나 부러움, 열등감을 야기하지 않는다. 모두에게 평화와 기쁨을 선사한다. 그래서 놀랍다. 어떻게 해야 그런 호상을 타고날 수 있을까? 그에 걸맞은 행위를 하면 된다. 역시 논리적이다.

『고미숙의 글쓰기 특강』에서도 고백한 바가 있는데, 몇 년 전 유난히 넘어지는 일이 잦았다. 그것도 위험한 데가 아니라 누가 봐도 안전한 곳에서 균형을 잃고 넘어지다 보니 아픈 것도 아픈 거지만 몹시 창피했다. 한동안 땅에 있는 모든 것, 시멘트나 돌멩이, 문턱 등등이 다 흉기처럼 느껴지기도 했다. 그즈음 불경을 읽다가 붓다의 신체에 대한 부분에서 문득 생각이 멈춰 섰다. 특히 붓다의 발바닥에 대한 묘사가 눈에 들어왔다. 붓다의 발은 두텁고 넓다. 발바닥 안에는 수레바퀴 자국이 있고. 그래서 모든 땅에 발이 그대로 조응한다는 것이다. 딱딱하건 진흙투성이건 늪이건 계곡이건 그의 발은 모든 땅과 부드럽게 매칭된다는 것. 그렇게 생각하니 32호상에 대한 묘사가 아주 다르게 느껴졌다. 눈이 코끼리처럼 찢어진 것은 모든 것을 꿰뚫는 통찰력으로, 귀가 길게 드리워진 것은 모든 소리를 들을 수 있는 능력으로, 팔이 무릎 아래까지 온다는 건 세상을 포용하는 드넓은 스케일을 의미하는 것으로… 등등.

32호상은 그냥 멋지고 보기 좋다는 의미가 아니라 온누리의 중생들과 막힘없이 교감한다는 뜻을 담고 있었다. 그러니까 붓다의 몸은 그 자체로 마음이고, 마음은 또 그대로 몸이었다. 그래서 다시 생각했다. 나는 왜 자꾸 넘어지는가? 땅과 조응하는 능력이 부족해서다. 땅이 나를 해치려고 한 것도 아니고, 누군가가 나를 밀친 것도 아니다. 나의 발과 대지의 리듬이 서로 어긋난 것이다. 이 어긋남이 번뇌고 괴로움이다.

그럼, 붓다는 어떻게 해서 그토록 두터운 발을 갖게 된 것일까? 수많은 전생 동안 보시와 공덕을 쌓았기 때문이다. 아하, 그런 몸에는 다 그에 걸맞은 이유가 있었던 것이다. 앞에서 서술했듯이, 본생담의 스토리는 수메다 보살 시절 부모가 남겨 준 엄청난 재산에 대한 조건 없는 보시에서 시작한다. 그리고 히말라야 기슭에서의 청정한 수행, 그리고 붓다가 되고자 하는 간절한 서원. 이것들의 무한한 파동이 붓다의 몸에 그대로 현현한 셈이다. 그 모든 정보를 대지는 기억하고 있다. 실제로 물리학적 이치에 따르면 우리의 모든 행위는 이 우주에 정보로 기록된다. 그 정보들이 끊임없이 헤쳐모여 하면서 세세생생 삶이 이어지는 것이다. 그러니 어디 발바닥뿐이겠는가. 우리 시대의 언어로 표현하면 붓다의 몸은 60조 개의 세포들 하나하나가 온전히 붓다를 이루기 위한 발원과 수행의 결과물인 셈이다. 그러니 누가 봐도 질투가 아니라 평온함을 느낄 수 있었던 것이다.

덧붙이면, 붓다의 호상 중에 가장 특이한 사항이 두 개 있다. 하나는 혀. 혀가 얼마나 긴지 이마를 다 넓고노 남을 정도라는 것. 무슨 뜻일까? 언어의 달인이라는 것을 함축한다. 팔만 사천 법문이 그 증거다. 우주 법계에 흘러넘치는 진리의 파동을 언어로 바꿀 수 있는 능력. 언제 어디서나 "처음도 좋고 나중도 좋은", "나에게도 좋고 세상에도 좋은" 말을 할 수 있는 능력. 누구든 도달하고 싶은 경지 아닌가.

또 하나는 성기가 안으로 감춰져 있다는 것. 이 사실은 좀 충격이었다. 일단 이렇게 '거룩한' 분의 성기를 표현한 것 자체가 놀라웠다. 불교의 '리얼리즘'을 확인할 수 있는 대목이다. 근데, 무슨 뜻일까? 어디에도 그 해석은 보이지 않았지만, 내 생각에는 남성의 공격성을 제어할 수 있음을 함축하는 것이 아닐지. '옆구리 탄생'의 스토리와 조응하는 사항일 터이다. 혹 정력이 약하다는 뜻인가? 라고 생각할 수도 있는데, 그건 절대 아니다. 도교 양생술에 따르면 '마음장상'馬陰藏相이야말로 양생수련의 절대경지라고 한다. 몸 안의 양기를 자유자재로 조율할 수 있다는 뜻이란다.

붓다의 신체는 실로 강건하다. 남성적 에너지도 충만하다. 하지만 그 양기와 정력이 공격적 본능, 파괴적 충동으로 향하지 않았다. 오히려 깊은 사색과 성찰의 에너지로 전환할 수 있었다. 성기가 안으로 감추어져 있었다는 것이 바로 이런 의미가 아닐지. 하여, 붓다는 생물학적으로는 분명 남성이지만, 남성/여성의 이분법하에서의 남성은 아니다. 오히려 그의 자비와 지혜의 파동은 '여성-되기'(들뢰즈/가타리)에 가깝다. 성적 이분법을 벗어난 지극히 유동적인 흐름으로서의 여성-되기!

전륜성왕이 되거나 붓다가 되거나

인간으로 살아간다는 것은 두 가지 방향성을 지닌다. 세포 시절부터 누적된 맹목적인 자기중심성, 그것을 사회적으로 확장해 가는 길. 또 다른 하나는 자기중심성으로부터 벗어나 세계의 연기성을 터득해 가는 길. 전자의 절정이 제왕이 되는 길이라면, 후자의 궁극이 붓다가 되는 길일 터. 싯다르타 왕자는 그 두 가지 운을 동시에 가지고 태어났다. 전륜성왕이 되는 건 전자의 코스에 해당한다. 물론 전륜성왕이 된다는 건 단순히 정복과 확장만이 아니라 천하를 태평하게 다스리는 능력까지를 포함한다. 하지만 거기에는 필연적으로 폭력과 전쟁, 약탈이 수반될 수밖에 없다.

세계사를 장식하는 전륜성왕들, 예컨대 키루스, 알렉산더, 아소카 대왕 등을 떠올려 보라. 그들의 위대함은 일단 끝없는 전쟁과 정복에서 비롯한다. 제국은 번영하고 영광은 찬란했으나, 그들의 죽음은 허무하기 그지없다. 뿐인가. 영원히 빛날 것 같았던 제국은 이 위대한 왕들이 죽자마자 사분오열되어 먼지처럼 흩어진다. 천하의 신민들을 위한다고 했지만 결국은 자기중심성을 확장했을 뿐 거기로부터 벗어나는 경로를 탐색하지는 못했다.

붓다의 길은 다르다. 그것은 이른바 '절대적 탈영토화'의 길이다. 정복이 아니라 공감, 쾌락이 아니라 지복, 증식이 아니라 비움, 유한이 아니라 무한을 향해 나아간다. 그 과정에서 원초적 자기중심성은 완벽하게 해체된다.

싯다르타 왕자가 태어나자 여러 바라문 사제들이 모여 예언을 한다. 예언의 내용은 하나같았다—전륜성왕이 되거나 붓다가 되거나. 최고의 관상과 운을 타고났다는 뜻이다. 세속적 존재로 산다면 천하를 통일하는 전륜성왕이 될 것이고, 출가하여 수행을 한다면 붓다가 되어 모든 중생을 구제할 것이라는 이 예언은 평생 동안 붓다를 따라다닌다. 아닌 게 아니라 붓다의 생애를 이야기할 때면 늘 아쉬워하는 이들이 있다. 전륜성왕이 되어 천하를 태평하게 다스렸다면 좋지 않았을까 하는. 아마 지금 다시 붓다가 도래한다 해도 마찬가지일 터이다. 사람들은 위대한 군주 혹은 메시아가 되어 인류를 한방에 구원해 주기를 바라지, 출가하여 깨달음에 이른 다음 모든 이들에게 '이 길로 오라! 그대들도 나처럼 붓다가 돼라!'고 하는 스승을 원하지는 않는다.

물론 전륜성왕의 길도 위대하긴 하다. 대단한 공력과 천지의 조력이 있어야만 가능한 길이다. 하지만 그것은 결국 욕계(욕망의 매트릭스)를 벗어나지 못한다. 욕망의 세계 안에서 자아를 무한확장하는 길, 그것이 전륜성왕의 코스다. 그것은 결국 이생의 복락과 명예를 누리는 것으로 귀결된다. 따라서 시공의 무상한 변화 앞에서 한없이 무기력하다. 붓다의 길은 바로 그 지점에서 시작한다. 그토록 눈부신 영광과 한없는 복락을 누려도 삶은 왜 이토록 슬프고 허무한가? 전륜성왕이 그럴진대 보통사람이야 말해 무엇하랴. 모든 이들이 겪어야 하는 이 근원적 슬픔으로부터 벗어나는 길은 없는가? 그러기 위해선 욕망 자체에 대한 탐색이 필요하다. 욕망이 바로 우리의 자아를 구성하는 토대이기 때문이다. 그 욕망과 자아를 해체함으로써 지복에 이르는 길, 그것이 붓다의 길이다.

그런 점에서 전륜성왕과 붓다, 둘은 전혀 다른 방향을 취한다. 진화의 스텝과 차원이 다르다고 해야 할까. 전륜성왕은 이전에도 있었고 앞으로도 더러 출현할 수 있다. 아주 한시적으로 세상을 평정하거나 이롭게 할 수 있다. 하지만 그것은 언제든 반대의 힘으로 바뀌거나 더 큰 폭력으로 되돌아온다. 역사가 끊임없이 전해 준 메시지이기도 하다.

붓다는 그런 패턴에서 벗어나겠다는 것이다. 악순환의 고리를 끊겠다는 것이다. 이 길은 아무도 가 보지 않은 길이다. 오직 붓다만이 가능한 길이다. 그래서 '천상천하 유아독존'이다. 『숫타니파타』를 음미해 보자.

> 이것이 내게 고뇌이고 종기이고 재난이며, 질병이고 화살이고 공포이다. 욕망의 가닥들에서 이러한 두려움을 보고 무소의 뿔처럼 혼자서 가라.
>
> (「무소의 뿔의 경」)

모든 사유를 불살라 남김없이 안으로 잘 제거한 수행승은, 마치 뱀이 묵은 허물을 벗어 버리는 것처럼 이 세상도 저 세상도 다 버린다.

(「뱀의 경」)

[세존] 내 뗏목은 이미 잘 엮어져 있고

거센 흐름을 이기고 건너 피안에 이르렀으니,

이제는 더 뗏목이 소용없으니,

하늘이여, 비를 뿌리려거든 뿌리소서.

(「다니야의 경」)

어디에서 생겨났는가를 밝게 아는 사람들은

그 원인을 없애 버립니다.

야차여, 들으시오.

그들은 건너기 어려운 거센 흐름을 건너,

다시는 태어나지 않습니다.

(「쑤질로마의 경」)

무소의 뿔처럼 혼자서 가라! 이 세상도 저 세상도 다 버린
다, 뗏목은 더 이상 필요 없다, 다시 태어나지 않는다 ─ 가히
파천황적인 언표들이다. 윤회의 원천인 욕망으로부터 벗어
나는 길, 신들의 보호를 과감하게 뿌리치는 길. 영생이 아니
라 불생을 구하는 길. 이보다 더 전복적인 선언은 이전에도

없었고 앞으로도 없을 것이다. 붓다의 여정에 청년의 파토스
가 흘러넘치는 이유다.

환생의 리얼리즘, 〈쿤둔〉

『본생담』은 경전 중에서도 그다지 널리 읽히는 텍스트는
아니다. 신화적 상상의 산물이라 여겨서일 것이다. 그런데 내
가 이 스토리에 주목하게 된 배경이 하나 있다. 티베트불교
로 인해서다. 알다시피 티베트불교에는 달라이 라마라는 제
도가 있다. 달라이 라마는 관음보살의 화신이다. 최고의 수행
자면서 동시에 국가의 통치자다. 관음보살의 화신이 왕이면
서 모든 국민의 스승이라고? 언뜻 교황이 왕 위에 군림했던
중세 유럽이 떠오른다. 하지만 유럽은 아주 오랫동안 종교의
이름으로 숱한 전쟁을 치른 터라 종교와 정치가 완전히 이원
화된 지 오래다. 그 중요한 분기점이 가톨릭과 개신교가 죽
기 살기로 싸웠던 30년 전쟁일 것이다. 30년 전쟁 이후 정치
와 종교의 분리가 일어난 17세기, 바로 그 즈음에 티베트에선
달라이 라마를 통치의 구심점으로 하는 법왕제도가 출현했
다. 역사의 포물선이 기묘하게 엇갈리는 순간이다.
　더 놀라운 건 티베트불교에 대한 책과 연구서가 한국어로

번역된 것만 해도 100권에 이른다는 사실이다. 전 세계에 번역된 종을 따지면 그야말로 어마어마한 숫자다. 그 거대한 숲을 탐사하다가 달라이 라마의 탄생스토리를 알게 되었다. 2022년 현재 달라이 라마는 14대다. 3대부터 티베트의 명실상부한 통치자가 되었는데, 그 전승이 지금까지 이어지고 있는 것이다. 달라이 라마는 출가 수도승인데 대체 어떻게 후계자를 결정하지?

할리우드의 거장 마틴 스코세이지 감독이 만든 영화 가운데 〈쿤둔〉Kundun이라는 작품이 있다. 쿤둔은 티베트에서 달라이 라마를 지칭하는 말이다. '고귀한 존재'라는 뜻이다. 영화는 현 14대 달라이 라마를 찾아내는 장면에서 시작한다. 달라이 라마가 입적하고 나면 그때부터 환생자를 찾는 작업이 시작된다. 수색단장인 린포체가 신성한 라모라초 호수 앞에서 깊은 명상에 들어가면 호수 위로 몇 가지 표징(혹은 영상 이미지)이 떠오르는데, 그걸 바탕으로 지역을 결정하고 그 지역에 태어난 아기들 중에서 후보자를 선발하여 이전 달라이 라마의 물건들을 골라내게 하는 방식이다.

대체 이런 제도가 어떻게 가능한가? 원리는 이렇다. 달라이 라마는 수많은 생을 통해 보살행을 한 덕분에 맹목적 윤회가 아닌 자발적 환생을 선택한다는 것이다. 다시 말해, 무명의 상태에서 얼떨결에, 정신없이 태어나는 것이 아니라 아주 맑은 정신으로 모태에 들어 이생으로 돌아온다는 것. 그래서 이전 생에 쓰던 물건이나 지인들을 기억할 수 있다는 것이다. 붓다의 탄생 또한 그러했다. 이전 생은 도솔천에 있었는데, 붓다를 이룰 시절인연이 무르익자 언제, 어디서, 어떻게 태어날지를 스스로 결정한다. 카필라바스투, 슈도다나, 마야 부인 등의 인연조건이 결코 우연이 아니라는 말이다.

달라이 라마들 역시 다음 생에 어디에서 다시 돌아올지를 스스로 결정한다. 하여 도저히 우리의 상식으론 이해할 수 없는 '탄생의 이벤트'가 벌어진다. 예를 들면 어머니의 산통이 거의 없다든가 마을을 휩쓸던 기근이나 역병이 사라진다든가 태어나자마자 사람들을 나 알아본다든가 혹은 수호신인 까마귀가 등장한다든가. 이런 사례는 헤아릴 수 없이 많다. 누가 봐도 신화적 현상이다. 그런데 그게 아득한 고대가 아니라 우리와 같은 동시대에 벌어진 사건이라니. 신화와 역사의 경계가 무색해지는 순간이다. 이거야말로 '환생의 리얼리즘'이 아닌가.

생각해 보면, 우리 대중문화에도 신비와 이적을 다루는 경우가 적지 않다. 헌데, 대개는 공포와 두려움을 야기하는 방식이다. 대표적으로 넷플릭스 드라마 〈지옥〉을 보면, 소위 '신의 고지'는 끔찍하고 잔혹하기 이를 데 없다. 좀 이상하지 않은가? 왜 신은 저렇게 끔찍한 방식으로 인간을 심판하는 거지? 대체 어떤 원리에 입각해서? 당연히 설명할 수 없다. 인과도 법칙도 없기 때문이다. '돈'에 미친 인간들의 엽기적 혈투인 〈오징어게임〉도 그렇지만, 〈지옥〉의 초현실도 결국은 다 우리들의 내면을 말하는 셈이다. 우리의 마음이 바로 그런 세계를 구성해 낸 것이다. 바로 그 점을 거꾸로 뒤집어서 추론해 보면, 달라이 라마의 탄생스토리도 충분히 이해될 수 있다. 공포와 두려움이 만들어 내는 지옥담이 있다면, 모두에게 축복과 은총이 되는 환생담도 얼마든지 가능하지 않을까? 결국 신화는 저 아득한 과거가 아니라 '지금, 우리'에 대한 이야기다.

다른 한편, 이런 생각도 들었다. 달라이 라마 같은 경우가 아니어도, 기질과 습관을 타고나는 건 아주 분명하다. 두세 살에 이미 수학의 천재가 되거나 걷자마자 춤을 추거나, 열 살도 안 된 꼬마들이 1930년대 트로트를 구성지게 부를 때 무슨 생각이 드는가? 김연아, 손흥민, 그리고 BTS 등은 또 어떤가? 그들의 탁월한 능력은 대체 어떻게 가능하지? 노력해서? 그럼 우리도 노력하면 그렇게 되는가? 절대! 분명 타고난 것이다. 아니, 그보다는 이렇게 말하는 게 더 자연스럽다. 전생, 그 이전 생부터 쌓아 온 열정과 훈련 덕분이다. 어떤가? 납득이 되지 않는가? 이런 이치라면 보통사람들도 마찬가지다. 특출난 능력이 아니다 뿐이지 기질이나 성격, 무의식

청년 붓다

적 습관 등은 결국 이전 생의 기나긴 여정에서 갈고 닦은 결과물임에 분명하다. 우리는 결코 백지상태로 태어나지 않는다. 말하자면, 우리의 삶이 일회적 탄생과 죽음 속에서 진행되는 것이 아니라 생사의 기나긴 프로세스의 산물일 수 있다는 뜻이다.

어쨌든 이런 원리에 비추어 보면 싯다르타 왕자의 '옆구리 출생'과 '탄생의 사자후' 역시 충분히 가능해 보인다. 그토록 많은 생을 거치면서 보시와 공덕을 쌓았는데, 그 행위들의 강도와 밀도가 사라질 리가 없지 않은가. 물론 붓다건 달라이 라마건 그 아기들한테 있었던 기억과 행동은 시간과 함께 사라진다. 심층의 무의식으로 들어가는 것이다. 그래야 인간의 몸으로 다시 깨달음을 향해 나아갈 수 있어서다.

그래서 문득 궁금했다. 사자후를 터뜨린 다음 아기 싯다르타는 어떻게 되었을까? 계속 말하고 걸어다녔을까? 아니다. 다시 강보에 싸여 갓난아기로 돌아갔다. 초기경전을 읽다가 어떤 주석에서 이 이야기를 보고 무릎을 쳤다. 아하, 그래야 맞지! 이후 싯다르타 왕자는 인간의 몸으로 생로병사를 밟아가면서 붓다의 길을 열었다. 이제 그 길을 함께 걸어 보도록 하자.

아프냐?
나도 아프다!

'당번고도'를 아시나요?

〈차마고도〉茶馬古道라는 유명한 다큐멘터리가 있다. 윈난성雲南省과 티베트고원의 유목민을 연결해 주는 오래된 길에 관한 것이다. 말 그대로 차茶와 말[馬]을 교환하는 고대의 무역로였다. 천 길 낭떠러지 위를 아슬아슬하게 건너는 말과 사람들의 행렬은 그 자체로 충격이었다. 사는 게 뭔지! 싶은 아련함도 올라오고 저렇게 해서 길이 열렸구나, 싶어서 뭉클하기도 했다.

몇 년 전 실제로 윈난성에 가서 옥룡설산을 바라보면서 그 길을 걸어 보았다. 영상으로 볼 때와 달리 의외로 편안했다. 그래서 또 놀랐다. 화면으로 볼 때는 아슬아슬한데 막상 그 현장의 한가운데 있으면 오히려 태평해지는 그런 이치랄까. 아래를 내려다보니 강물이 거세게 소용돌이치고 있었다. 마치 호랑이가 으르렁거리며 뛰어오르는 모습을 연상시킨다고 해서 '호도협'이란다. 최고의 난코스인 28밴드에선 당나귀에 의지해 오르고, 다시 끝도 없이 이어지는 내리막길을 거쳐 산중턱에 있는 산장에 이르렀을 땐 형언할 수 없는 감회가 솟구쳤다. 아, 옛사람들은 이런 길을 오가며 살아갔구나!

인간은 참 이중적이다. 타자와 이방인에 대한 적대감으로 가득하지만 동시에 늘 누군가와, 특히 멀리 있는, 낯설고 이질적인 존재들과 연결되기를 열망한다. 단지 차와 말을 교환하기 위해서만은 아니었으리라. 그들은 삶을 나누고 싶었던 것이리라.

그리고 여기 또 하나의 길이 있다. 차마고도 못지않게 먹먹하고 아련하고 가슴 벅찬 길이. '당번고도'唐蕃古道가 그것이다. 당나라 서안에서 토번(티베트)의 라싸Lasa로 이어지는 '옛길'이라는 뜻이다. 지도상으로만 봐도 가히 압도적이다. 서안에서 라싸로 가는 길은 당연히 직선이 불가능하다. 구곡양장九曲羊腸의 모양으로 구부러져 있다. 산을 넘고 강을 건너고 협곡을 거쳐 사막을 관통한다. 더구나 라싸는 해발 3,600여 미터에 달하는 고지의 대평원 아닌가. 어떻게 저런 길을 열 생각을 했을까. 대체 왜? 이런 탄식이 절로 터져 나오는 길이다.

때는 바야흐로 641년. 정관貞觀 15년 정월 15일. 당태종의 양녀인 문성공주文成公主가 눈의 나라를 향해 길을 떠났다. 토번의 송첸감포 왕과 결연을 맺기 위해서였다. 당나라가 토번을 정벌하는 과정에서 벌어진 사건이려니 했는데, 웬걸! 예상과 달리 토번의 군사적 강압에 의한 것이었다. 당태종 시절이라면 당나라가 전 세계에 위용을 떨치던 때였는데, 어떻게 그런 일이? 참 무식한 질문이었다. 나의 역사감각이 동아시아, 즉 중화문명권의 경계를 넘지 못했음을 이때 실감하게 되었다.

당태종 시절은 중국이 실크로드를 통해 팽창과 번영을 구가하던 전성기임에 분명하다. 하지만 그 시기는 티베트가 토번왕국으로 도약하던 시기이기도 했다. 히말라야 고원을 떠돌던 유목민들이 송첸감포라는 위대한 추장의 영도하에 설산의 운무를 뚫고 문득 정착민의 역사무대에 그 위용을 드러낸 것이다. 당시 토번은 송주전투로 당나라 군대를 완전 제압했고, 송첸감포 왕은 그 대가로 국혼을 요구했다. 당나라로서는 거절할 도리가 없었다. 그렇게 해서 선택된 여성이 바로 당태종의 양녀인 문성공주. 그러니까 당번고도는 문성공주가 송첸감포 왕에게로 시집가는 길이었던 것. 이 국혼을 위해 서안-라싸로 이어지는 3천 킬로미터에 달하는 길이 열리게 된 것이다. 참 대단한 드라마 아닌가. 문명 간 교섭이

청년 붓다

두 남녀의 결연으로, 또 엄청난 거리를 연결하는 길로 이어졌으니 말이다.

그 머나먼 길을 가는 어린 문성공주의 마음이 어땠을까? 그녀가 느꼈을 서글픔과 서러움이 도무지 가늠조차 되지 않는다. 그 마음이 곳곳에 유적으로 남아 있다. 하나는 일월산. 당과 토번의 경계에 이르자 문성공주는 당태종이 선물한 일월보경을 깨뜨렸다. 고향에 대한 그리움을 떨치기 위해서였다고 한다. 어차피 다시 돌아갈 수 없다면 여기서 고국 당나라와의 인연을 끊어 버리겠다는 결단이었으리라. 하여 산이름이 일월산이 되었다는 것. 또 하나, 드디어 티베트 땅에 들어선 공주는 강물 앞에서 울음을 터뜨렸나. 누르고 눌렀던 흐느낌이 통곡이 되어 터져나온 것이다. 그 소리에 놀란 강물이 거꾸로 흘렀다고 해서 도창하倒淌河. 이런 식으로 곳곳에 문성공주의 슬픔과 애환이 전설이 되고 신화가 되어 흐르고 있다.

눈의 나라, 붓다를 만나다!

토번과 당나라, 두 제국 사이에 국혼이 성립되었으니 당연히 문명 간 교류가 활발하게 이루어졌다. 이때 문성공주가

토번에 전파한 것은 '중국의 고전, 고급 비단, 오행팔괘도五行
八卦圖, 한방' 등 중화문명의 핵심적 아이템들이었다. 하지만
그중에서 가장 중요한 것은 다름 아닌 불교였다. 당번고도는
문성공주가 시집가는 길이자 붓다가 눈의 나라, 티베트로 향
하는 길이기도 했다. 공주는 가는 곳마다 불상과 진언을 새
기고 티베트고원을 불국토로 장엄했다. 물론 송첸감포의 국
혼 상대가 문성공주만은 아니었다. 네팔의 왕녀 브리쿠티 역
시 송첸감포와 혼인을 맺은 사이였고, 그녀 역시 독실한 불
교신자였다. 인도의 불교와 중국의 불교가 티베트고원에서
동시에 교차하게 된 셈이다.

　마침내 라싸에 도착하여 송첸감포와 성대한 혼례를 치른
문성공주는 브리쿠티 왕녀와 마음을 합쳐 라싸에 사원을 세
운다. 그게 바로 티베트불교의 중심인 조캉사원이다. 그 사원
에 모셔진 불상이 바로 12세 석가모니의 불상이다. 이 불상
의 이름은 조오불상. 조캉사원이란 바로 이 조오불상을 모신
곳이라는 뜻이다. 이처럼 당번고도–문성공주–12세 불상–
조캉사원은 서로 분리될 수 없는 하나의 계열이다.

　이 불상은 티베트불교의 상징이다. 티베트인들이 조캉사
원을 돌며 순례를 하는 것도 이 불상을 향한 것이고, 〈차마고
도〉 다큐멘터리의 한 장을 장식하는, 4,500킬로미터 고원의
유목민이 오체투지를 하며 무려 6개월에 걸쳐 순례를 할 때

그들이 향하는 마지막 성소 역시 이 불상이다. 1959년, 14대 달라이 라마는 라싸를 탈출한 뒤 인도 다람살라에 망명정부를 세운다. 그 다람살라의 집무실을 장식하고 있는 불상 역시 12세 석가모니상이다.

처음 이 말을 들었을 때 다소 낯설었다. 우리가 아는 불상은 거의 중년 이후의 몹시 중후한 모습들이다. 전국 사찰의 대웅전의 불상, 특히 경주 토함산 석굴암의 불상을 떠올려 보라. 그런데 12세 석가모니라니. 그렇게 어린 붓다의 상이 있었던가. 그리고 12세면 아직 성도하기 전인데, 어떻게 불상이 가능하지? 자료를 검색해 보니, 이 불상은 원래 인도에서 중국으로 전파되어 당나라의 대표적 사찰인 개원사開元寺에 모셔져 있던 국보라고 한다. 붓다 생전에 조성된 세 개의 등신불 가운데 하나로 그중에서 가장 뛰어난 불상으로 손꼽힌다. 12세라는 나이도 그렇고 인도에서 만들어진 불상이라 다소 낯설었던 것이다.

하긴 성도 전의 모습으로 고행상이 있긴 하다. 고행을 통해 깨달음에 도달한 건 아니다. 하지만 붓다의 깨달음이 신체의 극한까지 이르는 고행을 거쳤다는 사실은 아무리 강조해도 지나치지 않다. 고행상의 가치는 그것으로 충분하다. 그렇다면 열두 살 석가모니상에는 어떤 의미가 담겨 있을까?

열두 살 때 무슨 일이?

기록에 따라 차이가 있긴 하지만 싯다르타 왕자의 생애는 탄생의 스토리에서 12세 때의 사건으로 건너뛴다. 왜 열두 살인가? 열두 살에 태자로 책봉되었기 때문이다. 아버지 슈도다나 왕이 늦은 나이에 얻은 아들이기도 하고, 모두가 귀하게 여긴 왕자였기에 성장하는 데 어떤 걸림돌도 없었다. 탄생 일주일 만에 생모 마야 왕비가 세상을 떠난 것이 가장 큰 비극이었지만 계모인 이모의 지극한 사랑이 있었으니 특별히 유년기의 트라우마나 결핍을 겪지는 않았다. 아버지 슈도다나 왕의 걱정거리는 오직 하나, 아들이 전륜성왕이 아닌 붓다의 길을 가면 어떡하나, 하는 것뿐이었다.

그리하여 붓다의 길을 막기 위한 전방위적 작전이 개시된다. 먼저, 제왕 수업을 철저히 받게 하는 것. 싯다르타는 여덟 살부터 열두 살까지 최고의 스승들로부터 모든 분야의 최고 지식을 전수받는다. 언어와 수사, 논리와 수학, 그리고 각종 기술지(예술과 공작)와 무예, 마지막으로 천문, 지리, 점성술 같은 제왕학이 포함된다. 왕자는 전 분야를 완벽하게 마스터한다. 이 교육은 훗날 유감없이 활용된다. 붓다가 대기설법의 달인이 된 것도 이때 받은 언어학과 논리, 수사학을 적극 활용한 것이다. 강인한 투지와 인내력은 활쏘기, 코끼리 조련하기, 말타기 등의 무술수련과 무관하지 않다. 천문과 점성술 역시 통찰력의 유용한 자산이 되었을 것이다.

이처럼 싯다르타 왕자의 유년기에는 어떤 결핍과 고난도 없었다. 그는 신체적·지적·정서적으로 완벽했다. 우리는 보통 출가의 동기를 세속적 삶에 대한 불만과 결핍에서 찾곤 한다. 그거야말로 무지와 편견의 소산이다. 불만과 결핍은 결코 구도의 동력이 될 수 없다. 불만과 결핍이 채워지는 순간, 다시금 욕망의 소용돌이에 휩싸이고 말 테니까. 그런 점에서 붓다의 유년기가 이토록 충만했다는 사실은 의미심장하다. 그래서 이제 물어보자. 이토록 충만한 유년기를 보냈음에도 싯다르타는 왜 끝내 구도의 길을 간 것일까?

그 비밀이 바로 친경제親耕祭 스토리에 담겨 있다. 제왕 수업을 마치자 왕자는 열두 살에 태자로 책봉된다. 공식적으로 후계자가 된 것이다. 그리고 때마침 벌어진 친경제 행사에 참여한다. 친경제란 봄날에 백성들의 농사를 장려하기 위해 벌이는 일종의 페스티벌 같은 것이다. 왕을 비롯한 대신들은 금으로 장식한 옷을 입고 금으로 장식한 쟁기를 들고는 밭을 가는 퍼포먼스를 한다. 태자는 단연 이 행사의 주인공이었다. 크샤트리아로서의 자긍심과 리더십을 확인하는 자리인 것. 아버지 슈도다나 왕은 이런 거국적 이벤트를 통해 아들이 통치자의 길을 당연하게 받아들이기를 기대했을 것이다. 하지만 그건 착각이었다. 태자가 그 행사에서 목격한 것은 통치 계급의 자긍심이나 페스티벌의 열기가 아니었다. 뭇 존재의 실상이었다.

> 태자는 보습을 끄는 소가 피로할 대로 피로한데 또 채찍으로 얻어맞고 멍에에 목이 졸린 채 고삐로 코를 꿰여 피가 흘러내리고 가죽과 살이 터지는 것을 보았다. 또 농부도 몸이 수척해 뼈만 남아 있었으며 햇볕에 등이 타서 발가숭이 몸이 먼지와 흙투성이로 되어 있는 것을 보았다. 그리고 보습에 흙이 패여 뒤집히자 벌레들이 나왔으며 사람과 보습이 지나간 뒤에는 뭇 새들이 날아와 서로 다투며 그 벌레들을 쪼아 먹는 것을 보았다.
>
> (『본생경』; 법륜, 『인간 붓다』, 121쪽)

말하자면, 이때 태자는 소-농부-벌레-새, 그 사이의 긴밀한 사슬을 본 것이다. 이 사슬의 공통점은 괴로움이다. 농부는 괴롭다. 세금을 내려면 뼈빠지게 밭을 갈아야 한다. 쟁기를 끄는 소 역시 괴롭다. 농부의 채찍을 맞으며 쉬지 않고 쟁기를 놀려야 한다. 벌레와 뭇 새도 마찬가지다. 한마디로 다들 먹고살기가 너무 힘들다. '먹이사슬이 그러하니 어쩔 수 없지 않느냐'고 반문할 수 있다. 맞다. 하지만 왜 그렇게 모두가 괴로움을 겪어야 하는가? 또 '이 괴로움의 사슬은 언제까지 계속되어야 하는가'라고 질문하면? 누구도 답할 수 없다.

아니, 보통은 그런 질문 자체를 던지지 않는다. 그건 인간이라면, 또 생명을 가진 존재라면 그저 견뎌야 하는 숙명 아닌가? 살아 있는 한 어쩔 수 없잖아? 하지만 태자는 그렇게 치부할 수 없었다. 왜? 대체 왜? 무엇이 모든 존재들로 하여금 괴로움을 감내하게 하는가? 한 번 올라온 질문은 멈추지 않고 태자의 온 존재를 휘감았다. 열두 살 사춘기의 감성이라 더욱 강렬했을 것이다.

'있는 그대로' 본다는 것

여기서 태자가 발휘한 비범함은 눈앞에 펼쳐진 모습을 어떤 편견이나 전제에 매이지 않고 있는 그대로 바라본 것이다. 보통 농촌의 풍경은 낭만적 이미지에 의해 채색되기 일쑤다. 밭 가는 농부와 쟁기 끄는 소, 초록의 숲과 산, 흐르는 물, 새들의 지저귐 등. 이것들이 어우러지면 우리는 더할 나위 없이 평화로운 전원이라고 간주한다. 그 순간 거기 담긴 생존경쟁과 피·땀·눈물은 증발되어 버린다. 특히 근대화 이후 도시인들에게 농촌은 삶의 현장이 아닌 하나의 풍경이 되어 버렸다. 이미지와 상징에 의해 조작된 판타지, 그것이 풍경이다. 어디 농촌뿐이랴. 이런 식의 전도망상이 도처에 난무하다 보니 삶이 온통 판타지가 되어 버렸다. '꿈 속의 꿈'을 꾼다는 게 이런 것일까.

따라서 이 장면에서 주시해야 할 사항은 '있는 그대로' 본다는 것이다. 어떤 이미지나 편견에 사로잡히지 않고 눈앞의 대상을 직시한다는 것. 물론 그러기 위해선 고도의 집중력이 필요하다. 타고난 잠재력에 그간의 교육으로 계발된 내적 에너지가 최상으로 발휘되는 순간이었다. 이때 태자가 목격한 것은 풍경의 이미지가 아니라 살아 숨 쉬는 생명의 실상이었다. 핵심은 무엇인가? 괴로움이다. 모든 살아 있는 것은 괴롭다. 사람도 소도 벌레도 새도.

아, 노파심에서 하는 말인데, 열두 살짜리가 그런 생각을 했을 리가 있나, 이런 의문을 가질지도 모르겠다. 우리 시대에 열두 살은 초딩이고 철부지에 불과하니까. 하지만 그거야 말로 전도망상이다. 열두 살은 어리지 않다. 충분히 성장한 나이다. 근대 이전의 황제들은 동서양을 막론하고 열두세 살에 왕위에 오른다. 수천 년 동안 인류는 그 나이 즈음에 결혼을 했다. 그런 점에서 근대 이전에는 평균수명은 낮았을지언정, 성인, 다시 말해 삶의 주인으로 살아가는 시기는 훨씬 더 길었다고 할 수 있다.

반면, 현대인은 유년기·소년기·사춘기·청년기 등, 미성년의 시기를 세분화하고 그로 인해 성인이 되기까지 아주 오랜 시간을 기다려야 한다. 20세기 말엔 서른 전후였던 것 같은데, 지금은 40대나 되어야 겨우 성인 취급을 해준다. 기준은 오직 경제력이다. 생리주기나 사회적 위상 및 역할 등은 다 제쳐 놓고 오로지 노동을 해서 돈을 벌 수 있느냐가 관건인 셈이다. 지성이나 영적 비전 같은 건 아예 상정조차 되지 않는다.

생각해 보면 10대는 세상에 대한 왕성한 호기심으로 충만한 나이다. 그 호기심으로 본성에서 터져 나오는 근원적 질문을 하고 주변의 온갖 사물들과 교감을 나눈다. 나 또한 그랬던 것 같다. 돌이켜 보면 미미한 수준이긴 하나 나에게는 광산촌에서 보낸 10대가 영적으로 가장 충만한 시절이었다. 그림성경을 보면서 예수님의 생애에 감동하고, 아우슈비츠에 대한 만화책을 보면서 왜 신은 인간에게 이런 고통을 겪게 하는지, 대체 신의 뜻은 무엇일까? 하면서 불면의 밤을 보내곤 했다. 또 학교에서 도덕과 역사를 배울 땐 사람 사이엔 윤리도덕을 지키라고 하면서 왜 나라와 나라들끼리는 배신과 협잡을 밥 먹듯이 하는지 궁금하기 짝이 없었다. 물론 고등학교, 대학교를 진학하면서 그런 질문들은 자연스레 '침묵, 봉쇄'되었지만.

기후문제를 제기한 툰베리도 10대다. 지금(2022년)은 열아홉 살이 되었지만 처음 기후문제를 제기하면서 금요일마다 국회의사당 앞에서 1인시위를 시작한 나이는 열다섯 살이다. 동기는 단순했다. 지구가 위태로운데 왜 세계 지도자들은 맨날 성장, 성장만 외치고 있는가? 여기에는 특별한 천재성도 대단한 전문지식도 필요하지 않다. 세계의 실상을 '있는 그대로' 관찰하고 질문을 던지면 된다. 앞으로 기후위기에 대응하는 전 지구적 운동의 주역은 10대가 될 것이다. 요컨대, 열두 살은 결코 어린 나이가 아니다!

그런 점에서 열두 살 싯다르타의 관찰과 질문은 깨달음의 길을 여는 서막이라고 할 수 있지만, 다른 한편 그것은 인간의 보편적 본성의 발로이기도 하다. 삶의 실상을 '있는 그대로' 볼 수 있다면 누구에게나 가능한!

쾌락은 고통의 원천이다

그다음 장면. 태자의 질문에 대해 이런 식의 반론이 나올 수 있다. 모두가 고통스럽지만 왕과 대신들은 행복하지 않을까? 금으로 장식된 옷을 입고 금으로 된 쟁기로 쇼잉을 하고 그다음엔 멋진 풍경 속에서 파티를 할 수 있으니 말이다. 현대인들이라면 바로 그렇게 생각할 것이다. 괴로움에서 벗어나려면 왕족이 되면 되잖아? 아니, 현대식으로 말하면 대박을 치면 되잖아? 일단 그렇게 보이기도 한다.

하지만 이들의 행복은 어디에서 기인하는 것일까? 바로 농부와 소, 벌레와 새로 이어지는 고통의 사슬에서 기인한다. 농부가 소를 후려쳐야 하는 이유는 세금을 내기 위해서다. 세금을 거둬야 크샤트리아 계급의 부가 가능하다. 다시 말해 왕족들의 행복은 그들 스스로 독자적으로 만들어 낼 수 없다. 누군가의 고통에 기대어야만 가능하다. 이것이 과연 진정한 행복일까? 태자의 질문은 여기에까지 미친다.

그동안 궁정에서 생활할 때는 주변이 모두 만족스러워 보였다. 사회적 모순 같은 건 그림자로도 감지할 수 없었다. 그 만족감의 토대는 물질적 풍요였다. 그런데 이제 만족과 풍요의 원천이 무엇인지를 확인하게 되었다. 내가 누리는 즐거움이 누군가의 고통에 기반한다면? 그것은 온전한 행복일 수 없다. 지배층들도 알고 있다. 그래서 늘 불안하다. 그것을 지키기 위해 성벽을 단단히 쌓아야 하고, 군사들의 호위를 받아야 한다. 세금을 한 푼이라도 더 거두기 위해서는 한없이 난폭해져야 한다. 같은 종족끼리는 때때로 서로를 좀 챙겨 줄 수도 있다. 하지만 그걸 위해선 다른 종족을 정복하고 약탈해야 한다. 거센 저항을 받을 때는 상상을 초월하는 학

살도 자행해야 한다. 농경문명이 시작된 이래 이런 식의 역사 — 제국 내의 구조적 폭력, 이민족에 대한 정복전쟁 — 는 끝없이 반복되었다. 이 폭력의 구조야말로 모든 인류의 생에 내재된 '카르마'다.

당연히 엄청난 스트레스를 감내해야 한다. 그 스트레스를 풀기 위해선 술과 육식, 그리고 섹스와 약물 등에 의존해야 한다. 이것이 행복인가? 행복이라는 말이 무색하다. 그래서 우리는 그것을 쾌락이라고 말한다. 행복이 내적 평화를 기반으로 한다면, 쾌락은 감정의 롤러코스터를 수반한다. 열광과 공허 사이를 분주하게 오가는 롤러코스터. 이런 식의 패턴에 익숙해지면 성격파탄은 물론이고 각종 질병에 시달리게 된다. 그래서 모든 영광과 성공에는 질투와 배신, 기만과 원망이 걷잡을 수 없이 따라붙는다. 고통의 그림자를 떨쳐 낼 수가 없다. 그런 점에서 왕과 대신 같은 특권층 역시 이 괴로움의 사슬에서 벗어날 수 없다.

이것이 열두 살 태자가 바라본 문명사회의 실상이었다. 다시 질문이 폭발한다. 대체 누가, 왜, 저런 고통의 사슬을 창조했을까? 그리고 저 사슬은 영원히 반복될 수밖에 없는 것일까? 태자가 그동안 배운 제왕학습은 오직 통치, 장례, 전쟁, 여자 등에 대한 것뿐이었다. 그것은 이 괴로움의 사슬에 대해 아무것도 설명해 주지 않는다. 설명은커녕 그 사슬을 더더욱 조이는 데 몰두할 따름이다.

　당시 인도문명은 인더스 강에서 갠지스 강으로, 즉 서에서 동으로 이동하면서 신흥제국들이 각축을 벌이던 중이었다. 특히 붓다가 주로 활동한 북인도는 16개의 나라가 난립하면서 전쟁의 소용돌이가 그치지 않았다. 샤카 족이 속한 카필라바스투 역시 코살라국의 속국으로 항상 침탈의 위협에 처해 있었고, 결국 나중에는 코살라국에 병합되고 만다. 아들이 전륜성왕이 되기를 간절히 열망한 슈도다나 왕의 입장도 충분히 이해할 만하다. 아울러 국가 간 대결은 신분적·계급적 차별의 격화로 이어진다. 고통의 먹이사슬이 더더욱 견고해질 수밖에 없었다.

　게다가 오랫동안 사제계급이었던 바라문의 타락도 절정에 이르렀다. 바라문은 『베다』와 제사를 통해 신과 인간을 연결해 주는 사제들이었지만 그들은 점차 제국의 번영과 영광에 도취되어 신이 아니라 부를 탐하게 되었다.『숫타니파타』에 나오는 장면이다.

　왕은 바라문들의 권유로 말의 희생제, 인간의 희생제, 막대를 던지는 제사, 쏘마를 마시는 제사, 아무에게나 공양하는 제사, 이러한 제사를 지내고, 바라문들에게 재물을 주었습니다. 소들과 침구와 의복, 잘 치장한 여인들, 잘 만들어지고 아름답게 수놓아진 준마가 이끄는 수레, 여러 방으로 나뉘어 있고 잘 배치된, 화려한 주택을 여러 가지 식량을 가득 채워 바라문들에게 재물로 주었습니다.

이렇게 그들은 재물을 얻어 축적하는 데 재미를 붙이게 되었고, 욕망에 깊이 빠져들자 그들의 갈애는 더욱더 늘어만 갔습니다.

(「바라문의 삶에 대한 경」)

그러자 그들은 왕에게 수백 수천 마리의 소를 제물로 바치게 하여, 그 제물을 받는 신들과 아수라, 나찰들마저 경악을 금치 못했다고 한다. 세상에나~ 신들이 놀라 자빠질 정도의 희생제물이라니! 이쯤 되면 종교가 영성을 고양시키는 게 아니라 오히려 영적 본능을 가로막는 치명적인 장애물이 된 꼴이다. 더 적나라한 예도 있다. 한 사제는 희생제의를 반대하는 젊은 사제를 이렇게 설득한다. "여보게, 젊은이, 이것은 우리에게 돈, 거액의 돈을 의미하네."(S. 라다크리슈난, 『인도철학사』 2, 151쪽)

대체 왜 이렇게 많은 돈이 필요한 걸까? 감각적 욕망을 채우기 위해서다. 침구와 의복, 여인, 준마, 주택 등등. 시각적 아름다움과 성적 욕망, 소유에 대한 집착 등은 일단 시작하면 멈추는 법이 없다. 결국 더 많은 착취, 더 가혹한 희생을 불러온다. 쾌락과 고통(폭력)의 분리불가능성이 바로 이것이다. 그리고 결국 그 고통은 되돌아온다. 붓다는 말한다. "예전에는 탐욕과 굶주림과 늙음의 세 가지 병밖에는 없었소. 그런데 많은 가축을 살해한 까닭에 아흔여덟 가지나 되는 병이 생긴 것입니다."(「바라문의 삶에 대한 경」) 복락을 구하기 위해 희생제의를 올리는 건데, 그럴수록 더더욱 고통에 시달리게 되는 이 어처구니 없는 역설!

그러니 농부는 물론이고 소와 벌레, 새의 고통에도 이렇게 민감한 태자한테 바라문교의 희생제의는 얼마나 끔찍했을까? 훗날 붓다가 바라문교의 경전인 『베다』의 권위에 절대 동의할 수 없었던 이유를 충분히 짐작할 수 있다. 교리를 떠나 생리적으로 도저히 받아들일 수 없었던 것이다.

생태주의가 상식화된 우리 시대에도 사람들은 여전히 자연과 동물이 겪는 아픔에 무감각하다. 무감하니까 보이지도 않는다. 바다가 오염되고 수많은 물고기의 뱃속에서 페트병이 무더기로 나오는 참혹한 지경에 이르러서야 비로소 연민과 분노, 자책이 일어난다. 그에 반해 태자는 농사를 짓는 지극히 평범한 상황에서도 왕족에서 농부, 벌레에 이르기까지 모든 살아 있는 존재들이 겪는 고통과 괴로움을 동시적으로 꿰뚫었다. 우리에게 가장 절실한 것도 바로 이 연민과 통찰의 힘이 아닐지.

연민과 공감의 파동

태자는 문득 혼자 있고 싶어졌다. 내면에 솟구친 질문, 강력한 정서적 울림에 집중하고 싶었던 것이다. 왕족들, 신하들과 시종들은 축제를 즐기느라 여념이 없었다. 그 한가운데를 벗어나 태자는 조용히 숲을 거닐었다. 그러다 한 갯복숭아나무 아래서 거의 본능적으로 아사나 자세(가부좌)로 깊은 명상에 들어갔다. 숲과 나무가 인간의 내면을 일깨우는 스승이자 벗임을 보여 주는 장면이다. 아울러 "무성한 활엽수의 방대한 숲들"이 인도의 영적 배경이라는 말(S. 라다크리슈난)이 실감 나는 장면이기도 하다.

관찰과 질문, 그리고 명상. 그것은 현실에 대한 도피나 힐링을 위한 것이 아니었다. 먹이사슬로 이어진 모든 존재의 고통에 대한 통찰과 연민의 과정이었다. 채찍에 시달리는 소, 땀에 젖은 농부, 꿈틀거리는 벌레, 벌레를 먹는 새. 그리고 그 고통에 기반해서야 가능한 왕족들의 부와 영광. 하여 먹이사슬의 정점에 있는 그들 역시 괴롭다. 이 고통의 사슬에 대한 깊은 연민으로 열두 살 태자의 내면은 진동한다 ─ 아프냐? 나도 아프다!

그런데 그 순간 놀라운 반전이 일어난다. 깊은 공감이 일어나면서 태자의 마음속에 더할 나위 없는 고요함과 평온함이 햇살처럼 퍼져 나갔다. 대체 무슨 일이? 문득 '자아'가 사라지는 상태에 들어간 것이다. 욕망과 번뇌의 원천인 자아가 사라지자 그 빈 공간에 순수한 기쁨이 들어찼다. 관찰에서 연민으로, 연민에서 공감으로, 공감에서 기쁨으로 이어지는 과정을 한번에 체험한 것이다.

이 과정은 실로 경이롭지만 다른 한편 지극히 자연스럽기도 하다. 싯다르타 태자 자체가 그 증거다. 그는 수행자가 아니다. 요가나 명상을 본격적으로 배운 적이 없다. 그런데도 깊은 사색에 들어가 연민과 공감이 주는 환희를 누렸다. 누구한테나 가능하다는 뜻이다. 하지만 우리 중생들한테는 참으로 낯설다. 왜 그럴까? 마음이 조각조각 파편화된 탓이다. 게다가 우리는 그 조각난 파편들을 '자아'라고 굳게 믿는다. 그리고 그 자아를 고수하는 데 전력을 기울인다. 그러다 보니 타인의 고통을 관찰하고 연민을 느낄 여력이 없다. 고통을 목격한다 해도 애착과 분노가 더 앞선다. 자아가 더 강력하게 작동하기 때문이다. 결국 문제는 이 자아에 있다. 자아는 어둠이고 감옥이다. 이 어둠에서 탈출해야, 즉 자아를 내려놓아야 그 빈 공간에 빛이 투과한다. 그 빛이 바로 공감과 기쁨이다. 고통에 대한 감응이 내면의 해방으로 이어지는 건 이런 이치다.

〈슈퍼맨이 돌아왔다〉를 보면, 아이들이 동물들의 고통에 강렬하게 공감하는 장면이 나온다. 벌레는 물론이고, 인형의 아픔을 같이 나누기도 한다. 아, 인간이 본디 저런 존재였구나, 를 환기해 준다. 하지만 그런 능력은 순식간에 묻혀 버린다. 학교를 가면서, 나이가 들면서, 성인이 되면서. 열두 살 싯다르타 태자는 그러지 않았다. 연민과 공감을 넘어 깊은 통찰로 나아갔다. 본성의 심연에서 솟구치는 영적 파동에 깊이 공명한 것이다.

그 공감의 파동에 자연도 경이를 표했다. 해가 지면서 다른 나무의 그늘은 다 옮겨 갔지만 오직 갯복숭아나무 그늘만은 홀로 태자를 가리고 있었다. 그 장면은 흡사 '어두운 밤 산마루에 큰 불덩어리가 이글거리듯' 장엄했다고 한다. 신하의 보고를 받고 달려온 아버지 슈도다나 왕은 자기도 모르게 아들을 향해 머리를 숙인다. 붓다의 길을 갈까 봐 그토록 전전긍긍했으면서 말이다.

이 사건은 오랜 시간이 지나 결정적인 순간에 다시 소환된다. 고행을 멈추고 보리수 아래에서 최후의 결전을 선포할때, 그때 붓다의 마음에 떠오른 건 바로 이 순간의 체험이었다. 그 울림과 떨림의 파동이 붓다를 깨달음의 새벽으로 인도해 주었다.

＊＊＊

　다시 당번고도 스토리로. 문성공주는 그 많은 불상 가운데 왜 하필 12세 석가모니상을 가지고 티베트로 갔을까? 자기와 비슷한 나이라 각별한 위로를 받았던 것일까? 미스터리다. 어찌 됐든 중국과 티베트의 만남으로서는 아주 상징적인 불상이다. 중국과 티베트는 설산과 황하가 다른 것만큼이나 이질적인 문명이다. 전자는 대평원의 정착민이고, 후자는 고원의 유목민이다. 인류문명은 아주 오랫동안 정착 vs 유목의 길항관계로 점철되었다. 때로는 피비린내 진동하는 전투로, 때로는 뜨거운 연대와 소통으로. 문성공주가 당번고도를 가는 그 시기는 바로 전자의 시대였다. 당나라와 토번(티베트제국) 간 전투의 결과로 국혼이 성사되었으니 말이다. 두 문명 사이의 갈등과 대립을 해소하기 위해서는 깊은 공감과 연민이 필요하다. 그런 의미라면 정말로 딱 어울리는 불상 아닌가.

　티베트의 대지는 나찰녀의 형상으로 표현된다. 나찰녀란 마녀라는 뜻이다. 『서유기』에 나오는, 부채로 화염산을 온통 불태워 버리는 요괴가 바로 나찰녀다. 거칠고 번뇌에 가득 찬 티베트인들의 마음을 상징한다. 그 마음을 다스리고자 나찰녀의 심장에 해당하는 곳에 조캉사원을 세웠다고 한다. 눈의 나라의 중생들이 번뇌의 불꽃을 끄고 열반에 들기를 염원하면서. 이후 티베트인들은 지구상에서 가장 신심 깊은 불자가 된다. 나찰녀의 나라에서 붓다의 나라로!

하지만 이후 티베트불교는 중국이 아니라 인도를 향한다. 방향이 바뀌는 결정적인 키가 문자였다. 송첸감포 왕은 불경을 번역하기 위해 티베트문자를 창안한다. 붓다의 가르침을 배우기 위해 문자를 창안하다니, 놀라운 나라다! 그 문자의 원형은 한자가 아니라 산스크리트어였다. 이후 티베트는 인도불교의 독실한 계승자가 된다. 최초의 전파자는 중국이었지만 본격적으로 불심을 퍼뜨린 주체는 인도였던 것. 이렇듯 역사는 반전의 연속이다.

1959년 14대 달라이 라마는 눈의 나라를 떠나 인도 북부 다람살라에 정착한다. 7세기에 문성공주를 통해 눈의 나라로 갔던 붓다가 20세기에 다시 인도로 귀환한 셈이다. 비록 난민이 되었지만 조오불상은 다람살라 집무실을 의연하게 장식하고 있다. 그 아래 달라이 라마가 가장 좋아한다는 붓다의 고행상이 놓여 있다.

12세의 명상하는 붓다와 30대 초반의 고행하는 붓다, 그리고 80대 후반의 달라이 라마. 기묘한 어울림, 오묘한 마주침이다.

청춘의 교만은
산산이 부서지고

환락의 이면

아버지 슈도다나 왕의 마음은 착잡해졌다. 깊은 명상에 들어간 열두 살의 아들 앞에 예경을 드리긴 했지만 그렇다고 아들이 붓다가 되기를 원한 건 아니었다. 더구나 그날은 아들을 후계자로 정한 날이 아닌가. 이제는 흔들림 없이 왕의 길을 가리라 기대했던 그날, 아들은 정확하게 아버지의 기대를 배반했다. 화려한 축제의 장에서 아들은 대체 무엇을 본 것일까. 명상을 제대로 배운 바가 없건만 마치 오랫동안 수련해 온 요기처럼 아사나 자세(가부좌)로 선정에 들어가다니. 자신이 보기에도 그 장면은 너무나 장엄했다. 그래서 절로 머리를 숙이게 된 것이다.

하지만 영성은 영성이고, 왕국은 왕국이다. 누가 뭐래도 아들은 왕이 되어 가문과 나라를 빛내는 길을 가야 한다. 왕국을 포기하고 영적 지도자의 길을 가서는 곤란하다. 이미 언급했듯이 전륜성왕에게는 전륜성왕의 길이 있고, 붓다에겐 붓다의 길이 있다. 전륜성왕이면서 붓다가 되는 길은 설정 자체가 불가능하다. 영성과 영광을 동시에 누릴 수는 없는 법이다. 슈도다나 왕도 그걸 알기에 더더욱 불안해졌다. 아들의 출가를 막아야 한다! 아버지의 치밀한 작전이 시작되었다.

첫번째 프로젝트. 청춘이 누릴 수 있는 최고의 환락을 제공하기. 무엇으로? 음악과 춤, 그리고 미녀들과 산해진미 등으로. 예나 이제나 인간이 누릴 수 있는 건 이게 전부다. 그토록 기나긴 역사가 흘러왔건만, 그토록 숱한 고난과 혁명을 거쳤건만, 지금도 인간이 갈망해 마지않는 복락이 이것밖에 없다는 건 몹시 서글픈 일이다.

당시 궁중의 환락도 일정한 패턴이 있었던 듯하다. 먼저 세 개의 궁전. 인도의 계절은 여름, 겨울, 우기─셋으로 나뉜다. 각 계절마다 머무르는 궁전을 따로 지었다. 9층, 7층, 5층으로 단장하고 무려 4만 명의 무희를 두어 태자를 시중들게 했다. 이 시절에 대한 붓다의 회고가 있다.

수행승들이여, 나는 유복했고 아주 유복했고 최상으로 유복했다. 수행승들이여, 나의 아버지의 주처에는 연못이 있었는데, 수행승들이여, 오로지 나를 위해 한곳에는 청련을 심었고 한곳에는 홍련을 심었고 한곳에는 백련을 심었다. 나는 까시국의 전단향 이외는 사용하지 않았다. 나의 터번도 까씨국의 것이며, 나의 외투도 까씨국의 것이며, 나의 속옷도 까씨국의 것이며, 나의 웃옷도 까씨국의 것이었다. 또한 나에게 추위나 더위나 먼지나 지푸라기나 이슬이 닿지 않도록 밤낮으로 나를 위해 흰 양산이 펼쳐졌다. 그러한 나에게는 세 궁전이 있었는데 하나는 겨울궁전이고 하나는 여름궁전이고 하나는 우기궁전이었다. 나는 우기궁전에서는 4개월간 궁녀들에 둘러싸여 보냈으며 그 시기에 궁전을 떠나지 않았다. 다른 사람의 집에서는 하인들이나 노예들에게 쌀겨나 기껏해야 산죽이 제공되는 반면에 나의 아버지의 집에서는 하인들이나 노예들에게도 쌀밥과 고기반찬을 제공했다.

(「유복의 경」, 『앙굿따라니카야』, 421쪽)

태자의 나이 열여섯, 바야흐로 이팔청춘, '질풍노도'의 시절이었으니 그야말로 환락이 무궁무진했으리라. 태자가 누린 환락은 결국 감각의 극대화다. 시각, 청각, 촉각, 미각, 후각, 그리고 성적 열락이 주는 환각. 당시 인도의 상황에선 최고 수준이라 하겠지만 솔직히 이 정도야 우리 시대 청년들에겐 평범한 수준이다. 게임의 판타지, 포르노의 범람, 무제한 음원 스트리밍, 상품의 스펙터클 등을 떠올려 보라. 싯다르타가 누렸다는 연꽃, 향유, 쌀밥 따위는 속된 말로 '쨉'도 안 된다.

하긴 우리 시대 부모들도 다르지 않다. 자식한테 온갖 좋은 것만 다 주려고 하지 않는가. 그런데 그 내용을 보면 감각적 즐거움이 대부분이다. 슈도다나 왕이 그랬듯이, 오직 꽃길만 보고 꽃길만 걷게 하고 싶은 것이다. 그 덕분에 붓다 시대엔 소수가 독점했던 감각적 쾌락을 이젠 다수가 누릴 수 있게 되었다. 헌데, 어떤가? 만족스러운가? 만족스럽기는커녕 더더욱 부족하게 느껴진다. 그래서 갈애다. 욕망은 만족을 모른다. 끊임없이 결핍을 생산하기 때문이다. 결국 남는 건 '타는 목마름'이다. 고로 슈도다나 왕의 작전도 실패할 확률이 크다. 우리 시대 부모들의 계획이 그런 것처럼.^^

이렇게 태자가 청춘의 열락에 탐닉하자 무예를 익히지 않는다는 루머가 돌았다. 크샤트리아는 전사 계급이다. 전쟁과 통치가 그들의 소명이다. 당연히 무예가 출중해야 한다. 그런데 감각적 쾌락에만 빠져 있다고? 이건 국운이 달린 중차대한 문제다. 중국이나 조선에서라면 국본(세자)이 주색잡기에 빠졌다며 상소문이 빗발쳤을 상황이다.

그러자 태자가 아버지에게 날을 잡아 부족의 친척들을 다 모아 달라고 했다. 그들 앞에서 보여 준 태자의 무예는 가히 신공의 경지였다. 코끼리 길들이기, 말타기 경주 등은 말할 것도 없고 최종심급은 활쏘기였다.

> 태자 차례가 되자 과녁을 훨씬 더 멀찍이 놓게 하고 그 뒤에
> 쇠로 만든 멧돼지 일곱 마리와 쇠로 만든 타라나무 일곱 그
> 루를 줄지어 세웠다. 활을 당기려고 하자 활대와 시위가 한
> 꺼번에 부러진다. (……) 할아버지가 쓰던 활을 가져오자 아무
> 도 활시위를 당길 수조차 없었다. 태자는 앉은 채 몸도 움직
> 이지 않고 왼손에 활을 들고 오른손 손가락 끝으로 가볍게
> 잡아당긴다. 활을 쏘니 줄지어 놓은 쇠북을 꿰뚫은 뒤 하늘
> 높이 솟아오른다.
>
> (와타나베 쇼코, 『불타 석가모니』, 64쪽)

활에 대한 무공의 전설적 화소들이 여기서도 등장한다. 아
무도 당길 수 없는 활을 손가락 끝으로 가볍게 튕긴다거나,
과녁 여러 개를 세워 놓고 그것들을 한꺼번에 꿰뚫는다거나.
태자의 무공은 눈이 부실 정도였다. 힘은 타고난 장사였고,
집중력과 기량 역시 견줄 바가 없었다. 무려 '일곱 개의 쇠북
과 일곱 그루의 쇠나무'를 단번에 꿰뚫어 버렸으니 말이다.

이게 사실이라면 이런 의심을 해볼 만하다. 날마나 쾌락
과 유희에 빠져 있었다면 이런 신공이 가능했을까? 이 우주
에 그런 법은 없다. 술과 섹스에 찌든 상태로는 과녁을 제대

로 보지도 못한다. 무슨 뜻인가? 태자가 오직 감각적 쾌락에만 빠져 있었던 건 아니라는 뜻이다. 만약 그랬다면 섹스중독 혹은 알콜릭에 빠졌을 테고, 당연히 생명의 토대인 정기신精氣神이 무너졌을 것이다. 저 탁월한 기량과 집중력은 절대 불가능하다.

타고난 능력이 있다 해도 그것은 날마다 닦아야만 빛이 난다. 거꾸로 기량이 뛰어나면 늘 그것을 갈고 닦고 싶어지는 것이 인지상정이다. 이런 이치를 건너뛴다면 그건 인간의 길이 아니다. 아울러 무예를 이런 수준으로 익혔다면 다른 분야, 즉 언어와 수사, 논리학 등에 대해서도 마찬가지일 터, 생각해 보면 그렇다. 태자의 교육은 최고의 수준이었다. 타고난 근기에 최고의 스승들에게 전수받은 기예는 그야말로 문무겸전의 극치였다. 그리고 결정적으로 열두 살, 갯복숭아나무 아래서의 경험이 일회적으로 끝났을 리가 없다. 모든 존재의 근원적 고통, 그에 대한 깊은 연민과 공감의 체험은 이후에도 그의 감수성에 깊은 영향을 미쳤을 것이다. 또 주변 국가들에서 벌어지고 있던 변화와 혁신의 분위기에 다양한 방식으로 접속하기도 했다.(이학종, 『붓다 연대기』를 참조할 것) 하지만 이런 스토리는 붓다의 스토리에서 거의 누락되었다. 출가라는 대역전의 드라마를 연출하려다 보니 그 반대쪽에 있는 환락의 측면만 극대화된 게 아닐까 싶다.

봄날은 간다

환락이 지극하다 한들 봄날은 간다. 세월의 무상함을 이겨내는 쾌락은 없다. 환幻이 멸滅하는 것을 일러 환멸이라 한다. 혐오와 권태의 다른 이름이다. 환멸의 늪에 빠져 허우적대면 곤란하다. 아버지의 두번째 프로젝트가 시작되었다. 다름 아닌 결혼이다. 결혼을 하고 가정을 이루면 세속적 욕망 혹은 책무에 붙들리게 될 것이고, 그러면 왕의 길을 충실하게 밟아 갈 것이다. 훨씬 치밀하고 탄탄한 계획이다.

태자비를 선발하는 이벤트가 시작되었다. 수많은 후보자들 가운데 단연 돋보이는 여인이 있었으니 이름은 야소다라, 샤카 족과 대대로 혼인관계를 맺어 온 콜리야 족의 크샤트리아 출신이었다. 그녀는 아름답고 지적이었다. 거기에 더해 당당하고 거침이 없었다. 여성에 대한 관습적 규범 따위는 아랑곳하지 않을 정도로 당돌했다. 싯다르타의 마음을 사로잡기에 충분했다. 야소다라 역시 태자에게 깊은 사랑을 느꼈다. 당연히 모두의 축복을 받으며 결혼에 골인했다. 싯다르타 태자의 삶에 가장 큰 변곡점이 온 것이다.

분명 이건 청춘의 환락과는 다른 코스다. 누군가를 깊이 사랑하고 그래서 삶을 함께하기로 결정하는 것은 질풍노도의 열정과는 급이 다른 선택이다. 청춘의 환락이야 한때의 폭풍으로 끝나겠지만 사랑과 결혼은 삶의 배치를 전면적으로 바꾸어 버린다. 무엇보다 아들, 아버지, 남편, 아내, 아내의 혈족, 아들의 아들, 수많은 인연의 그물망 안에 들어가야 하기 때문이다. 그와 동시에 관습과 규범, 책임감과 사명 등이 한꺼번에 밀려온다. 이중삼중의 그물망에 갇히는 격이다.

그 모든 것을 기꺼이 감내하게 하는 것이 바로 사랑이다. 그만큼 강렬하고 짜릿하다. "허니문 시절 태자와 야소다라는 지붕 위에서 한몸이 되어 사랑을 나누다 공중에 붕 뜬 채로 떨어져 장미와 연꽃과 백합으로 된 침대 위로 떨어졌다. 하지만 그들은 자신들이 떨어진 줄도 알지 못했다."(다큐멘터리 〈더 붓다〉—리저드 기어의 내레이션) 태자와 야소다라가 얼마나 서로에게 탐닉했는지를 보여 주는 장면이다. 이 정도면 됐다! 설마 이 상태에서 출가를 꿈꾸진 않을 테지? 아버지는 비로소 마음을 놓았을 것이다. 하지만 안타깝게도 아버지의 계획은 이번에도 실패한 듯하다. 야소다라를 깊이 사랑하고 그 사랑에 대한 책임감 또한 투철했지만 태자의 마음은 사랑과 결혼으로 채우기에는 너무나 깊고 또 넓었다.

어쨌든 이 시절, 싯다르타에게 청춘은 아름다웠다! 감각적 환락, 열정적인 사랑, 그리고 축복받은 결혼, 달콤한 허니문. 청년이라면 누구나 갈망하는 과정을 하나하나 다 통과했으니 말이다. 보다시피, 청년기의 아픔과 좌절, 상실감 따위는 들어설 자리가 없다. 하지만 과연 이런 영광과 기쁨이 지속될 수 있을까? 그럴 리가! 제행무상의 법칙에 따르면, 모든 절정은 변곡점이다. 반전의 시그널이 시작되었다.

이 행복이 늪이 되어 태자를 삼켜 버리면 어떻게 하지? 그럼 또다시 붓다가 오기를 기다려야 하나? 오 마이 갓! 천지가 요동치기 시작한다. 태자가 사랑과 결혼의 기쁨에 젖어 있음을 보고 천인(하늘사람)들이 나선 것이다. 한밤중에 태자의 궁전에 이런 게송이 울려 퍼진다.

그대 나이 젊을 때 출가해 숙세의 발원을 이루시오.

세간의 중생은 오욕락에 빠져 헤어날 길이 없는데

그대는 어서 빨리 정각을 이루어 그들을 구하시오 (……)

참으로 이 세상은 고苦라, 맹화에 타고

어리석은 자는 젊음을 탐착하지만 멀지 않아 노·병·사에 부서지리라

성자는 옛적에 부처를 만나 진리를 깨치셨으니

감로의 비를 뿌리실 때가 지금이시네

(『불본집행경』; 법륜, 『인간 붓다』, 134~135쪽)

'젊을 때 출가하라'는 메시지가 흥미롭다. 바라문교의 생애주기(학습기/가주기/임서기/만행기)에 따르면, 청년/장년을

건너 중년이 되어야 비로소 숲으로 가서 명상에 들어간다(임서기). 하지만 앞서도 밝혔듯이, 다방면에서 바라문교의 권위에 대한 반발이 일어나면서 생애주기 자체를 해체하는 흐름이 형성되었다. 그런 규범은 가능한 한 세속적 욕망에 몰두하라는 통치술이라고 비난받기도 했다. 하지만 우리 시대로서는 저런 생애주기조차 부럽기만 하다. 현대인의 생애주기는 오직 노동을 위한 학습, 화폐를 위한 노동이 전부다. 그다음엔? 그저 늙고 병들고 죽을 뿐이다. 그런 점에서 우리 시대의 생애주기는 참 잔인하고 쓸쓸하다. 해서 처음 바라문교의 생애주기를 들었을 때 놀라웠다. 갱년기가 되면 노동과 가족에서 벗어나 숲에 들어가 명상을 하고 노년엔 천하를 유행하면서 죽음을 맞이하다니. 생로병사를 '봄·여름·가을·겨울'과 연결시키는 『동의보감』의 원리와 여러모로 상통한다. 헌데, 붓다는 그조차도 가뿐히 뛰어넘었다.

사람들은 노래한다. 노세 노세 젊어서 노세. 늙어지면 못 노나니. 천인들은 노래한다. 봄날은 간다. 얼른 출가해서 진리를 깨치고 감로의 비를 뿌려라. 한마디로 청춘이야말로 출가하기 딱 좋은 나이라는 것.^^ 세상은 번뇌의 불길에 휩싸여 있고, 젊음의 환락은 곧 노병사에 부서질 것이니 지체할 시간이 없다. 청춘은 놀고 즐기는 때가 아니라 깨달음을 이루고 중생을 구하기 위해 '집을 떠나야 할' 때라는 것. 천인들의 게송은 태자의 내면의 목소리이기도 하다. 천인들이 태자를 일깨운다기보다 태자의 마음이 천인들을 불러냈다고 할까. 싯다르타의 마음이 고동치기 시작했다.

'사문유관'—사건 혹은 변곡점

그리고 마침내 문제의 그 사건이 벌어졌다. 이름하여 사문유관四門遊觀. 붓다의 스토리에서 결정적 변곡점을 이루는 사건이다. 어느 날 문득 태자는 네 개의 문을 통해 세상을 보게 된다. 첫번째 동쪽 문에서는 늙은이를 보았다. 이가 빠졌고 머리칼이 희고 허리가 굽은 채 후들거리며 걷고 있었다. 두번째 남쪽 문에서는 병든 이를 보았다. 팔다리는 뒤틀려 바싹 마르고 온몸에서는 악취가 풍기고 피고름이 흘러내린 채 길바닥에 누워 있었다. 세번째 서쪽 문에서는 장례행렬을 보았다. 가족·친지들이 슬피 울부짖고 발을 구르면서 뒤를 따르고 있었다. 무덤가에 버려진 시체는 뻣뻣하게 경직되었고 벌레와 짐승들이 파먹으면서 결국 해골만 남았다. 말하자면 '노·병·사'의 코스를 리얼하게 목격한 것이다. 노·병·사는 지극히 평범한 장면이다. 특별하게 더 비극적인 노인, 특별하게 더 비참한 병자, 특별하게 참혹한 주검이 아니라 누구나 겨는 늙음, 병듦, 죽음이었다. 나는 이 대목이 아주 특이했다. 왜냐면 우리는 이미 알고 있다. 태어나면 늙고 병들고 죽는다는 것을.

그럼 태자는 이런 사실을 정말 몰랐을까? 아버지 슈도다나 왕이 태자한테는 늘 젊고 싱싱한 사람들만을 배치했다고 하더라도 역사를 배우고 친척들을 보면서 자랐는데 그 점을 몰랐다는 건 도무지 납득이 안 된다. 게다가 태자가 태어난 지 7일 만에 어머니 마야 부인이 세상을 떠났다. 이 사실을 태자에게 알려 주지 않았을까. 이모가 대신 키웠다는 사실, 이모에게서 태어난 이복동생들, 그들과의 관계에 대해서 알았을 것이고 그 과정에서 당연히 죽음에 대한 인식을 하지 않았다면 그게 더 이상하다.

그래서 이 장면은 다방면으로 곱씹어 봐야 한다. 일단 태자가 처음으로 그런 장면을 보았다기보다 이 시기에 갑자기 내면에 강력한 진동이 일어났다고 보아야 한다. 바야흐로 시절인연이 무르익은 것이다. 사실 그렇지 않은가. 우리도 생로병사의 과정을 익히 알고 있지만 막상 자신의 노병사를 실감하지는 않는다. 그러다 가족이나 소중한 사람의 죽음을 맞이하면 그때 비로소 죽음이 사무치게 다가오는 법이다.

야크샤(야마) : "가장 놀라운 불가사의는 무엇이냐?"

유디스트라 : "날마다 사람이 죽고 주검이 실려 가지만, 구경
꾼들은 자기도 언젠가는 죽는다는 것을 깨닫지 못하고 자기
는 영원히 살 거라고 생각합니다. 이것이야말로 세상에서 가
장 놀라운 불가사의입니다."

(『마하바라타』, 152쪽)

　　인도의 대서사시 『마하바라타』에 나오는 장면으로 주인
공 유디스트라와 야크샤(야마) 사이의 대화다. 야마는 죽음과
심판의 신이다. 야마의 쏟아지는 질문에 제대로 답을 못하
면 동생들의 목숨이 위태로워지는 아주 극적인 대목에 속한
다. 인도 고전의 악마들은 다소 해학적이다. 악의 화신이라기
보다 짓궂은 질문들로 주인공을 괴롭히고, 결과적으로는 지
혜를 듬뿍 선사한다. 이 장면도 그중 하나인데, 보자마자 웃
음이 빵 터졌다. 우리들의 속내를 들킨 기분이 들어서다. 그
렇다. 몇천 년 전이나 지금이나 매한가지다. 사람이라면 누구
나, 언젠가, 죽는다는 것을 알고 있지만 그럼에도 평소에는
늘 모른 체하며 살아간다.
　　태자도 그랬던가 보다(아버지의 작전이 나름 성공한 셈이다^^).
세 개의 문에서 노·병·사와 마주치자 태자는 이렇게 묻는다.
"저 사람만 그런 것인가? 세상 사람이 다 그런 것인가? 나도
그렇게 되는가?" 어이없는 질문이지만, 그만큼 충격을 받았

다는 뜻이다. 온몸이 부들부들 떨릴 정도로 사무치게 다가온 것이다. 친경제 때 목격한 것은 쾌락과 고통의 먹이사슬이었다면, 지금 목격한 것은 자신을 비롯한 모든 존재가 겪어야 하는 생성과 소멸의 프로세스였다. 노·병·사가 저토록 괴로운 것이라면 그 전 단계인 생도 마찬가지다. 고통의 먹이사슬이 사회적 위계나 공간적 조건에서 오는 것이라면, 노·병·사의 사슬은 시간적 변화가 만들어 내는 고통의 현장이다. 씨실과 날실이 교차하는, 그야말로 '일체개고'一切皆苦의 실상이 눈앞에 펼쳐진 것이다. 여기에는 피난처도 없고, 일말의 여지도 없다.

그런 점에서 사문유관四門遊觀은 하나의 사건이다. 결정적 변곡점으로서의 사건. 그동안 잠재태로만 흘러다니던 내면의 파동이 어떤 마주침에 의해 문득! 아주 명료한 현실태가 되었다는 점에서 그렇다. 이젠 돌이킬 수 없다. 그 이전으로 되돌아가는 길은 끊어졌다. 그리고 이 사건은 청년이라는 신체적 조건과 절대 무관하지 않다. 무릇 청춘이란 본디 실존적 질문에 휩싸이는 시기다. 왠 줄 아는가? 에너지와 기운이 넘쳐서다. 질문을 하는 데도, 방황을 하는 데도 체력이 필요하다. 그저 추상적인 사고만으론 절대 불가능하다. 집요해야 하고 끈질겨야 하고 긴장감이 넘쳐야 한다. 즉, 신체적 활력이 수반되어야 한다. 앞의 스토리에 나오는 활쏘기 무공을 환기해 보라. 저런 에너지라면, 저 에너지가 활이 아니라 내면으로 향한다면, 에로스적 열락이 아니라 삶에 대한 질문으로 향한다면 어떻게 될까? 당연히 엄청난 사유의 공간이 폭발하게 될 것이다.

그래서 청춘이라는 시점이 중요하다. 중년이 되고 장년이 될수록 우리는 이 질문으로부터 멀어진다. 무엇보다 체력이 떨어져서다. 질문을 붙들고 내면의 심해를 자맥질할 여력이 없어서다. 체력은 떨어지는데, 가족적 책무, 직장 스트레스, 노후대책 등의 그물망은 더 촘촘히 조여 온다. 늘 쫓기며 살아간다. 체력은 없지 시간은 쪼들리지 결국 모른 척, 아닌 척하면서 치워 버린다. 그러다 보면 어느새 늙음이 코앞에 와 있고, 죽음이 목전에 당도해 있다. 결국 다시 윤회의 '파도타기'를 되풀이할 수밖에 없다.

생의 교만은 먼지처럼 흩어지고

싯다르타는 바야흐로 청춘의 절정을 통과하는 중이었다. 그래서 더 충격이었다. 이 절정의 다음 순간들을 목격했기 때문이다. 청년기가 지나면 노년의 시간이 도래할 것이다. 그리고 분명히 알았다. 자신 또한 그렇게 될 것임을. 하여, 노인을 만난 이후 "청춘의 교만은 산산이" 부서졌다. 이 활력 넘치는 몸은 저 노인처럼 쇠약해질 것이다. 병자를 만난 이후 "건강의 교만은 산산이" 토막 났다. 이 탄탄한 근육과 살들은 여지없이 허물어질 것이다. 주검의 형상을 보자 "생의 교만은 먼지처럼" 흩어져 버렸다. 나 또한 저렇게 소멸해 갈 것이다.

여기가 바로 포인트다. 싯다르타는 자신의 청춘과 건강과 생에 대한 모든 자신감이 사라져 버렸다. 그러자 지금 누리는 이 열락이 갑자기 시시해졌을 것이다. 그렇지 않은가? 삶이 이토록 덧없다면, 그리고 그것을 생생하게 자각하게 되었다면, 누구든 깊은 공허와 환멸에 빠지게 마련이다. 사람들이 소유와 쾌락에 몰두하는 건 '늙지 않고 병들지 않고 죽지 않을' 거라는 환상 때문이다. 어쩌다 그 환이 멸하는 체험을 하게 되면 가슴속에 구멍이 뻥 뚫리게 된다. 생각해 보면, 이 정도의 사건이야 보통의 사람들, 보통의 청춘들도 수시로 마주친다. 문제는 그다음이다. 대개의 경우 그저 나중 일로 치부한 채, 혹은 나는 절대 그럴 리 없다는, 교만을 넘어 무지와 망상 속으로 숨어 버린다. 혹은 어차피 그런 거라면 누릴 수 있을 때 한껏 누리자! 인생 뭐 있어? 아모르파티! 이번엔 망각 속으로 도주한다. 망상과 망각의 시소게임!

이게 수억 겁 중생들이 밟아 온 어리석음의 코스다. 싯다르타 태자는 달랐다. 청춘의 교만, 건강의 교만, 생의 교만이

미진처럼 흩어진 그 자리에 강력한 질문을 생성시켰다 — 인간은 왜 늙고 병들고 죽어 가는가? 이 사이클을 반복하는 한 결론은 오직 슬픔과 허무다. 달리 무엇이 있겠는가? 과연 이 고통의 사슬을 벗어날 길은 없는가? 이 지점이 바로 붓다와 중생의 차이다. 그야말로 간발의 차이다.

일단 질문이 생성되자 멈출 수가 없었다. 그리고 그 질문에는 아무도 답해 줄 이가 없었다. 문무의 기예를 전수해 준 스승도, 교관도. 그리고 아버지 슈도다나 왕도. 또 탄생부터 싯다르타를 수호해 온 천신들조차도. 태자가 사문유관의 사건을 겪은 것은 사춘기, 출가를 감행한 것은 스물아홉. 그 사이에 상당히 긴 시간이 가로놓여 있다. 그건 달리 말하면 사문유관 이후 그 질문과 고뇌를 한순간도 놓지 않고 있었다는 뜻이다. 그래서인가. 『숫타니파타』에는 특히 죽음에 대한 절절한 가르침이 넘쳐난다.

태어나 죽지 않고자 하나, 그 방도가 결코 없습니다. 늙으면 반드시 죽음이 닥치는 것입니다. 뭇 삶의 운명은 이러한 것입니다.
결국 익은 과일처럼 떨어져야 하는 두려움에 처합니다. 이처럼 태어난 자들은 죽어야 하고 항상 죽음의 두려움에 떨어집니다.

옹기장이가 빚어낸 질그릇이 마침내 모두 깨어지고 말듯, 사람의 목숨도 또한 그렇습니다.

젊은이도 장년도 어리석은 이도 현명한 이도 모두 죽음에는 굴복해 버립니다. 모든 사람은 반드시 죽습니다.(……)

세상 사람은 죽음과 늙음에 삼켜져 버립니다. 그러므로 현명한 사람들은 세상의 이치를 알아 슬퍼하지 않습니다.

(「화살의 경」)

죽음은 피할 수 없다. 그것은 모든 이들의 운명이고, 우주의 법칙이다. 죽음 앞에선 살아서의 부귀영화·희로애락·분별망상이 나 무색해진나. 이 사명한 이치에도 불구하고 사람들은 죽음 앞에서 한없이 두려워하고 속절없이 비탄에 잠긴다.

핵심은 마지막 구절에 있다. 세상의 이치를 아는 현자들은 죽음을 슬퍼하지 않는다. 죽지 않거나 죽은 뒤에 천국에 가기 때문이 아니다. 그럼에도 죽음으로 인한 슬픔과 괴로움을 느끼지 않는다는 것. 왜? 죽음의 이치를 알기(!) 때문이다. 그에 반해 중생들은 그저 슬퍼한다. 비통해하면서 몸부림친다. 수억 겁의 생을 거치는 동안 무수한 죽음을 경험했으면서도 마치 처음 겪는 것처럼 애달파한다. 왜? 죽음의 이치를 모르기(!) 때문이다. 죽음을 모른다면 삶 또한 이해할 수 없다. 하여, 삶 또한 슬프고 괴롭다.

그대는 오거나 가는 사람의 그 길을 알지 못합니다. 그대는 그 양끝을 통찰해 보지 않고 부질없이 슬피 웁니다.(……)

울고 슬퍼하는 것으로서는 평안을 얻을 수 없습니다. 다만 더욱더 괴로움이 생겨나고 몸만 여윌 따름입니다.

자신을 해치면서 몸은 여위고 추하게 됩니다. 그렇다고 망자를 수호할 수 있는 것도 아니니, 비탄해 한들 아무 이익이 없습니다.

사람이 슬픔을 버리지 않으면, 점점 더 고통에 빠져듭니다. 죽은 사람 때문에 울부짖는 자들은 슬픔에 정복당한 것입니다.

(「화살의 경」)

참 뼈아픈 지적이다. 울고 슬퍼하면 몸만 축나고 그것은 망자에게 아무런 도움도 되지 않는다. 그럼에도 죽음 자체에 정복당하는 이런 행위를 왜 그토록 오래 반복하는 것일까? 죽음을 모르기 때문이다. 오고 가는 그 양끝을 통찰하지 못하기 때문이다. 그래서 무지는 슬픔과 고통의 원천이다. 무지를 타파하지 않는 한 이런 슬픔은 사라지지 않는다. 어떤 세상이 도래하건. 어떤 문명적 진보가 이루어지건.

이 경은 깨달음 직후의 설법이지만 거슬러 올라가 보면, 사문유관 이후 이 청년에게 어떤 질문이 폭발했는지를 역으로 보여 준다. 이런 질문들로 가득 차 있었으니 당연히 삶이

'고'苦라고 확신하지 않았겠는가. 수명을 연장하면 되지 않을까? 천만의 말씀이다. "가령 사람이 백 년을 살거나 그 이상을 산다고 할지라도 마침내는 친족들을 떠나 이 세상의 목숨을 버리게 됩니다." 백 년 아니라 오백 년이어도 마찬가지다. 오백 년을 살게 되면 490년을 정신없이 살다가 다시 죽음의 공포 앞에서 '생의 교만이 먼지처럼 부서지는' 체험을 하게 될 것이다.

선업을 쌓고 희생제의를 다하여 천국에 태어나거나 천신으로 태어나면 되지 않을까? 그 또한 마찬가지다. 이미 언급했듯이 인도에선 천국이나 신들 역시 윤회의 한 과정이라고 간주한다. 천신 역시 그 선업의 질량(카르마)이 다 소진되는 순간 또다시 인간으로, 축생으로 태어나 윤회를 되풀이해야 한다. "이 세상도 저 세상도 다 버린다"는 게송은 바로 이런 의미다.

하여 오래 사는 것, 죽어 천국에 태어나는 것은 결코 답이 될 수 없다. 그럼 대체 어떻게 해야 하는가? "단호하고 지혜롭고 잘 닦인 현명한 님이라면, 불난 보금자리를 물로 끄듯, 바람이 솜을 날리듯, 생겨난 슬픔을 없애야 합니다." 그리하여 "번뇌의 화살을 뽑아, 집착 없이 마음의 평안을 얻는다면, 모든 슬픔을 뛰어넘어 슬픔 없는 님으로 열반에 들 것입니다".(「화살의 경」)

슬픔을 뛰어넘어 슬픔이 없는 곳으로! 윤회의 수레바퀴를 벗어나 열반의 자유로! 진정 그런 길이 가능하단 말인가? 어떻게?

북문의 수행자, 시대의 나침반

싯다르타는 동문에서 노인을, 남문에서 병자를, 서문에서 주검을 보았다. 만약 거기에서 끝났다면 어떻게 되었을까? 깊은 충격에 빠지고 질문이 폭발하긴 했겠지만, 결국은 생에 대한 허무, 니힐리즘에 빠졌을 수도 있다. 또 그 공허함을 벗어나기 위해 감각적 쾌락과 열락으로 도피했을지도 모른다. 역사상 수많은 제왕과 영웅들이 그러했듯이. 하지만 아직 북문이 남아 있었다.

왜 북쪽일까? 오행으로 보면 북쪽은 겨울이고, 검은색이고, 물의 기운이다. 하여, 결정적으로 지혜를 상징한다. 보이는 세계가 아닌 보이지 않는 세계에 대한 통찰, 그것이 겨울의 기운이자 물의 미덕이며 지혜의 파동이다. 과연 그랬다. 태자는 북문에서 사문沙門을 만난다. 사문은 길 위의 구도자들이다. 바라문교가 타락하면서 당시 많은 젊은이들이 길 위에 나섰다. 그들은 숲에 거주하면서 새로운 사상과 철학을 탐색하기 시작했다. 숲은 낡은 종교의 틀을 벗어나 진정 새로운 길을 열고자 하는 젊은 수행자들로 가득했다. 언급했듯이, 바라문교도 출가를 하긴 한다. 학습기, 가주기를 거쳐 숲으로 가서 명상에 잠기는 임서기. 그리고 생애 마지막은 주유천하를 하는 만행기. 하지만 지금 북문에서 만난 사문들은 코스가 좀 다르다. 세속의 생활을 다 누린 다음에 숲으로 간 것이 아니라 청년기에 집을 떠나 길 위에 나선 것이다. 『베다』의 권위와 관습, 격식을 벗어나 오직 진리에 대한 열정을 품고서.

사문유관 스토리의 대부분은 태자가 북문의 사문을 만나자마자 바로 출가를 결심했다고 전한다. 드라마틱하긴 하지만 사언스럽진 않다. 노·병·사의 충격이 사문을 통해 단번에 해소될 수 있다는 건 너무 비약이 심한 거 아닌가? 그 간극을 메울 수 있는 스토리가 필요하다.

싯다르타 왕자가 북문의 사문에게 물었다. 출가하면 무슨 이익이 있습니까?

"저는 집에 있을 때, 생과 병과 죽음을 수없이 보았기 때문에, 삶이 무상한 것임을 알았습니다. 생과 병과 죽음이 고통스러운 것을 알았습니다. 인간 세상에 취할 것이 하나도 없음을 알았습니다. 그것은 고뇌입니다. 그리하여 저는 가정을 버리고 조용한 곳에서 수행하여, 이 고뇌를 초월하고자 노력하고 있습니다. 제가 닦는 도는 깨끗하고 거룩한 도입니다. 저는 바른 법을 실천하고 관능을 정복하고, 대자비를 일으켜 사람들의 마음을 편안하게 해주며, 마음과 행동이 조화되고, 중생을 호념하고, 세간의 더러운 것에 물들지 아니하여, 나고 늙고 병들고 죽는 일에서 영원히 해탈하고자 합니다. 태자여, 이것이 출가의 법입니다."

(박경훈, 『부처님의 생애』 상, 75쪽)

이 답변을 보건대, 지금 태자의 영혼을 뒤흔든 이 질문이 싯다르타만의 것이 아니었음을 알 수 있다. 이미 수많은 청년들이 노·병·사의 무상과 생의 원초적 괴로움에서 벗어나 출가를 단행했던 것이다. 그들이 추구하는 바는 '관능을 정복'하고 '몸과 마음의 조화'를 이루며 '자비를 일으켜 중생을 돕고자' 함이다. 보다시피 방향이 아주 구체적이다.

이 구절을 다시 곰곰이 음미해 보면, 생로병사의 이치를 외면할 때 사람들은 관능적 욕망에 빠져 몸과 마음의 조화를 상실하게 된다. 마치 영원히 늙지 않고 병들지 않고 죽지 않을 것처럼 행동하기 때문이다. 당연히 교만과 분노, 이기심으로 가득차게 된다. 그리고 거기에서 온갖 갈등과 대립, 번뇌가 생겨난다. 이런 악순환에서 벗어나야 열반과 해탈을 향해 나아갈 수 있다. 그것이 곧 출가의 유익함이라는 것이다. 이 말을 듣는 순간 태자의 마음이 환해졌다. '바로 저 길이다!'라는 확신이 든 것이다. 그런 점에서 북문의 수행자들은 시대의 나침반이었다. 어둠과 혼돈 속에서 어디로 나아가야 할지 그 방향을 가리켜 주는 나침반.

이 장면은 또 무엇을 의미하는가? 붓다 역시 시대의 산물이라는 사실이다. 붓다의 사유는 미증유의 파격이고 전복이지만 그 또한 연기조건에서 벗어날 수 없다. 어떤 점에서 보면, 싯다르타는 다소 '뒷북'인 셈이다. 당시 청년들은 이미 온몸을 던져 길을 구하고 있었으니 말이다. 이제 사문유관의 스토리가 좀 이해가 된다. 노병사의 번뇌가 어떻게 출가로 이어지는지를. 그렇다! 당시 청년들에겐 출가, 곧 북문의 사문들처럼 숲으로 가는 것이 유일한 비전이자 대안이었다.

* * *

『본생경』이 전하는 비하인드 스토리 하나. '사문유관'이라는 충격적 사건을 겪고 마침내 출가하기로 결심한 태자는 화려한 마차에 올라 수많은 시종들과 함께 성으로 돌아왔다. 그때 키사고타미라 하는 여인이 화려한 궁전 위에서 아래를 내려다보고 있었다. 그녀는 태자의 빼어난 용모에 완전 매료되어 이런 노래를 불렀다.

"저분의 어머니는 얼마나 행복하실까 / 저분의 아버지는 얼마나 행복하실까 / 저분의 아내는 얼마나 행복하실까 / 저와 같은 분을 남편으로 삼았으니."

(『본생경』 1, 158쪽)

이 노래를 들은 태자는 이렇게 생각했다. '탐욕과 성냄, 어리석음의 불이 꺼졌을 때를 고요함이라고 한다. 내가 그런 상태에 도달했음을 저 여인이 알아차렸구나, 저 여인이야말로 나의 첫번째 스승이다.' 그래서 더욱 용기가 솟구쳤다. '오늘 나는 집을 떠나 출가하여 열반을 구하기로 했다. 이것을 이 여인이 나의 스승이었다는 데 대한 정표로 선물하자.' 태자는 그의 머리에서 아주 값비싼 진주장식을 떼어 내어 여인에게 주었다. 선물을 받은 그녀의 마음은 어땠을까? '태자도 나한테 한눈에 반했구나!' 여인의 마음은 한없이 기뻐 날아갈 듯하였다. 아, 이런 치명적 어긋남이라니!

모든 남성들이 자신에게 매료될 거라고 믿어 의심치 않는 것, 절세미인들이 종종 빠지는 함정이다. 그래서인가. 붓다는 모든 중생들에게 한량없는 자비를 베풀었지만 미인들에겐 천적이었다. 자신의 미에 한껏 도취된 여성들을 붓다는 그저 '피고름에 싸인 부대자루'라 칭했기 때문이다. 이 사건이 그런 어긋난 인연의 출발일지도 모르겠다.^^

성에서 숲으로,
환락에서 지혜로

아버지의 사랑, 아버지의 비탄

출가는 단기코스도 아니고 통과의례도 아니다. 생의 방향을 전복적으로 바꾸는 결단이다. 붓다의 생애를 와이드 비전으로 보면 사문유관 다음에 바로 출가행이 나온다. 그날 밤 바로 성을 떠나는 식으로 전개되는 경전도 많다. 그랬을 수도 있다. 혹은 결단에 이르기까지 장고의 시간이 흘렀을 수도 있다. 하지만 길든 짧든 출가를 하려면 그의 앞을 가로막는 장벽들을 통과해야 한다.

가장 큰 걸림돌은 당연히 아버지다. 더 구체적으로는 아버지의 사랑, 아버지의 왕국이다. 보통 왕국에는 아버지와 아들 사이에 긴장이 감돈다. 계승관계이기도 하지만 결정적인 순간—예컨대 아들이 장성했는데, 아버지가 여전히 권력을 놓으려 하지 않고, 거기다 젊은 후궁이 아들을 낳았을 때—에는 적대적인 관계로 돌변해 버리기도 한다. 동서고금의 황제나 제왕들 중 아들에 의해 암살되는 경우가 흔한 것도 그런 맥락이다. 붓다의 좋은 벗이자 후원자였던 마가다국의 빔비사라 왕과 코살라국의 파세나디 왕 역시 비극적 죽음을 피할 수 없었다. 그에 반해 슈도다나 왕과 태자 사이엔 왕권을 둘러싼 긴장 같은 건 애시당초 없었다. 하지만 그래서 문제였다.

슈도다나 왕은 아들을 지극히 사랑했다. 늦둥이에 유일한 후계자니 당연하지 않은가, 싶지만 단지 그것만은 아니다. 태자의 이모였던 마하프라자파티 왕비가 낳은 이복동생들도 있고 사촌까지 치면 후계자는 넘쳐난다. 그런 조건을 뛰어넘어 슈도다나 왕은 아들 싯다르타를 진정으로 사랑했다. 아들 이전에 인간적으로 너무 멋지고 훌륭했기 때문이다. 32호상을 다 지녔고 문무겸전했으며 영적 자질마저 지녔으니 얼마나 사랑스럽고 얼마나 자랑스러웠겠는가. 이런 아들과 헤어지기란 정말 괴로웠으리라.

아들이 출가의 뜻을 알리자 슈도다나 왕은 울부짖는다. "코끼리가 나무를 흔들듯 온몸이 벌벌 떨리고 팔다리에서 맥이 빠져, 태자의 손을 붙잡은 채 말을 못하고 눈물을 흘리며 슬피 울어 목이 메었다. (……) 네가 집 떠나는 일만 그만둔다면 네가 원하는 것은 무엇이든 들어주리라." 그러자 아들은 소원을 말한다. 첫째 늙지 않음, 둘째 병들지 않음, 셋째 죽지 않음, 넷째 서로 이별하지 않음. "만일 부왕께서 이 소원을 들어 주신다면 다시는 출가하고자 하지 않겠습니다."(『불설보요경』; 법륜, 『인간 붓다』, 179쪽) 아버지는 절규한다. '오, 아들아, 그건 모든 인간의 숙명이란다. 누구도 피할 수 없는 거야. 그걸 해결할 수 있는 존재는 이 세상 어디에도 없단다.' 아들은 말한다. '그래서 제가 가고자 합니다. 누구도 가 보지 못한 그 길을 가서 생로병사의 괴로움을 숙명처럼 안고 사는 이들을 구제하고자 합니다.' 이쯤 되면 상황은 끝났다. 이 아들을 말릴 수 있는 길은 없다.

하지만 아버지는 포기하지 않는다. 이제 남은 건 인지상정에 호소하는 수밖에. '네가 가면 이 나라는? 아들 하나만 낳아 주고 가거라.' 그것마저 거절할 수는 없었다. 아버지의 고뇌와 괴로움을 모르지 않았으므로. 또 왕국의 신민들에 대한 책임감을 떨치는 것도 쉽지 않았으므로. 하여, 야소다라가 아들을 출산할 때까지 기다리기로 했다. 그 사이에 아버지는 아들의 마음을 잡기 위한 온갖 방법을 다 써 본다. 하지만 할 수 있는 일이라곤 아들에게 더 화끈한 즐거움을 제공하는 것밖에 없었다. 참 슬픈 노릇이다. 제국의 영광이 인간에게 주는 보상이 오직 환락뿐이라는 사실이.

하긴 지금이라고 다를 바 없다. 부동산과 주식으로 엄청난 부를 축적하고, 치열한 경쟁을 통해 높은 지위에 오르고… 그것이 자신과 가족에게 주는 보상은 소유와 소비를 통한 감각적 쾌락뿐이다. 거기에 탐닉한다면 중독이 될 것이고, 탐닉할 수 없다면 공허에 빠져 버린다. 인간적 완성이나 지혜, 마음의 평정 따위는 아예 설정조차 하지 않는다. 이미 청춘의 환락을 충분히 맛본 태자로선 그런 아버지가 안타까울 따름이다. 슈도다나 왕이 아들을 절대 설득할 수 없었던 이유다.

영원한 장애물, 라훌라!

태자 나이 스물아홉. 마침내 야소다라가 아들을 출산했다. 이제 싯다르타가 할 수 있는 의무는 다한 셈이다. 카필라바스투 왕궁에선 아기의 탄생을 축하하는 큰 축제가 열렸다. 슈도다나 왕은 다시 한번 희망을 가졌을 것이다. 아들이 태어났으니 어찌 뿌리칠 수 있으랴. 그 기쁨을 온 세상에 선포하고 최고의 파티를 즐기노라면 마음을 고쳐먹을 수도 있을 거야, 라면서. 하지만 싯다르타 왕자에게 그것은 생애 마지막 축제였다.

그때에 태자는 문득 잠에서 깨어 궁전 안을 살펴보았다. 주먹덩이와 같은 등불과 팔뚝과 같은 촛불이 휘황한 광명을 내며 조용히 타고 있는데 뭇 미희들이 추하게 늘어져 자는 몸을 보았다.

어떤 미희는 용모가 단정하고 평소 행동에 부끄러움을 잘 알고 모든 예절이 단정했으나 이제 깊은 잠 때문에 옷을 버리고 팔다리며 몸의 은밀한 곳을 드러낸 채 눈을 부릅뜨고 자는 것이 마치 죽은 시체와 다름없어 산 사람이라는 생각도 못 갖게끔 되었으며, 혹 어떤 미희는 코를 골고 이를 갈며 침을 흘리고 얼굴이 창백해 매우 추하게 자며, 혹 어떤 미희는 대소변의 부정한 것을 흘리면서 얼굴을 땅에 대고 엎드려 자는 것이 마치 무덤 사이의 시체와 같았다. 제석천의 궁전과도 같던 태자의 큰 누각도 온갖 해골이 사방에 어지러이 뒹구는 묘지와 다름없어 보이고 세계는 마치 불이 붙은 집처럼 생각되었다.

(『본생경』; 법륜, 『인간 붓다』, 188쪽)

사실 모든 파티의 끝장은 이런 모습이지 않을까. 축제의 열기와 혼돈이 휩쓸고 지나가면 모두들 피로에 지쳐 사지가 늘어져 버릴 테니 말이다. 문제는 태자가 그때 잠에서 깨어났다는 사실이다. 다들 잠에 곯아떨어졌는데 홀로 깨어났다는 것, 몹시 상징적인 장면이다. 그의 눈에는 그 현장이 마치 해골이 뒹구는 묘지, 화염에 휩싸인 집처럼 보인 것이다. 모든 것이 확연해졌다. 이제 집으로부터 떠나야 한다. 자신의 인생을 구하기 위해서, 그리고 시체처럼 나뒹구는 이 사람들을 구하기 위해서. 아버지에 대한 의무는 다했다. 아들이 태어났으니 자신을 대신하여 그 아이가 왕국을 수호할 것이다.

성을 떠나기 전 싯다르타는 아기를 한번 안아 보고 싶었다. 침실로 들어가자 야소다라는 아기를 품에 안고 잠들어 있었다. 아기를 안아 보려면 부인의 손을 빼야 한다. 그러다 부인이 깨면? 그러면 새로운 장애에 부딪히게 된다. 야소다라는 결코 남편을 보내 주지 않을 것이다. 결혼생활을 하면서 남편의 마음이 어디로 향하는지 모르지 않았을 터, 출가를 결심했다는 사실 또한 짐작했을 것이다. 하지만 그래도 아들을 낳았는데, 이렇게 귀한 아들을 낳은 나를 두고 떠난다고? 야소다라가 아무리 지적이고 당찬 여인이라 해도 이런 상황을 받아들이기란 불가능했을 것이다. 태자에게도 그녀가 감당할 슬픔은 충분히 느껴졌으리라. 이것은 아버지의 사랑과 기대와는 또 다른 장벽이다. 그걸 알면서도 왜 야소다라의 침실에 들어갔을까? 그냥 소리 없이 떠나는 것이 최상의 배려였을 텐데… 아들을 한 번만 안아 보고 싶어서였다. 하지만 아들과 야소다라는 아직 분리된 상태가 아니었다. 결국 태자는 아들을 안아 보겠다는 마음을 접는다.

"부처가 된 뒤에 다시 돌아와 만나 보리라."

(『본생경』; 법륜, 『인간 붓다』, 190쪽)

아들의 이름은 '라훌라', '길을 가로막는 장애물'이라는 뜻이다. 아들의 이름을 장애물이라고 짓는 아버지라니, 너무 비정하지 않나? 싶겠지만, 거꾸로 그것은 갓 태어난 아들을 들어올리는 순간, 태자의 마음에 엄청난 부성이 솟구쳤음을 의미한다. 아들에 대한 애착, 그것은 아버지의 비탄, 부인의 사랑보다 훨씬 강력한 장애물이었다. 그런 점에서 '라훌라'는 명사라기보다 감탄사에 가깝다!

하긴 세상의 모든 아버지와 아들은 서로가 서로에게 장애물이다. 명리학적으로 보면 아들은 아버지의 상극이다. '자식 이기는 부모 없다'는 말이 바로 그 뜻이다. 왕족들한테만 그런 것이 아니라 세상의 모든 부자관계에도 다 해당되는 사항이다. 아들이 태어나는 순간, 한 남자는 아버지가 된다. 이제 아들은 나의 분신이다. 앞으로 내가 평생 이룬 모든 것은 다 아들의 몫이 된다. 부모는 먼저 돌아가실 테고, 아내와는 상황에 따라 이별할 수도 있지만, 아들과는 절대 분리될 수 없다. 그 강력한 인연의 끈이 싯다르타 왕자에게도 느껴졌던 것이다.

물론 싯다르타는 붓다가 된 이후, 다시 카필라바스투 성으로 돌아와 아버지와 어머니, (사촌)형제 등을 모두 깨달음으로 인도한다. 아들 라훌라와의 만남도 극적인데, 붓다는 7년 만에 상봉하자마자 아들을 바로 출가시킨다. 붓다의 아들? 아버지가 붓다라고? 이런 혈통이라면 어떤 기분일까? 하지만 그게 꼭 행운은 아니었던 것 같다. 출가한 이후 라훌라는 이런저런 구설에 많이 올랐다. 붓다는 개별적 자아로부터 벗어났지만 그래도 육신의 혈통을 이은 이 아들이 신경이 쓰이지 않을 수 없었다. 승가공동체 안에서 좋지 않은 소문이 나자 붓다는 아주 특별한 방식으로 아들을 일깨운다.

붓다는 아들에게 대야에 물을 받아 오라고 시켰다. 그다음엔 자신의 발을 씻기도록 했다. 그다음엔 그 물을 마시라고 했다. 아들은 당황했다. 이 더러운 물을 어떻게 마시냐며. "그렇다, 물은 본래 깨끗했지만 발을 씻으므로 더러워져서 아무도 먹지 않으려고 하지 않느냐? 그것처럼 우리 마음은 본래 청정하지만 거짓말하고 살생하면 더러워져서 아무도 가까이 하려고 하지 않는다." 이어서 붓다는 물을 버리라고 한 뒤 대야에다가 공양을 받아먹으라고 시켰다. 역시 당황하는 라훌라. "대야가 새것일 때는 깨끗하다고 좋아하지만, 더러운 것을 담으면 아무도 가까이 하지 않는다. 그것처럼 마음이 악행을 행하게 되면 사람들이 가까이 하지 않는다."(법륜, 『부처님의 발자취를 따라』, 224쪽) 그 순간 라훌라는 크게 깨달았다. 이후 수행에 전념하여 붓다의 10대 제자에 들게 된다.

붓다의 제자들은 다 자기 나름의 장기와 미덕이 있다. 사리불은 지혜제일, 목갈라나는 신통제일神通第一, 마하가섭은 두타제일頭陀第一, 이런 식으로. 그럼 라훌라는? 밀행제일密行第一이다. 밀행? 은밀하게 행동하는 데 있어서 제일이라는 뜻이다. 라훌라가 어떤 수행을 했는지 알 것 같다. 붓다의 아들이라는 눈부신 스펙은 그에게 어느 순간 멍에가 되었으리라. 그걸 벗어나려면 자신을 한없이 낮추고 낮추어서 드러나지 않게 하는 수밖에 없다. 자아를 내려놓는 길은 어렵다. 하지만 거기에는 자유와 충만함이 있다. 자신을 비우는 만큼 타자를 빛나게 해줄 수 있다. 누구도 두려워하지 않고, 누구와도 벗할 수 있는 경지다. 붓다의 아들 라훌라는 그런 수행을 한 것이다.

이로써 보건대, 싯다르타 태자에겐 아들에 대한 애착이 가장 큰 장애였고, 훗날 아들에게는 아버지가 붓다라는 배경이 또한 장애였다. 처음엔 아버지가 아들이라는 장벽을 뛰어넘었고, 다음엔 아들이 아버지의 후광을 뛰어넘었다. 그리하여 서로가 서로를 해방시켜 주었다. 부자간의 인연이 도달할 수 있는 가장 아름다운 경지가 아닐지.

아들을 지극히 사랑하는 아버지는 많다. 아버지를 지극히 존경하는 아들 또한 많으리라. 그런데 왜 그 사랑과 존경은 서로를 아프고 고달프게 하는 것일까? 깊이 새겨 볼 일이다.

출가의 파트너, 찬타카와 칸타카

잔치는 끝났다! 이제 성을 떠나야 할 시간이다. 이 순간은 싯다르타 개인에게만이 아니라 전 인류적 터닝포인트다. 그의 출가는 인류의 위대한 한 걸음이기 때문이다. 대체 그날의 시나리오는 어떻게 진행되었을까? 걸어서 몰래 빠져나갔을까? 아니면 말을 타고 뛰쳐나갔을까? 아니면 외유를 나갔다가 그냥 돌아오지 않았을까?

우리의 스토리에선 말을 타고 갔다. 그러면 당연히 마부가 있었을 터, 그렇다. 이 위대한 출가의 목격자 겸 동반자는 마부 찬타카와 명마 칸타카다. 이들은 엑스트라가 아니다. 거듭 말하지만, 붓다의 탄생은 온 우주가 허락해야 가능한 일이다. 붓다의 다르마가 연기법이라면, 붓다의 탄생 자체도 연기법의 산물이다. 성을 나와 숲으로 가려면 성문을 열어야 하고 강을 건너야 한다. 당연히 함께하는 조력자 혹은 길벗들이 있어야 한다. 해서 이 순간, 마부 찬타카와 말 칸타카는 출가라는 위대한 사건에 참여하는 눈부신 카메오다.

그날 밤, 아들을 보러 가기 전 태자는 마부 찬타카에게 말을 준비하라고 명했다. 찬타카가 명마 칸타카의 등에 안장을 얹는 순간 칸타카는 바로 알아차렸다. '이 안장은 매우 딱딱하구나. 여느 때와는 아주 다르구나. 그렇구나. 나의 주인께서는 바로 지금 위대한 출가를 하시려 하는구나.' 칸타카는 아주 흡족하여 큰 소리로 울었다. 구도는 말도 춤추게 한다!^^ 그 울림이 투명하고 청아한 소리로 터져 나왔다. 톤이 너무 높아 자칫 성안의 사람들을 깨울 수 있었다. 이때 천인들이 등장한다. 그들의 신통력으로 그 소리를 아무도 듣지 못하게 덮어 버렸다.

잠든 야소다라와 라훌라를 보고 난 후 태자는 아래로 내려와서 말했다. "자, 칸타카여! 너는 오늘 밤 나를 데려가라. 그러면 네 덕택으로 나는 부처가 되어 천인을 포함한 세상 사람들을 구제하게 되리라." 그렇게 사자후를 터뜨린 후 칸타카의 등 위로 뛰어올랐다. 이번에도 천인들이 분주하게 움직인다. 손바닥을 아래에 놓아 말울음 소리와 말발굽 소리를 잠재웠다. 그날 밤 성 안에는 태자 일행 외에는 깨어 있는 이가 아무도 없었다.

드디어 성문 앞에 도착했다. 슈도다나 왕은 두 문짝 가운데 하나를 여는 데에도 무려 천 명의 힘이 필요한 커다란 문

청년 붓다

을 만들어 놓았다. 그러면 태자가 절대 성을 나갈 수 없을 거라고 여긴 것이다. 물론 오산이다. 굳게 잠긴 문을 마주하고 싯다르타는 생각했다. '만일 문이 열리지 않는다면 나는 칸타카의 등 위에 앉은 채로, 꼬리를 붙잡고 있는 찬타카와 함께 18헥타 높이의 성벽을 날아오르고야 말겠다.' 칸타카와 찬타카를 굳게 믿은 것이다. 그들 역시 이렇게 부응했다.

> 찬타카는 생각했다. "만일 문이 열리지 않는다면 나는 왕자를 어깨에 태우고 칸타카의 배를 오른팔로 안아 겨드랑이에 끼고 훌쩍 성벽을 넘어가리라."
> 칸타카도 생각하였다. "만약 문이 열리지 않는다면 나는 내 주인을 등에 앉힌 채로, 꼬리를 잡고 있는 찬타카와 함께 날아올라 성벽을 넘어가리라."
>
> (『본생경』 1, 163~164쪽)

마음이 통한다는 게 이런 것인가. 대체 누가 이들의 길을 막을 수 있으랴. 그리고 이런 마음의 파동과 공명이야말로 청춘의 에로스다. 창조와 전복을 향한 거침없는 질주로서의 에로스! 진리를 향한 열정을 로고스라고 한다면, 청춘이야말로 에로스와 로고스의 향연이다. 이 장면이 바로 그 증거다. 이 청춘의 파토스에 천지가 응답했다.

"그 문에 거주하던 천인이 문을 열었다."

영원한 그림자, 마왕

문이 열렸고, 이제 가면 된다. 그때 마왕이 등장한다. 마왕은 욕계, 즉 우리가 살아가는 욕망의 세계를 주관하는 지배자다. 마왕의 목표는 단 하나. 싯다르타를 다시 돌아가게 해야겠다! 욕망에서 벗어나는 길이 열리면 나의 영토는 현저하게 줄어들고 만다! 조급해진 마왕이 싯다르타에게 말한다. "가지 마라! 머지않아 그대는 4대륙의 왕이 될 것이다. 돌아가라!" 천하를 평정하여 전륜성왕이 되라는 뜻이다. 싯다르타의 약한 고리를 파고든 것이다.

당시의 정세를 보자면, 코살라국이나 마가다국 같은 제국들이 발호하면서 카필라바스투의 앞날도 풍전등화의 상태였다. 이때야말로 강대국에 맞선 강력한 리더십이 필요했다. 싯다르타 자신도 잘 알고 있었다. 일단 코살라국을 물리치고 다른 나라들을 병합하면서 몸집을 키워 동쪽 지역의 강국인 마가다국과 맞짱을 뜨고, 그다음엔 인도 전역을 통일하고, 그렇게 해서 천하를 태평하게 다스린다면 그게 최선의 길이 아닐까, 라는 생각을 수도 없이 했을 것이다. 마왕의 등장 자체가 그 증거다. 마왕의 유혹에 싯다르타는 이렇게 응답한다.

"마왕이여! (……) 알고 있다. 그러나 나는 왕위 같은 것으로 만족하고 싶지 않다. 나는 1만 큰 세계를 울리는 부처가 될 것이다."

(『본생경』1, 164쪽)

전륜성왕의 길도 위대하지만 붓다의 길에 비하면 초라하기 그지없다. 전자는 백성을 안락하게 해줄 수는 있지만 다른 종족을 정복하고 약탈해야만 한다. 폭력을 행사하지 않고 천하를 통일하는 건 불가능하나. 세나가 카스트를 해체하고 부의 격차를 해소하는 일도 결코 쉽지 않다. 부국강병을 이룰수록 내분은 격화되기 마련이니까. 그에 반해 후자는 생의 원초적 괴로움에서 벗어나는 해탈의 길이다. 전자가 일시적, 국지적이라면 후자는 시공을 뛰어넘는 보편적 코스다. 1만 세계란 온 우주를 다 포괄한다는 뜻이다. 애시당초 비교대상이 될 수 없다.

하지만 아직 붓다를 이루기 전이라 마왕의 유혹은 계속된다. "지금부터 나는 그대가 탐욕의 마음, 성내는 마음, 해치려는 마음을 품을 때마다 빠짐없이 찾아내고야 말리라."(앞의 책, 165쪽) 그림자처럼 밀착, 감시하겠노라고 선언한 것이다.

실제로 이후 마왕은 수행의 고비마다 등장하여 붓다를 테스트한다. 그렇다면 마왕은 방해꾼인가? 조력자인가? 분명한 건 마왕이 악의 화신은 아니라는 사실이다. 서양에선 선과 악이 극명히 갈리지만, 동양에선 선악이 늘 공존한다. 때론 맞서고 때론 어울리면서. 그런 차원에서 보자면 마왕은 고독한 구도자의 그림자이자 길벗이 아니었을지.

환락의 늪에서 지혜의 바다로

성을 나선 후 싯다르타는 바로 내달렸을까? 그러지 않았다. 문을 넘을 때는 온 힘을 다 기울이지만 막상 문을 벗어나면 허전함이 밀려오는 게 인지상정이다. 이제 결코 돌아갈 수 없는 길이다. 한 번쯤 돌아보고 싶은 마음이 일어나는 건 어찌할 수 없다. 싯다르타의 마음을 알아차린 천인들이 외쳤다. "위대한 님이시여! 당신은 뒤돌아보셔서는 안 됩니다!" 그러자 대지가 갈라지더니 회전무대처럼 빙글빙글 돌아서 싯다르타로 하여금 성을 바라볼 수 있게 해주었다. 왠지 이 대목에서 눈물이 핑 돌았다.

이 청년의 출가를 천지가 얼마나 염원했던가, 털끝만큼이라도 마음이 흔들리면 어떡하나, 다시 돌아가려고 하면 어떡하지, 하는 천지의 사무침이 느껴져서다. 하여, 천지가 합심하여 그가 몸을 돌리지 않고도 카필라바스투 성을 바라볼 수 있게 해준 것이다. 성을 바라보며 싯다르타는 사자후를 터뜨린다. "나는 이제 차라리 스스로 절벽 위에서 이 몸을 던져 큰 바위에 떨어질지언정, 모든 독약을 마시고 목숨을 끊을지언정, 또한 스스로 아무것도 먹고 마시지 않아 죽을지언정, 만약 내가 마음에 다짐한 대로 중생을 고통의 바다에서 해탈시키지 못한다면 결코 카필라바스투에 다시 돌아가지 않으리라."(『불본행집경』; 법륜, 『인간 붓다』, 192쪽)

이어지는 장면은 벅차다 못해 황홀하다.

천인들은 (……) 앞에서 6만 개의 횃불을 들고, 뒤에서 6만 개, 오른편에서 6만 개, 왼편에서 6만 개의 횃불을 밝혀 드렸다. 또 다른 천인들은 이 큰 세계 주변에까지 무수한 횃불을 높이 들었으며 그 외의 천인들과 용과 금시조들은 하늘의 향과 꽃다발과 가루향과 훈향을 보살에게 공양 올리면서 함께 길을 걸었다. 그리고 마치 두터운 비구름이 몰려와 억수같이 비를 내리퍼붓듯이 팔릿챠타카꽃이 넓고 큰 하늘 가득히 쏟아졌다. 뿐만 아니라 하늘의 노랫소리가 울려퍼졌으며, 여덟 가지 악기, 60가지 악기, 680만 가지의 악기가 온갖 곳에서 연주되었다. 그 울림은 흡사 폭풍 전야의 바다가 울리는 듯

했고 또한 유간다라 산 속에서 바다가 소리 낼 때와 같았다.

(『본생경』 1, 166쪽)

오~ 전후좌우에서 6만 개씩의 횃불을 밝히고 하늘에선 꽃비가 내리고 천상의 노랫소리가 울려 퍼진다. 아직 붓다가 된 것도 아니고 수행을 시작한 것도 아니고 그저 출가를 했을 뿐인데, 이렇게나 장엄한 광경이 펼쳐지다니. 대체 왜? 인류사에 일찍이 없었던 새로운 길이기 때문이다. 신과 인간, 행과 불행, 욕망과 자유에 대한 한 번도 상상하지 못한 지도가 그려질 것이기 때문이다. 그 길이, 그 지도가 무엇인지는 아직 아무도 모른다. 하지만 믿는 것이다. 이 청년이라면 분명 그 궁극의 경지에 도달하리라는 것을.

출가 이전의 삶은 환락의 연속이었다. 하지만 그 절정에서 만난 건 환멸이고 허무였다. 사람들이 갈망하는 삶이란 결국 환락과 허무를 반복하는 늪이었다. 늪에 빠지면 허우적대고, 허우적댈수록 더욱 잠겨 든다. 할 수 있는 일이라곤 신에게 기도하고 희생제의를 드리는 일뿐이다. 내생의 천국과 메시아의 도래를 기다리는 일뿐이다. 그것이 싯다르타 왕자가 박차고 나온 삶의 기반이다. 그는 이제 막 그 늪을 벗어났다. 그가 향하는 곳은 바다다. 발버둥 칠수록 더 깊이 빠져드는 늪이 아니라 힘차고 매끄럽게 유영할 수 있는 바다. 환락의 늪에서 지혜의 바다로!

그 길은 인류가 오랫동안 간절히 염원하던 길이었다. 이제 그 길을 한 청년이 가려고 한다. 그 길은 소수의 엘리트를 위한 것이 아니다. 샤카 족만을 위한 것은 더더욱 아니다. 온 인류, 나아가 벌레와 새와 소 등 생명 가진 모든 존재, 심지어 무정물에 이르기까지. 보이는 것과 보이지 않는 것. 귀신과 마왕과 천신들에 이르기까지. 우주의 모든 존재를 위한 길이다. 그러니 어찌 천지가 감응하지 않을 수 있겠는가?

싯다르타는 그 축복에 부응하여 질주했다. 단 하룻밤에 세 왕국을 지나 30요자나 거리에 있는 갠지스 강의 한 줄기에 이르렀다. 강의 이름은 아노마. 성스럽고 훌륭하다는 뜻이다. 태자는 흐뭇했다. 나의 출가 또한 이 강의 이름과 같을 것이다! 그렇다. 출가야말로 가장 능동적이고 가장 자율적인 선택이다. 원망과 자책, 은둔과 피세 같은 부정적이고 수동적인 태도로는 절대 가능하지 않다. 불교가 결코 니힐리즘이 될 수 없는 이유다.

싯다르타는 강을 건넜다. 강은 미혹의 세계와 깨달음의 세계, 그 사이의 경계를 의미한다. 허리의 칼을 들어 스스로 머리를 깎고 깨끗한 강물에 씻었다.

찬타카여, 이 보물을 부왕에게 가져다 다오. 그리고 이렇게 전해 다오.

"저는 세속적인 욕망이 없으며, 또 선업을 쌓아 하늘나라에 태어나고 싶지도 않습니다. 오직 일체중생이 바른 길을 잃고 생사의 고해에 윤회하면서 괴로워하는 것을 보고 이를 구하기 위하여 출가하였습니다. (……) 무상의 보리를 얻기 전에는 결코 돌아가지 않을 것입니다."

(『본생경』, 89쪽)

세속적인 욕망, 곧 왕의 길은 가차없이 버렸다. 동시에 신들의 나라에 도달하고자 하는 염원도 버렸다. 오직 윤회로부터 벗어나는 것만이 출가의 목표임을 다시 한번 강조한 것이다. 찬타카는 오열했다. 헤어지는 것도 괴롭지만 앞으로 싯다르타가 겪게 될 고난을 생각하니 가슴이 찢어졌다. "걱정하지 마라. 혼자 태어나서 홀로 죽어 가는 것이 인간의 운명이다. 돌아가라." 태자는 뒤돌아보지 않고 숲속으로 들어갔다. 성에서 숲으로!

싯다르타가 눈앞에서 사라지자 명마 칸타카는 심장이 터져 그만 숨을 거두고 말았다. 하지만 천자가 되어 삼십삼천에 태어났다고 한다. 위대한 출가를 성공적으로 이끌어 낸 공덕 덕분이리라. 찬타카는 왕자와 명마를 잃은 이중슬픔에 짓눌리어 탄식하며 성으로 돌아왔다. 싯다르타 왕자가 하루

만에 간 길을 그는 8일 만에 돌아왔다. 성에서 숲으로 가는 길과 숲에서 다시 성으로 가는 길이 이토록 달랐던 것이다.

'집'에서 '집이 없는' 곳으로

싯다르타가 떠난 후 카필라바스투 성은 크나큰 슬픔에 빠졌다. 먼저 태자를 지극정성으로 길러 준 이모 마하프라자파티 왕비는 한탄했다.

"내 아들아, 네 몸은 온갖 향으로 문지르고 바르고 씻고 닦아 위신과 큰 덕으로 장엄했거늘 이제 산골에 있으면서 모기와 등에, 자질구레한 독한 벌레들에게 쏘이는 괴로움을 어찌 참으며 빈 벌판에 머물겠느냐. 어찌 추하고 떫고 차고 습습한 음식을 차마 먹으며 맨밥이 목에 내려가겠느냐. 맨땅 위에서 혹은 가시밭 억센 풀 위에서 어떻게 누워 잔단 말이냐. 아, 슬프다. 내 아들아, 집에 있을 때는 꽃답고 아름다우며 단정한 미희들이 무리를 지어 에워싸고 쾌락을 받았는데, 너는 지금 어째서 황량한 산에서 들짐승처럼 공포 가운데 홀로 앉고 홀로 행하며 마음이 즐겁단 말이냐."

(법륜, 『인간 붓다』, 230쪽)

아마 모든 어머니들의 심정이 이렇지 않을까. 그런데 이 한탄의 소리를 잘 음미해 보면 싯다르타의 출가가 무엇을 의미하는지 알 수 있다. 출가란 무엇인가? 집이 있는 곳에서 집이 없는 곳으로의 전이다. 온갖 향으로 치장하는 곳에서 온갖 벌레들에게 쏘임을 당하는 곳으로의 전이다. 진수성찬에서 슴슴한 맨밥을 먹는 것으로의 전이다. 고대광실 높은 침대에서 나무 아래 풀 위에서 자는 것으로의 전이다. 꽃다운 미희들의 시중을 받는 곳에서 산속에서 홀로 걷는 것으로의 전이다. 아버지도 그랬지만, 어머니의 사랑 또한 오직 감각적 쾌락에만 쏠려 있다는 것이 참 서글프다. 2,600년이 지난 지금도 그렇다는 것, 아니 더더욱 심해졌다는 걸 생각하면 서글픔을 넘어 서러움이 밀려온다.

그렇다. 출가란 감각적 쾌락을 벗어나 오직 자신의 신체적 능력으로만 살아가는 것을 의미한다. 사람이건 물건이건 그 무엇에도 의지할 수 없다. 기본적인 의식주 이상을 누려서는 안 된다. 그야말로 무소의 뿔처럼 혼자서 가는 길이다. 어머니는 그것만 생각하면 가슴이 저며온다.

그럼 아내인 야소다라의 슬픔은 어떤 것이었을까?

"아, 슬프다. 내 주인이여. 어째서 나는 법대로 행하며 남편에게 효순했는데 나를 버리고 갔단 말입니까. 만약 세간의 부인과 은애의 정이 있음을 안다면 어찌 나를 버린단 말입니까. 저 33천에 나서 옥녀를 탐하려 함인가. 내 생각에는 이런 일을 볼 때 그 하늘의 옥녀들은 무슨 탐낼 것이 있으며 무슨 단정함과 무슨 오욕의 환락할 일이 있겠는가."

(법륜, 『인간 붓다』, 231쪽)

최선을 다해 섬겼는데 나를 버리다니. 그토록 뜨거운 사랑을 나눴는데 나를 떠나다니. 야소다라의 비탄은 가없었다. 이건 배신이다. 도를 닦아서 천상의 옥녀를 취하고자 함이 아니라면 어찌 그럴 수 있단 말인가. 참 슬픈 대목이다. 야소다라 같은 여성들은 생각한다. 나를 진정 사랑한다면 떠나지 않을 거라고. 그런데도 그 길을 간다면 그건 나보다 더 아름다운 여인들을 탐해서라고(정말 신박한 상상력이다^^). 그 사랑이 생로병사의 허무를 해결해 줄 수 없다는 사실에 대해서는 고려하지 않는다. 사랑한다면 그 어떤 위대한 길도 포기할 거라고 생각하는 것이다. 야소다라는 최고의 미인이자 뛰어난 덕성을 가진 여인이었다. 그럼에도 이런 미망에서 벗어나지 못했다. 그녀의 사랑에는 진리와 구도는 포함되지 않았다.

여기서 출가의 의미가 또 드러난다. 집을 나간다고 할 때 그 집은 바로 이런 의미에 해당한다. 부부를 연결하는 최고의 가치가 사랑이어야 하고, 사랑은 서로에 대한 집착이어야 한다. 그 그물망을 벗어나면 모두 배신이고 절망이다. 해서 결국은 서로를 얽어매는 그물이 되어 버린다. 사랑의 이름으로 원수를 짓는다는 게 이런 것일 터. 하여, 출가란 단순히 장소의 이동이나 신분을 바꾸는 문제가 아니다. 사랑의 명분 아래 서로를 탐착하는 그물로부터 벗어나는 것. 남자는 여자를, 여자는 남자를 끊임없이 갈망하는 이분법적 배치에서 탈주하는 것. 더 이상 남자로, 혹은 여자로 존재하지 않아도 되는 것.

그럼에도 태자에 대한 야소다라의 사랑은 조금도 식지 않았다. "오늘부터 태자를 만나기까지는 침상에 누워 자지 않으리라. 향을 뿌린 물에 목욕도 하지 않으리라. 몸을 가꾸거나 화장도 하지 않을 것이며, 맵시 있는 옷도 입지 않을 것이다."(박경훈, 『부처님의 생애』 상, 93쪽) 어떤 금욕과 고행도 불사할 태세다. 그렇게 하면 싯다르타가 다시 돌아올 거라고 믿는 것이다. 대단한 사랑이다. 하지만 이 과정에서 진정 중요한 것은 태자가 가고 있는 그 길, 열반과 해탈이라는 가치를 수락하는 것이다. 사랑하는 이를 따라 그녀 자신이 구도자가 되는 것이다. 그게 아닐 경우, 기다림이 길어질수록 슬픔 또한 깊어질 뿐이다.

출가의 첫 스텝 ─ 감각의 탈영토화

　성을 탈주하여 숲으로 가는 데까진 성공했다. 그다음 스텝은 무엇일까? 붓다의 이야기는 신화적 언어로 가득 차 있어서 이런 장면들을 놓치기 십상이다. 그냥 천인들의 축복 속에서 저절로 다 이루어질 것 같은 느낌이 들지만, 절대 그렇지 않다. 신들과 천인들은 어디까지나 서포터즈일 뿐, 그 과정을 대신해 주지는 않는다. 아니, 그렇게 할 수가 없다. 신들이나 천인들 역시 그 길을 모르기 때문이다.

　출가의 첫 스텝은 간단하다. 머리털을 자르고 수염을 깎는다. 얼굴을 바꾸는 과정이다. 그다음 비단옷을 벗어야 한다. 그럼 뭘 입지? 지나가는 사냥꾼 두 명에게 비단옷을 주고 누더기를 얻어 입었다. 비로소 출가사문의 스타일을 갖췄다. 이제부터 이름이 바뀐다. 싯다르타 왕자에서 고타마 존자로. 그러니까 출가란 얼굴을 바꾸고 의복 스타일을 바꾸고 그다음에 이름을 바꾸는 행위다. 거처는? 숲이다. 숲의 나무 아래 혹은 동굴, 아니면 오두막. 이것만으로도 고타마는 한없이 가벼워졌다. 성에서의 환락은 지극히 무겁고 탁했다. 무거운 짐을 지고 사막을 횡단하는 낙타처럼. 하지만 이제 그 짐들을 다 내려놓았다. 아, 자유다! 고타마는 아누피아라고 하는 망고숲에 들어가서 7일간의 명상을 통해 그 기쁨을 충분히 만끽한다.

8일 만에 숲에서 나온 고타마는 심한 허기에 시달린다. 이제 탁발의 시간이다. 의식주에서 식을 바꿀 차례다.

고타마는 몇 집을 차례로 걸식한 후 여러 가지를 뒤섞은 음식을 보면서 '이만하면 내 목숨을 보전하기에 충분하겠다'고 생각했다. (……) 판다바 산 기슭에서 동쪽을 향해 앉아 식사를 시작했다. 그러자 고타마는 내장이 뒤집히는 듯 음식이 곧 입으로 나올 것 같았다. 고타마는 그런 음식을 본 일조차 없었기 때문이다. 고마타는 그 보기도 싫은 음식에 괴로워하는 자신에게 스스로 훈계했다. "싯다르타여, 너는 지난 3년 동안 음식을 얻기 쉬운 집에서 냄새 좋은 쌀밥에 여러 가지 맛난 반찬을 곁들여 먹고 지내면서, 누더기 옷을 입은 사문들을 보며 나는 언제나 저런 모양으로 걸식하면서 살아갈 수 있을까. 내게도 그런 시기가 있을까 하고 생각하던 끝에 출가하지 않았던가? 그런데 지금 이꼴은 무엇이냐." 고타마는 이렇게 스스로 훈계하고 조용히 식사했다.

(『본생경』; 법륜, 『인간 붓다』, 216~217쪽)

누더기를 입고 산기슭에서 거처하는 것쯤이야 충분히 감내할 수 있었다. 워낙 건강한 데다 의지가 강건했으니까. 하지만 식욕은 다르다. 그것은 감각의 핵심이고 근원이다. 식욕이야말로 성욕과 더불어 원초적 본능이다. 특히 미각이야말로 가장 강력한 감각에 해당한다. 어릴 때 먹은 음식을 평생 잊지 못하는 것도 그 때문이다. 이 감각의 영토에서 벗어나지 못하는 한 출가는 불가능하다.

식탐은 그냥 취향이 아니다. 존재를 얽어매는 사슬이요 그물이다. 어떤 점에선 성욕보다도 더 끈질기고 집요하다. 무려 7일간을 굶었는데도 탁발음식을 토할 뻔하다니, 미각의 추억, 위장의 기억이 얼마나 강력한지를 보여 주는 장면이다. 순간 고타마는 당황했다. 자신의 신체적·감각적 한계가 적나라하게 드러났기 때문이다. 고타마는 그런 자신을 꾸짖고 달랜다. 그간 이런 시간을 얼마나 고대했던가를 되새겨 보라면서. 수행에 대한 열망으로 감각적 역겨움을 제어한 것이다.

"나는 이제 비로소 정말 출가라 이름하리라."

(『불본집행경』; 법륜, 앞의 책, 205쪽)

그렇다. 출가한다는 건 의식주의 재배치를 넘어 감각의 전면적 탈영토화를 의미한다. 아늑한 침대, 감미로운 맛의 향연, 황홀한 냄새, 매끄러운 촉감 등등. 감각의 경계가 무궁하다. 그중에서도 식욕의 위력은 엄청나다. 여기서 무너진 사문들도 많다. 굳센 결의로 출가를 단행하고는 탁발의 투박한 음식을 견디지 못해 환속을 밥 먹듯 하는 케이스도 등장한다.

우리 시대 청년들의 발목을 잡는 것도 이 지점일 것이다. 집을 나와 자립해야 한다는 대전제에는 대체로 동의한다. 하지만 아파트가 제공하는 감각적 쾌적함은 포기하기가 참 어렵다. 특히 식탐과 미각의 달콤함은 압도적이다. 그래서 집을 떠나지 못한다. 기껏 나왔다가도 다시 되돌아가는 경우도 적지 않다.

그래서 이 출가의 장면을 눈여겨보아야 한다. 성을 나온다고 바로 수행이 시작되는 건 아니다. 어쩌면 그다음 관문이 성문보다 더 높을 수 있다. 그런 점에서 토할 것 같은 탁발음식을 삼키는 이 순간이 고타마에겐 출가의 진정한 첫걸음이라 할 수 있다. 자, 이제 비로소 길이 시작되었다. 열반과 해탈로 가는 길이.

청년 붓다

에세이6

그물에 걸리지 않는
바람처럼

빔비사라 왕의 유혹

붓다는 어찌하여 출가하셨는가
그분은 어찌 관찰하셨기에
출가를 크게 기뻐하셨던가,
붓다의 출가에 관해 내[아난다] 말하리라

'속가는 좁고 답답하며 번거로워
먼지와 부정이 이는 곳
그러나 출가는 넓고 넉넉하여
번거로움 없네'

이러히 관찰하고 붓다는 출가하시었네.

붓다는 출가하신 날부터

몸으로 짓는 악업을 피하시고

입으로 짓는 악의 업을 버리시고

모든 생활을 맑게 하시었네

（「출가경」; 마스타니 후미오, 『붓다 그 생애와 사상』, 42쪽)

위에서 보듯이, 출가란 몸으로, 입으로 짓는 악업을 버리는 길이다. 소유를 벗어나야 그런 청정함이 가능하다. 특히 탁발이 그런 무소유를 실천하는 핵심이다. '빌어먹는다'는 건 누군가에게 보시할 기회를 주는 것이기도 하다. 보시는 복전이다. 복을 부르는 밭이라는 뜻. 해서 수행자들은 요가나 명상을 통해 자신의 몸을 청정하게 한 다음, 그런 자신에게 보시할 기회를 주기 위해 탁발을 나선다. 받는 자가 베푸는 자가 되는 이 고도의 역설 혹은 아이러니! 이렇게 시작된 증여의 파동은 궁극적으로 '주는 자'도 '받는 자'도 없는 '무주상보시'를 향해 나아간다.

본격적인 탁발에 나선 고타마는 반다바 산에서 라자가하로 향한다. 라자가하는 북인도의 최강국 마가다국의 수도다. 걸식을 하러 시내로 들어선 고타마의 모습을 높은 누각 위에서 빔비사라 왕이 내려다본다. 이 장면도 참 흥미롭다. 숲의 사문들이 도심으로 들어와 탁발을 하면 높은 누각에서 사람들이, 특히 나라의 통치자도 그 풍경을 지켜본다는 것. 수행이란 이렇게 만인의 시선 앞에 자기를 던지는 행위다. 자아가 머무를 어두운 밀실 따위는 없다.

이 스토리는 앞에서 사자후를 다룰 때 인용된 적이 있다. 왕이 싯다르타에게 출생을 말하라고 한 뒤의 장면이다.

> 빔비사라: "당신에게 욕락을 누리게 해주고, 만약 나를 돕는다면 내 마땅히 당신에게 나라의 절반을 주어 다스리게 하겠으니 내 경계에 있으면서 나의 왕위를 받으소서."
> 고타마: "세간의 다섯 가지 욕망은 타오르는 불더미와 같아서 모든 중생을 불사르며 고통 속에 몰아넣게 하거늘 어찌하여 내게 욕락을 권하십니까?"
>
> (법륜, 『인간 붓다』, 234~235쪽)

이미 왕의 길을 버리고 온 고타마에게 다시 마왕의 속삭임이 울려 퍼진다. 마왕은 신들의 세계에 속하지만, 눈앞에 있는 빔비사라 왕은 실제로 제국의 통치자다. 마왕의 속삭임보다 훨씬 더 강렬했으리라. 하지만 고타마는 막 성을 나올 때보다 더욱 강건해졌다. 제국의 절반을 주겠다는 빔비사라 왕의 제안에 그것은 단지 '타오르는 불더미'일 뿐이라고 대꾸한다.

빔비사라 왕의 내공도 만만치 않다. 자신의 제안을 거절한 고타마 존자에게 제자 되기를 자청한다. 깨달음을 이루면 자신에게 먼저 와서 설법을 해달라고 당부하면서. 이후 붓다의 독실한 후원자 겸 벗이 되어 죽을 때까지 붓다에 대한 믿음을 잃지 않았다.

스승을 찾아서 1—알라라 칼라마

길 위에 나서면 이제 세속의 위계는 사라진다. 신분과 계급, 종속과 지위 등등. 주체를 무겁게 짓누르는 모든 장벽 혹은 그물이 사라진다. 그래서 가볍고 경쾌하다. 어디에 있건 그곳은 길이다. 길 위에선 모든 존재가 움직인다. 숲에서 도시로, 도시에서 마을로. 정처가 없으면 유랑이고, 갈 바가 있으면 여행이다. 배움을 향하면 유학이고, 성지를 향하면 순례다. 고타마 같은 구도자는? 스승을 찾아야 한다. 스승이 없는 구도는 공허하다. 방향과 지도가 없기 때문이다. 『주역』에서는 '나아갈 바가 있어야 이롭다'利有攸往고 말한다. 스승을 만나야 도반이 생긴다. 궁극의 지평으로 안내해 줄 스승과 벗을 구하는 것. 그것이 출가자의 '나아갈 바'다.

당시 도시 근교의 숲은 온갖 유형의 영적 탐구자들로 넘처 났다. 시대전환의 흐름 속에서 사상 또한 다이내믹한 변화를 노정하고 있었다. 회의주의, 유물론, 자이나교 등등 온갖 사상적 비전이 난무했지만, 가장 커다란 변화는 역시 『베다』에서 『우파니샤드』로의 전환이라 할 수 있다. 『베다』가 해탈과 구원의 문제를 신들에게 의탁했다면, 『우파니샤드』에 이르면 이제 사람들은 더 이상 신들을 신용하지 않았다. 아무리 제사를 잘 지내고 소들을 희생시킨다 해도 해탈은 요원해보였다. 대신 인간 본성, 내면의 심층을 탐사하는 쪽으로 방향을 돌렸다. 욕망과 물질의 세계에서 벗어나 영원하고도 진정한 자아인 아트만ātman. 이 아트만을 찾으면 마침내 온 우주를 창조하고 주관하는 신 '브라흐만'Brahman과의 일치를 이룰 수 있다. 이른바 '범아일여'梵我一如, 그것이 궁극의 목표가 된 것이다. 그럼 어떻게 해야 아트만을 발견할 수 있을까? 그 길을 찾기 위해 다양한 모색이 이루어졌다. 요가와 명상의 다양한 기법이 제시되었고, 광장에선 수시로 격렬한 논쟁이 벌어졌다. 고타마 역시 이제 이 혼란과 격동 속에서 수련을 시작해야 한다.

고타마가 첫번째로 찾아간 스승은 바로 알라라 칼라마. 범아일여를 추구하는 흐름에 속했다. "16세에 출가하여 무려 104년 동안이나 수행에 매진해 온 명상의 달인"이다. "깊은 선정에 들면 500대의 수레가 천둥보다 더 큰 소음을 일으키며 지나간다고 하더라도 눈 하나 꿈쩍하지 않을 만큼 확고한 부동심의 경지를 지니고 있었다."(이학종, 『붓다 연대기』, 188쪽) 그의 가르침에 따르면, "인간은 무지하기 때문에 생사의 고해에 유전하여 괴로움을 받고 있다. 바른 수행에 의해 해탈할 수 있다. 신념과 정진과 생각을 한 곳에 집중하는 선정, 이것에 의하여 지혜를 얻을 수 있다". 그가 도달한 경지는 '무소유처정'無所有處定이다. '무소유처'란 인식하는 주체도, 인식되는 대상도 '다 존재하지 않는' 무분별의 경지라는 뜻이다. 그럼 이것이 진정한 '아트만'의 상태인가?

선정은 명상의 깊은 경지를 의미한다. "우리의 마음은 길들여지지 않고 통제 불가능하며, 끊임없이 기억과 편견과 지적인 평가들을 만들어" 낸다. "명상이란 그 폭풍을 가라앉히고 끝없는 마음속의 다툼을 멈추게 하는 것"(텐진 팔모의 말; 비키 메킨지, 『나는 여성의 몸으로 붓다가 되리라』, 59쪽)이다. 구도자라면 마땅히 닦아야 하는 코스다. 고타마는 곧 스승의 경지에 도달했다. 스승은 기뻐했다. 그의 나이 이미 120세. 후계자를 찾던 중 고타마 존자가 왔고 아주 짧은 시간에 자신의 경지에 도달했으니 이제 이 조직을 맡기면 되겠구나! 그러면 나의 가르침과 조직은 더욱 번창하리라! 하지만 고타마의 생각은 달랐다. 최고의 선정에 도달하긴 했지만 그것이 구경究竟의 깨달음은 아니었다.

"이것이 명상의 최종 목적이라면 그 경지는 도대체 무엇을 위해서란 말인가? 그 경지에 이르는 동안 고통(둑카)을 느끼지 않은 것은 사실이지만 그렇다고 어떤 행복(쑤카)이 지속적으로 나타나는 것도 아니었다. 비록 집중된 상태에서 물질계를 꿈같이 바라볼 수 있었지만 그것은 단지 명상하는 동안만 유지되는 것이었다. (……) 깨어나면 다시 감각의 세계에 말려드는 것이라면 그것은 내가 원하는 성취의 단계는 아니다."

(이학종, 『붓다 연대기』, 198~199쪽)

그가 추구하는 건 열반이다. 모든 욕망의 불꽃이 꺼진 무한한 평정의 경지. 그것이 고타마가 '나아가고자 하는' 바다. 알라라 칼라마의 경지는 고매하긴 하지만 한계가 분명했다. 그래서 다시 길을 나선다. 만류하는 알라라 칼라마의 손을 뿌리치고서.

스승은 은인이자 원수다. 왜냐하면, 나아갈 바를 지시하고 이끌어 주지만, 거기에 도달한 다음에는 다시 그 경계에 머무르게 하기 때문이다. 그때부터 스승은 그물이 된다. 사제간의 정이 두터울수록 그물망은 더더욱 견고해진다. 어떤 점에선 혈연적 애착, 부귀공명 같은 세속적 욕망의 그물보다 훨씬 더 질기고 두텁다. 스승과 제자가 이런 그물에 걸려들지 않으려면 스승은 제자가 따라올 수 없도록 계속 도주해야 한다. 제자를 가두는 그물이 아니라 바람이 되어야 한다. 하지만 알라라 칼라마는 그러지 못했다. 촘촘한 그물망이 되어 고타마를 그 안에 포획하려 했다.

하지만 고타마는 바람이었다. 성을 나서는 순간, 길 위에 나서는 순간 그 무엇도 그를 가둘 수 없었다. '스승의 카리스마', '성전의 권위'나 '풍문, 전통, 전설' 따위에 걸려들지 않았다. 훗날 자신이 스승이 된 이후에도 마찬가지였다. 그는 제자들에게 자신의 가르침마저 '강을 건너면 놓아 버려야 하는 뗏목'과 같은 것이라고 충고했다. 중요한 건 오직 진리의 길, 구도의 지평선 위를 가는 것뿐이라고.

스승을 찾아서 2─웃다카 라마풋타

두번째로 만난 고수는 웃다카 라마풋타. 그 역시 700명의 제자를 거느리고 사람들로부터 크나큰 존경을 받고 있었다. 그가 도달한 경지는 '비상비비상처'非想非非想處. 상想이 있는 것도 아니고 상이 없는 것도 아닌 경지. 상/비상非想의 경계를 넘어섰다는 뜻. 상당히 고원한 경지다. 알라라보다 한 수 위다. 웃다카는 알라라의 '무소유처' 자체를 분석했다. 그리고 거기서 더 나아가 "명상의 궁극적 경지는 어떤 형태의 의식도 아니요, 동시에 의식이 아닌 것도 아니라고 생각"했다. 그렇게 해서 도달한 경지가 '비상비비상처정'. 그것을 "모든 일상적인 지식을 초월한 절대적인 경지로 간주"했다.(이학종, 『붓다 연대기』, 208쪽) 너무 고매해서 신비적으로 보이지만, 핵심은 분별망상에 찌든 병든 자아를 벗어나 마음의 심연에 있는 진정한 자아를 찾아가는 경로라는 데 있다. 고타마는 즉시 그 코스를 마스터했다. 하지만 이 또한 고타마가 이르고자 하는 궁극의 경지는 아니었다.

'(……) 이 법 역시 일시적으로 높은 황홀경을 누리게 할 수는 있으나 평상시까지 대자유가 이어지지 않는다. 한순간 마음을 풀면 다시 욕망과 불안과 고통에 속박될 뿐이니 이것 역시 내가 찾는 완전한 의지처가 아니다.'

(이학종, 앞의 책, 209쪽)

알라라가 도달한 무소유처정, 웃다카가 도달한 비상비비상처정. 다 엄청난 경지다. 그것이 진정한 아트만의 경지인지는 알 수 없지만, 우리의 마음이 얼마나 깊고 넓은지는 충분히 짐작할 수 있다. 또 거기에 도달하면 상상을 뛰어넘는 황홀경을 누리게 된다는 것도 알 것 같다. 굳이 명상이 아니어도 잠깐 동안 자아에서 벗어나는 것만으로도 날아오를 듯한데, 주체와 객체, 상과 비상의 경계조차 넘어선다면 그 해방감이야 말해 무엇하리.

하지만 그것은 고타마가 '나아가고자 하는 바'가 아니었다. 무엇보다 "황홀경에서 빠져나오면 여전히 정열과 욕망과 갈망에 시달렸"고, "탐욕스러운 자아는 그대로"였다.(카렌 암스트롱, 『스스로 깨어난 자 붓다』, 113쪽) 열반은 일시적·조건적인 것일 수 없다. 삶의 전 과정에서 오롯이 전면적으로 구현되어야 한다. 안과 밖, 생각과 행동, 앎과 삶, 선정과 수면 등의 경계를 다 뛰어넘어야 한다. 그래야 생로병사의 괴로움, 즉 윤회에서 벗어나는 길이 열릴 테니 말이다. 그래서 생각했다. "이 신비주의자들이 영원한 '자아'라고 부르는 것 역시 또 다른 망상은 아닐까?"(카렌 암스트롱, 앞의 책, 114쪽)

모두가 진정한 자아, 아트만을 찾아 헤매는 그때, 고타마는 그 전제 자체에 질문을 던진 것이다. '범아일여'를 추구하는 시대적 흐름에 힘입어 출가를 했지만, 수행이 시작되자 이제 고타마는 시대의 흐름과 정면으로 맞선다. 고타마는 다시 길을 나선다. 이번에도 같이 문하생들을 지도하자며 옷깃을 부여잡는 스승 웃다카의 손을 뿌리치고서.

물론 그럼에도 고타마 존자에게 이 스승들의 가르침은 아주 소중한 것이었다. 보리수 아래서의 깨달음을 성취한 이후

이 궁극의 다르마를 누구한테 전할까, 하고 고심하던 중 붓다는 가장 먼저 이 두 스승을 떠올린다. 그리고 이때 배운 선정의 모든 단계는 초전법륜의 핵심을 이루는 '사성제四聖諦와 팔정도八正道'의 아주 중요한 부분을 차지한다. 어떤 배움에도 머무르지 않지만 어떤 배움도 소중하게 재활용하는 붓다의 리얼리즘^^이 돋보이는 대목이다.

훗날의 일이긴 하지만, 대승불교의 수행법인 육바라밀은 보시, 지계, 인욕, 정진 다음에 선정과 지혜가 등장한다. 지혜가 깨달음을 의미한다면, 선정은 그 앞의 단계다. 선정은 명상이 지극한 경지에 도달한 상태를 의미한다. 여기서 확인할 수 있는 건 선정은 지혜가 아니라는 점이다. 다시 말해 선정이 곧 깨달음은 아닌 것이다. 보시, 지계, 인욕, 정진처럼 선정 역시 지혜로 가는 주요한 관문일 뿐이다. 그러니까 명상을 한다고 해서 깨달음에 이르는 건 아니다. 물론 명상을 하지 않고 이르는 건 더더욱 아닐 것이다. 그래서 관문이다.

선정의 관문을 통과했지만 아직 구경의 깨달음은 요원했다. 더 이상 가르침을 받을 스승도 없다. 이제 어디로 가야 하나? 스승이 없는 길은 사막이다. 사막에는 길이 없다. 이미 생겨난 길도 모래바람이 몰아치면 순식간에 사라진다. 그렇다면 스스로 길을 만드는 수밖에. 스스로 바람이 되는 수밖에.

그들이 고행에 몰두하는 까닭은?

고타마 존자가 밟아 간 다음 스텝은 무엇일까? 선정은 고단한 수련 과정이긴 하지만 지복감을 전제로 한다. 그것을 깨달음이라고 할 수는 없지만 어쨌든 이 과정은 최고의 충만함을 선사한다. 그 대척적인 방향에 고행수련이 있다. 바라문교의 수행은 기본적으로 제의와 고행이다. 전자는 희생제물을 통해 신에게 예배를 드리는 것이고, 후자는 신체를 특별한 방식으로 ─ 한 손을 들고 절대 내리지 않는다거나 깨금발로 순례를 한다거나 강물 속에 막대기를 꽂고 그 위에서 외발로 서 있다거나 흘리는 음식만 받아먹는다거나 ─ 괴롭히는 것이다. 당시 숲에는 수많은 사문들이 넘쳐났고, 이들 대부분이 고행주의자였다. 『베다』의 제의에는 반발했지만 고행의 이치는 그대로 받아들인 것이다. 우주의 창조, 인간의 탄생은 근원적인 존재의 고행과 희생에서 비롯되었다고 굳게 믿었기 때문이다. 당연히 고타마 존자 역시 그들의 수행을 주시하고 참조할 수밖에 없었다.

고타마는 대도시 바이샬리로 가서 바르가바라는 고행주의자를 찾아간다. 이들 역시 소똥만 먹는다거나 알몸인 채로 가시 위에 누워 있거나 왕개미 집 속에 웅크리고 있는 등 다소 '엽기적인' 고행을 하는 집단이었다. 이들이 보기에 해탈의 장애물은 바로 육신이다. 육신을 괴롭힘으로써 그 결박에서 해방될 수 있다고 본 것이다. "인간은 고통과 쾌락을 항상 같은 비율로 받게 되어 있어 고통을 받으면 다음에는 그만큼 즐거움을 누리고, 지금 쾌락에 빠져 있으면 후에 그만큼 고통을 받게 된다."(법륜, 『인간 붓다』, 272쪽) 고통과 쾌락의 법칙을 '질량보존의 법칙'처럼 사유하고 있다. 좀 생뚱맞긴 하지만 나름 합리적이다. 우주의 에너지와 질량은 늘지도 줄지도 않는다. 그걸 고통과 쾌락의 법칙에 적용하면 어떻게 될까? 바로 저런 계산이 나온다. 거기에 입각하여 쾌락은 세이브하고 고통은 먼저 다 겪어서 소비하고, 그러면 이후엔 쾌락만 누릴 수 있다는 것.

고타마는 그들의 용기와 인내력에 감동했다. 하지만 의아했다. 그들의 얼굴이 너무 어둡고 침울해 보였기 때문이다. 그래서 물었다.

"무엇 때문에 이 같은 고행에 몰두하는 겁니까?"

"하늘에 나기 위해서요."

"또다시 인간으로 태어나기 위해서입니다."

"후세에 안락한 생활을 얻기 위해서요."

참으로 희한한 논리다. 그런 논리라면 하늘에 태어난 다음에도 고행은 멈출 수가 없다. 왜? 하늘의 복락은 고행을 한 만큼만 지속될 거 아닌가. 그 분량이 끝나면 다시 지상으로 내려와야 할 테고, 그러면 다시 또 고행을 해야 한다. 다시 인간으로 태어난다고 해도 마찬가지고, 다음 생애에 안락한 생활을 하게 되어도 마찬가지다. 대체 언제쯤 이 악순환의 사슬에서 벗어날 수 있을까? 결국 즐거움을 위해 괴로움을 항구적으로 지속해야 하는 역설에 빠지고 만다. 더 결정적인 문제는 대가를 바라고 하는 행위는 진정한 수행이 아니라는 데 있다. 그것은 일종의 거래다. 교환의 법칙과 뭐가 다른가. 이런 질문이나 탐색 없이 고행에 몰두하다 보면 자칫 고행을 위한 고행, 남들한테 과시하기 위한 고행에 빠지게 된다.

따지고 보면, 현대인들의 생애주기 역시 이들의 패턴과 아주 닮아 있다. 10대엔 좋은 대학에 가기 위해, 청년기엔 정규직과 아파트를 위해, 중년 이후에는 노후대책을 위해 안간힘을 써야 한다. 목표는? 안정과 행복! 근데 대체 그 '넘'의 안정과 행복은 언제나 가능할지 도무지 기약이 없다. 결론은 워커홀릭! '노동을 위한 노동'만 남게 된다. 고행주의자들이 '고행을 위한 고행'에 빠진 것과 흡사하지 않은가.

고행의 방향과 비전

그렇다고 고행이 무의미하다는 뜻은 아니다. 선정이 지혜로 가는 관문이라면 고행 역시 그러하다. 그 자체로 깨달음에 이를 수는 없지만 거기에 도달하는 데 아주 유효한 경로인 건 분명하다. 선정이 마음의 행로를 파악하는 지름길이라면, 고행은 신체의 생리적 원리를 터득하는 데 꼭 필요한 코스다. 마음의 행로를 파악해야 온갖 분별망상에서 벗어날 수 있듯이, 몸의 생리적 원리를 알아야 수많은 생을 통해 고착화된 업력(욕망과 습관)에서 벗어날 수 있다. 하지만 앞에서 보았듯 고행주의자들은 왜 고행을 하는지, 고행을 통해 어디에 도달하고자 하는지를 망각한 채 고행 그 자체에 '빠져' 버렸다. 선정주의자들이 명상삼매에 '빠져' 지혜로 가는 길을 잃어버리는 것과 비슷한 양상이다.

선정의 코스를 마스터한 이후 고타마는 이제 방향을 바꾸기로 한다. '고'에서 벗어나는 길을 찾기 위해서 '고'와 정면으로 마주하기로 한 것이다. 고통의 정체가 무엇인지, 그것이 작동하는 원리가 무엇인지, 그것이 욕망이나 감각, 인식 등의 작용과 어떻게 연결되는지 등등. 우리는 늘 고통을 피하고 안락을 원하지만 정작 고통의 속성이나 원리에 대해서는 잘 알지 못한다. 그래서 안락을 원한다고 하면서 늘 고통을 자초하는 우를 범하곤 한다. 심지어 고통을 찬미하고 고통에서 쾌감을 누리는 '자기학대'에 빠지기도 한다. 그러니까 고통에서 벗어나려면 일단 고통에 대해 탐구를 해야 한다. 그리고 그 현장은 결국 몸이 될 수밖에 없다.

하지만 이 방면에는 스승이 없었다. 결국 스스로, 홀로 시도해 보는 수밖에 없었다. 고타마는 네란자라 강이 흐르는 가야산을 선택했다. 그러자 웃다카 라마풋타의 제자들 가운데 섞여서 고타마와 함께 수행하던 다섯 명의 사문이 고타마를 따르기로 했다. 한 기록에 따르면 이들은 슈도다나 대왕이 보낸 시종들이라고 한다. 출가를 막지 못해 비탄에 빠진 슈도다나 대왕은 다음 계획을 세웠다(오~ 절대 포기를 모르는 아버지다^^). 이왕 이렇게 된 거 아들이 빨리 깨달음에 도달하기를 기원하는 수밖에 없다고 판단한 것이다. 해서, 아들인 고타마 존자의 수행을 도와주는 도우미들을 보낸 것이다. 하지만 이들 역시 출가하여 수행자가 되어 버렸다(역시 아버지의 계획은 늘 어그러진다^^). 고타마를 도우려면 그 수밖에 없기도 했고, 그 과정에서 그들 역시 구도의 열정이 솟구친 것이다. 고타마가 고행의 길로 접어들자 이들도 함께하기로 했다. 신분적 장벽을 넘어 도반이 된 것이다.

고타마의 고행은 고행주의자들의 그것과 달랐다. 훗날 누리게 될 쾌락의 보험도 아니고, 남보다 두드러지게 보이기 위한 과시욕도 아니었다. 그의 논리는 명료했다.

"몸과 말과 생각으로 행하는 행동이 깨끗하지 않는 한, 모든

생활이 깨끗하지 않는 한, 탐욕하고 맹렬한 애욕에 빠져 있
는 한, 마음에 미워하는 생각을 지니고 해치려는 생각을 하
는 한, 마음이 우울하고 어둡고 무겁고 들떠 있어 안정되어
있지 않는 한, 의심하는 한, 자기를 칭찬하고 남을 헐뜯는 한,
불안으로 몸이 굳어 있는 한, 이익과 존경과 명성을 바라는
한, 게으르고 정진할 힘이 없는 한, 생각이 활달하지 못하고
주의력이 미치지 못하는 한, 마음이 산란하여 안정되어 있지
않는 한, 어리석은 한은 숲속에 혼자 있으면 마음에 두려움
이 생긴다."

(박경훈, 『부처님의 생애』 상, 113쪽)

이 장의 서두에 나왔듯이, 소유로부터 벗어나야 생활이 청
정해진다. 하지만 그건 출가의 첫 스텝일 뿐 본격적인 수행
을 하려면 몸과 말과 생각, 그리고 행동, 모든 것이 청정해져
야 한다. 청정이란 무엇인가? 애욕과 미움, 우울과 들뜸, 게으
름, 인정욕망, 의심과 불안, 산만 등에서 벗어나는 것이다. 이
중에서 산만함은 특히 위험하다. 마음의 모든 부정적인 요소
들이 다 거기에서 발생하기 때문이다. 즉, 평정과 균형을 놓
치는 순간 태과불급에 빠지고 침울과 들뜸 사이를 오락가락
하게 되는데, 그것을 자양분 삼아 탐진치貪瞋癡가 맹렬하게
타오른다.

그저 선하고 친절한 것만으로는 이런 상태를 극복할 수 없다. 한 치의 방심도 허용해선 안 된다. 그저 굳게 결심하는 것으로도 가능하지 않다. 왜냐고? 몸이 말을 듣지 않기 때문이다. 몸과 마음은 본디 분리될 수 없지만, 우리의 업장은 몸과 마음을 따로 놀게 만든다. 그 결과 마음도 제멋대로 날뛰지만, 몸 또한 제 갈 길을 간다. 그래서 우리의 생각과 말과 행동은 늘 충동과 습관의 늪에 빠져 버린다. 늘 자기도 모르게 각종 부정적 행동을 하고는 그다음에 또 자책과 후회, 불안과 동요를 반복한다.

이런 패턴에서 벗어나지 않고서 깨달음은 불가능하다. 아니, 그전에 수행을 제대로 해내기도 어렵다. 선정으로 마음의 분별망상을 벗어나는 체험을 했다면, 이제 몸에 새겨진 충동과 습관의 코드를 지워야 할 때다.

카르마의 탈코드화

고타마 존자는 일단 신체적·생리적 한계를 실험하기로 했다. 한마디로 업장과의 맞짱을 뜨기로 한 것이다. 카르마란 욕망과 습관의 패턴이다. 수억 겁의 생을 거듭하면서 우리 몸에는 강력한 패턴이 새겨지게 되었다. 첫번째 타깃은 식욕이다. 식욕의 강력함은 출가 후 첫 탁발 때 구역질을 하면서 충분히 체험한 바 있다. 대체 이 식욕의 뿌리가 어디까지인지 끝장을 보기로 한다. 일절 공양을 거절했을 뿐 아니라 그릇에 담긴 음식은 먹지 않았다. 하루에 한 끼, 이틀에 한 끼, 사흘에 한 끼, 칠 일에 한 끼, 보름에 한 끼. 그것도 곡기가 아닌 나무뿌리와 저절로 떨어진 열매만을 섭취했다.

익힌 음식은 그 자체로 카르마를 두텁게 한다고 간주한 탓이다. 곡식 자체가 타인의 노동이 투여된 것이고, 모든 노동은 소유로 이어지고, 소유는 쾌락과 폭력을 내재한다. 문명사적으로 볼 때 농업경제는 원초적으로 구조적인 폭력을 내재하고 있다. 그 폭력의 기억과 패턴이 곡식 안에 정보화되어 있다고 여기는 것이다. 모든 종교적 수련법에 단식 및 식탐에 대한 제어가 있는 것도 이런 맥락이리라. 이때의 체험으로 고타마는 생리적 욕구와 식욕 사이의 깊은 연관관계를 간파했다. 초기경전을 보면 "음식의 분량을 아는 사람이 되어라"는 게송이 수시로 등장한다. 식욕의 제어야말로 청정함의 핵심이다. 훗날 승가공동체에서 오후불식을 계율로 삼게된 것도 그 때문이다.

이렇게 식욕의 제어를 극한까지 밀어붙이면서 그의 고행은 점차 더 강도 높은 수준으로 나아간다. 참으로 지독한 고행이었다. 지독한 고독이었고, 지독한 인욕이었다.

나무꾼이나 목동이 오면 그들을 피하여 숲속으로 들어갔다. 누구와도 할 말이 없는 고독 속에서 지냈다. 때때로 사슴이 그의 앞에 와서 이상한 눈으로 바라보았으나 그는 개의치 않았다. (……) 이를 악물고 혓바닥을 입천장에 대고 숨을 죽이는 고행으로 잡념을 억누르려 했다. 마음으로 마음을 누르려 했다. 숨을 죽이고 이를 악물고 혓바닥으로 입천장을 힘껏 밀자 온몸에 땀이 났다. 호흡을 정지하는 고행을 할 때는 두 귀에서 큰 소리가 나며 바람이 빠져나갔다. 그것은 마치 대장간의 풀무에서 나는 소리와 같았다. 또 강한 바람이 머릿속에서 소용돌이쳤다. 그것은 마치 날카로운 칼로 머리를 저미며 돌아가는 것 같았다. 또 강한 바람이 배창자를 끊는 것 같았다. 뿐만 아니라, 온몸에 뜨거운 열이 났다. (……) 지나는 어린이가 풀잎을 입이나 코와 귀에 끼우고 놀려도 움직이지 않았다. 마른 나무토막처럼, 육체는 메말라 앉아 있을 뿐이다.

(박경훈, 『부처님의 생애』 상, 114~115쪽)

숨을 죽이고 호흡을 참자 오장육부에 바람과 열기가 휘몰아친다. 지나가는 이들의 온갖 모욕과 조롱도 견뎌 냈다. 마침내 그의 몸은 '서까래나 베틀의 북' 같은 사물이 되었다. 유기체에서 무기질로의 전이가 일어난 것. 인도에선 사람의 몸을 지·수·화·풍의 연기적 결합이라고 본다. 각각의 요소들마다 101가지씩 병이 생기므로, 인간은 도합 404가지 병을 앓게 되어 있다. 이때 붓다는 인간에게 주어진 모든 고통과 병증을 다 앓았다고 한다. 그 결과, "마치 감각이 없는 썩은 나무토막과 같이 육체는 정신과 떨어져 있었다".

이처럼 그는 몸이 겪어야 하는 온갖 괴로움을 다 통과하면서 동시에 그 모든 과정을 여실하게 관찰하였다. 관찰은 통찰로 이어진다. 붓다는 그 과정에서 몸에 대한 해부학적 지식을 완벽하게 터득했다. 그와 동시에 몸에 대한 집착에서 벗어나게 되었다.

[세존] 몸은 뼈와 힘줄로 엮여 있고, 내피와 살로 덧붙여지고 피부로 덮여 있어, 있는 그대로 보이지 않는다.

1. 그것은 내장과 위물, 간장과 덩어리, 방광, 심장, 폐장, 신장, 비장으로 가득 차 있다.

2. 그리고 콧물, 점액, 땀, 지방, 피, 관절액, 담즙, 임파액으로 가득 차 있다.

3. 또한 그 아홉 구멍에서는, 항상 더러운 것이 나온다. 눈에서는 눈곱, 귀에서는 귀지가 나온다.

4. 코에서는 콧물이 나오고, 입에서는 한꺼번에 담즙이나 가래를 토해 내고, 몸에서는 땀과 때를 배설한다.

5. 또 그 머리에는 빈 곳이 있고 뇌수로 차 있다. 그런데 어리석은 자는 무명에 이끌려서 그러한 몸을 아름다운 것으로 여긴다. (……)

6. 이런 몸뚱이를 가지고 있으면서, 생각하건대 거만하거나 남을 업신여긴다면, 통찰이 없는 것이 아니고 무엇이겠는가.

(「승리의 경」)

초기경전에는 이런 식의 해부학적 설법이 자주 등장한다. 붓다에 따르면, 생리적 구조와 배치를 낱낱이 파악하게 되면 절대 몸에 대한 애착이나 교만이 생길 수 없다. 고행을 통해 그와 같은 확신에 노날한 것이다. 물론 이것으로 깨달음에 도달한 것은 아니다. 하지만 이 고행은 그의 신체에 새겨진 카르마를 탈코드화하는 데 결정적 역할을 했다.

출가 전 그의 생애는 풍요와 환락으로 넘쳐났다. 출가하면서 그 욕망을 떨쳐 버리긴 했지만 몸과 마음 깊은 곳에는 여전히 그 패턴과 잔여물이 남아 있을 수밖에 없다. 그것을 말끔히 씻어 버리지 않고서 붓다를 이루기는 불가능하다. 선정 체험은 몸과 마음을 청정하게 하는 코스이긴 하지만 그 또한 황홀경을 선사한다. 성에서 누린 환락과는 차원이 다르긴 하지만 안락과 기쁨의 정서를 야기한다는 점에서는 상통한다.

선정수련 이후 고행이라는 정반대의 극단으로 방향을 선

회한 것도 그래서일 것이다. 신체에 새겨진 환락과 안락, 기쁨의 코드를 벗어나고자 한 것이다. 극한의 고행과 통찰을 통해 고타마 존자는 욕망이 만들어 낸 생리적 패턴, 그 지도를 완전히 바꿔 버렸다. 이제 그의 신체는 절대 다시 이전의 시간으로 돌아갈 수 없다. 됐다, 여기까지!

고타마 존자가 고행을 멈춘 까닭은?

출가 이후 바야흐로 6년이 지났다. 선정을 마스터하는 데는 오래 걸리지 않았다. 하지만 고행은 길고도 지리했다. 6년은 대단히 긴 시간이다. 특별한 행위나 퍼포먼스가 아니라 아주 기본적인 생리활동의 제어와 금욕을 통해 온갖 고통을 마주해야 했기 때문이다. 마침내 육신이 한계상황에까지 이르렀다. 생리구조에 대해 훤히 알게 되었고 생리와 습관의 패턴은 청정해졌다. 하지만 그렇다고 깨달음은 오지 않았다. 고통에 집중하는 순간은 욕망에서 벗어난 듯싶었지만, 다시 고통에 익숙해지면 욕망은 가차없이 휘몰아쳤다. 때로는 고통의 한가운데서도 욕망은 더더욱 난동을 부리기도 했다. 많은 영적 수도자들이 경험하는 바라고 한다. "성자 제롬은 참회 속에서 스스로를 채찍질하며 죽어 가면서 이렇게 부르짖었다. '나는 춤추는 소녀들에 둘러싸여 있다는 걸 발견했다. 금식으로 인해 내 얼굴이 창백해지고 추위로 사지가 얼어붙었지만 내 마음은 여전히 욕망으로 불타고 있었고 내 육체가 죽은 것이나 다름없이 되었을 때도 여전히 강한 정욕이 끓어넘쳤다.'"(비키 메킨지, 『나는 여성의 몸으로 붓다가 되리라』, 208쪽) 고통과 쾌락은 이토록 긴밀하게 연결되어 있었다. 아니, 고통과 쾌락은 한 몸이다!

윤회를 벗어나는 길이 보이지도 않았다. 그때 솟구친 질문, 고행을 통해 거기에 이를 수 없다는 건 알겠다. 그럼, 다른 길을 찾아야 한다. 그런데 육신이 나무토막처럼 되어 버리면? 육신과 정신이 분리되어 버리면 그것은 죽음이다. 죽음은 두렵지 않으나, 깨달음은 또 다음 생을 기약해야 하는가? 그건 아니다. 반드시 이생에서 이루어야 한다. 하지만 이런 상태로는 열반은 고사하고 일신의 괴로움을 벗어나기도 어렵지 않은가. 고타마는 고행의 경로와 성과를 세밀하게 되짚어 보았다.

지난 수년 동안 고행을 해서 얻은 것이 무엇인가 생각하였다. 자신의 무한한 정신력을 믿게는 되었으나 그가 바라는 깨달음을 얻지는 못했다. 어떤 때는 육체의 고통을 참는, 정신과 육체와의 싸움이 치열하면 할수록, 그만큼 자신이 그

싸움에 말려들었음을 그는 인정하였다.

(박경훈, 『부처님의 생애』 상, 118쪽)

그렇다. 고통을 크게 겪으면 겪을수록 자기 자신을 더더욱 의식하게 되었다. 자아로부터 벗어나는 게 아니라 더더욱 자아가 강화되는 것이다. 그래서 다시 든 의문. 수행자들이 고행을 통해 도달하려고 하는 '거룩한 자아'는 망상이 아닐까? 그리고 발견한 사실. "마음을 비우고 생각을 쉬면 고통이 사라지며, 마음과 생각이 일면 고통이 살아난다"는 것. 마음과 자아, 자아와 고통 사이의 오묘한 관계와 이치를 알아차린 것이다. 드디어 깊이 탐구하고 분석할 주제를 찾게 되었다. 자아를 찾는 것이 아니라 '자아란 대체 무엇인가'를 통찰하기로 한 것이다. 대체 인간은 왜 자아를 이토록 찾아 헤매는가? 그리고 그 화두를 깨치려면 이런 쇠약한 몸으로는 불가능하다. 그렇다. "육체를 괴롭히는 것으로서가 아니라, 육체의 힘을 잘 이용해야 한다."(박경훈, 앞의 책, 118쪽)

따지고 보면 몸이야말로 생로병사의 가차없는 현장이다. 이 몸에서 무엇이 일어나는지를 보지 못한다면 해탈도, 열반도 가능하지 않다. 대개의 경우, 구원은 몸을 건너뛰고 초월적 경지로 도약해 버리는 경향이 있다. 몸의 상태와 상관없이 정신만 별도로 구원될 수 있다는 듯이. 그것은 일종의 환각이 아닐까. 설령 그것이 사실이라고 해도 몸이 그 변화를 감당하지 못한다면? 그야말로 유체이탈 상태에 머무를 것이다. 거기에서 생사를 가로지르는 지혜를 터득하기란 요원하다. 고타마의 고행은 아주 역설적으로 몸이라는 현장의 소중함을 확실하게 깨닫게 해주었다. 오직 스스로의 힘으로 고행 수련을 감행했고, 몸과 마음에 대한 관찰을 멈추지 않았으며, 그리고 한계를 자각하는 순간 멈추었다. 가차없는 실험, 치열한 통찰, 그리고 과감한 멈춤. 매 순간 청년의 파토스가 흘러넘친다. 아니, 청년의 '정기신'이 아니고선 가능하지 않은 행보다. 붓다가 고행으로 깨달음에 도달하지 않은 건 우리 모두의 행운이다^^. 만약 그 처절한 고행 속에서 견성을 했다면 어쩔 뻔했나? 농담이지만 진담이다.

하지만 그렇다고 이 고행이 그냥 시행착오일 뿐이라고 여기는 건 실로 오산이다. 고행의 치열함이 있었기에 궁극의 깨달음도 가능했다. 물론 다시 강조하거니와, 핵심은 고행 자체가 아니라 고행의 방향과 비전이다.

벗들은 떠나가고

"나의 육신은 너무도 피폐해 있다. 이 육신으로는 도저히 도를 성취할 수 없다. 비록 신통력으로 몸을 회복할 수 있다 하더라도 이는 일체중생을 속이는 일이 될 것이니 부처가 도를 구하는 법이 아니다. 이제 나는 육신의 힘을 얻기에 좋은 음식을 받아 체력을 회복하여 다시 무상의 바른 깨달음의 길로 나아가리라!"

이제 해야 할 일은 육체의 원기를 회복하는 길이다. 하지만 신통력으로 몸을 회복하는 것은 중생을 속이는 길이다. 무슨 뜻인가? 신들의 가호로 몸을 회복하지 않겠다는 뜻이다. 고타마는 인간의 몸으로 해탈을 이루겠다는 비전을 세웠다. 만약 신들의 힘이 개입하면 도로 아미타불이다. 그럴 경우 당연히 중생은 신들의 가호를 간구하면서 희생제의와 기도에 집착하지 않겠는가? 그럼 고행으로 무너진 체력을 어떻게 회복하지? 간단하다. 음식을 먹으면 된다.

고행의 주 종목이 단식이었으니 더더욱 그렇다. "나는 이미 음식을 먹지 않은 지 오래되었소. 내 이 파리한 몸으로써 도를 얻는다면, 저 외도의 사람들은 나의 굶주림의 고행이야말로 깨달음의 원인이라고 말할 것이오, 이것이야말로 모든 중생을 기만하는 일이오, 나는 반드시 세간의 음식을 받아먹은 후에야 도를 이룰 것이오." 음식을 먹어야 하고, 그것도 세간의 음식을 먹어야 한다.

그 전에 먼저 옷을 챙겨야 한다. "6년의 고행 끝에 옷이 모두 해져서 벌거숭이와 같구나. 이제 저 시체를 쌌던 분소의라도 갖추어 입으리라!" 그러고는 강으로 내려가 빨래를 하려 하자 신 중의 신인 제석천이 나타나 말한다. "존자여, 제가 그대를 위하여 이 헌 옷을 빨겠사오니 원컨대 허락하소서." 고타마는 거절한다. "모든 사문들은 남을 시켜서 옷을 빨지 않소. 누더기를 스스로 빠는 것이 우리 출가자들의 법이오."

오! 붓다의 길은 진정 한 치의 방심도, 의존도 없구나! 나는 붓다의 일대기에서 이런 대목이 가장 흥미롭고 또 감동적이다. 대개의 위인전은 일상적 디테일을 다 건너뛰고 위대한 성취만을 노래한다. 그래서 늘 궁금했다. 이런 위대한 존재들은 대체 일상을 어떻게 영위했을까? 그런데 붓다의 스토리는 뜻밖에도, 예상을 훨씬 뛰어넘는 수준으로 디테일이 살아 있다. 하여, 깨달음으로 가는 장엄한 도정, 그 길섶마다 깨알 같은 유머가 숨어 있다.

스스로 옷을 빨아 걸쳐 입고 걸식을 하러 마을에 나선다. 이때 그 유명한 수자타의 공양이 이루어진다. 이 장면은 매우 신비롭게 표현되어 있다. 소녀는 간밤에 꿈을 꾸었는데 마을의 수호신이 보살(고타마)의 공양을 알려 주었다. 소녀는 새벽에 일어나 "천 마리의 젊은 암소의 젖을 짜서 일곱 번을 끓이고, 다시 쌀을 넣어 끓인 죽을 황금의 그릇에 담았다". 그리고 "깨끗한 자리를 펴고 향수와 꽃으로 장식한 상 위에 죽그릇을 놓았다". 천지도 감동할 만한 지극정성이다. 얼른 회복하여 깨달음을 향해 나아가기를 간절히 염원한 것이다. 그염원 덕분인가. 네란자라 강가에서 이 우유죽을 먹자마자 고타마 존자는 이전과 같이 젊고 아름다운 모습을 되찾았다. 타고난 32호상을 다 회복한 것이다.(박경훈, 『부처님의 생애』상, 122쪽) 역시 붓다는 청년이다! 이 놀라운 회복력은 청년의 탄력성, 청년의 유연성이 아니고선 결코 가능하지 않다.

헌데, 이 순간 실망과 배신감으로 치를 떠는 이들이 있었다. 바로 고타마와 함께 고행에 참여했던 다섯 명의 길벗들이다. 고타마가 분소의를 빨아 입고 우유죽을 먹자 그들은 완전히 절망에 빠져 버렸다. 그들은 한탄한다. 고타마가 깨달음에 이르기를 기대하는 건 '이슬방울을 모아서 머리를 감으려는' 거나 다를 바 없다고. 한마디로 가망이 없다는 뜻이다. 그들은 고타마를 떠나 200킬로미터나 떨어져 있는 바라나시의 사슴 동산(녹야원)으로 가 버렸다. 스승들의 손을 뿌리치고 여기까지 왔는데, 이젠 벗들이 나를 버리고 떠나간 것이다. 하늘 아래 그 어디에도 의지할 바가 없게 되었다. 그야말로 '무소의 뿔처럼 혼자서 가'야만 하는 시간이다.

벗들과의 결별, 그것은 분명 새로운 그물이었다. 스승을 떠날 때와는 또 달랐다. 황망하고 허전했으리라. 하지만 그는 멈추지 않았다. 선정의 길이 끊기자 고행의 길로 나아갔고, 그 길 또한 끊어졌다. 이젠 선정도 고행도 아닌 또 다른 길을 찾아야 한다. 다만 그뿐이다. 그렇다. 그는 이미 바람이었다. 어떤 그물도 가둘 수 없는!

* * *

한 서양인 연구자가 달라이 라마에게 물었다. 어떤 불상을 가장 좋아하시냐고. 불상은 얼마나 다양하고 또 다채로운가. 관음보살의 화신이자 14번째 환생자인 달라이 라마는 그중에 어떤 불상을 가장 애호할까? 누구든 궁금해할 만한 사항이다. 뜻밖에도 고행상이었다. 고행상은 그다지 친숙한 불상은 아니다. 대중은 붓다가 성도한 이후 깊은 삼매에 든, 넉넉하고 중후한 모습을 좋아하지, 고행으로 뼈만 앙상한 모습을 애호하지는 않는다. 헌데, 달라이 라마는 주저없이 이 불상을 꼽았다.

이 불상은 간다라 미술의 영향이 뚜렷하다. 이목구비가 뚜렷한 서양인의 얼굴형을 가지고 있다. 그런데 특이하게도 색깔이 아주 검다. 아마도 고통의 깊이를 표현하기 위해서 그랬을 것이다. "뱃가죽을 만지면 등뼈가 만져지고, 등뼈를 만지면 뱃가죽이" 만져질 정도의 앙상한 모습이다. 그런데 정말 특이한 건 이런 지경인데도 등이 꼿꼿하다는 사실. 한 치의 흐트러짐도 없다. 게다가 "오직 눈만은 깊숙이 꺼졌으나 깊은 우물 속의 물이 빛을 받아 빛나는 것같이 살아 있었다". 이 불상이 표현하는 바는 두 가지다. 하나는 붓다의 고행이 얼마나 극한적이었는가. 다른 하나는 그런 극한의 고통에도 불구하고 붓다의 마음은 지극히 평온하다는 것.

그런 까닭인가. 고통의 극한 속에서도 비극의 그림자가 전혀 없다. 스스로 선택한 고행이고, 어디까지나 냉철한 자기실험이었다. 죄의식이나 부채감이 들어설 자리가 없다. 고행상을 보는 중생들의 시선 역시 그렇다. 고행의 깊이에 감탄과 경이로움을 느낄지언정 애간장을 끓이고 원한감정에 휩싸이지는 않는다. 고행으로 깨달음에 이르지 않아서 다행이야, 라는 농담을 즐길 수도 있다. 생각해 보면, 이거야말로 붓다의 신통력이 아닐까?

고통 속에서도 구도의 열망이 조금도 식지 않았고, 존재와 세계에 대한 탐색을 멈추지 않았고, 무엇보다 마음의 평정을 잃지 않았으니 말이다. 인간의 잠재력, 인간의 선한 본성, 인간의 끈기와 집념을 이보다 더 잘 보여 주는 예도 없으리라. 달라이 라마가 이 불상을 가장 좋아하는 이유를 알 듯하다.

오,
진리의 기쁨이여!

보리수 아래, 동쪽을 향하여!

고타마는 이제 최후의 승부처에 도달했다. 선정의 최고 경지에 도달했고, 극한의 고통까지 체험했다. 하지만 선정과 고행, 둘 다 열반의 길은 아니었다. 물론 이 수련들이 무익했던 건 아니다. 전자를 통해서는 감각과 감정, 사유 등을 제어하는 훈련을, 후자를 통해서는 용기와 결단력, 항심과 인내력을 기를 수 있었다. 이 능력들을 적극 활용해야 한다. 또 전자는 지극한 열락으로, 후자는 지독한 괴로움으로 인도한다. 고타마는 이 양극단에서 벗어나기로 한다. 그 사이에 분명 길이 있을 것이다.

선정과 고행 사이, 환락과 고통 사이. 훗날 그것을 일러 중도中道라 부른다. 여기서 중은 가운데나 평균이 아니다. 양극단을 벗어나 제3의 길을 여는 것이다. 거문고 연주에 비유하면 환락과 선정은 줄을 너무 느슨하게 한 것이고 고행은 줄을 너무 팽팽하게 당긴 것이다. 너무 팽팽하지도 너무 느슨하지도 않은 경계. 중도를 말할 때 종종 인용되는 수사다. 이 개념은 앞으로 불교의 핵심어가 된다. 이것과 저것 사이, 유와 무 사이, 삶과 죽음 사이, 성과 속 사이 등등. 이 언어가 방사하는 빛은 온 우주, 온 생명을 다 뒤덮게 된다. 이제 그리로 가는 길이 시작되었다. 누구도 간 적이 없는 길이다. 벗들은 떠나갔고, 길을 안내해 줄 스승도 없다. 오직 홀로 가야 한다.

고타마 존자는 신중하게 장소를 모색한다. 여러 장소를 탐색한 끝에 네란자라 강가의 보리수를 선택했다. 잎이 무성하여 그늘이 넉넉하기 이를 데 없었다. 나무야말로 붓다의 좋은 벗이다. 룸비니 동산의 무우수를 시작으로 그가 가는 길엔 늘 나무가 있었다. 나무는 그 자체로 목木의 기운, 곧 생명의 기운을 표상한다. 다음은 방향. 시공의 모든 것은 존재와 분리되지 않는다. 시간과 공간, 질량과 에너지는 서로가 서로를 규정한다. 그러므로 시공이 허락하지 않는, 다시 말해 시공과 조응하지 않는 성취란 있을 수 없다.

고타마는 오른쪽으로 돌아 남쪽에서 북쪽을 향해 서서 바라보았다. "평평했던 땅이 위로 솟아오르거나 밑으로 꺼졌다. 마치 땅 위를 구르는 거대한 수레바퀴 위에 올라가 있는 것

같았다."(『자타카』; 카렌 암스트롱, 『스스로 깨어난 자 붓다』, 149쪽) 다시 동쪽에서 서쪽을 향해, 북쪽에서 남쪽을 향해 바라보았으나 역시 마찬가지. 마지막으로 서쪽에서 동쪽을 향해 바라보았다. 비로소 땅이 고요히 움직이지 않았다. 이곳은 "거룩한 에너지가 세상으로 쏟아져 들어오는 곳"이며, "완벽한 균형 속에서 세상과 우리 자신을 보게 해주는" 장소다. "이 방향이면 번뇌를 족히 쳐부술 수 있으리라."(카렌 암스트롱, 앞의 책, 149~150쪽)

음양오행론에 따르면 동쪽은 해뜨는 곳이자 바람과 공기의 운행처다. 그 기운이 생동하는 계절이 봄이다. 즉, 천지만물을 살리는 기운이다. 붓다의 깨달음이 니힐리즘이 아니라 생명의 길임을 말해 주는 장면이다. 방향을 정하고 나자 고타마는 보리수 아래 길상초吉祥草를 깔았다. 이름 자체가 '상서로운 풀'이라는 뜻이다. 역시 생명력이 넘친다. 마침내 보리수 아래, 동쪽을 향해 다리를 접고 똑바로 앉았다. 그리고 목숨을 건 사자후를 토해 낸다.

"내 지금으로부터 이 자리에서 무상의 큰 지혜를 얻지 않으면 이 몸이 다 마르고 부서지더라도 결단코 이 가부좌를 풀지 않으리!"

(『방광대장엄경』)

마왕과의 한판승부

인도사상에선 우리가 살아가는 이 세계를 욕계欲界라 부른다. 욕망이 지배하는 매트릭스라는 뜻이다. 욕계의 주인공은 마왕 파순, 흔히 마라라고 부른다. 고타마는 그를 외면한 채 정각을 이루는 것은 떳떳하지 않은 일이라고 생각했다. 그를 불러내 정면승부를 내기로 한다. 지금까지는 마왕이 고타마를 쫓아다녔다면, 이번엔 거꾸로 고타마가 마왕을 소환한다. 지금까지는 어떻게든 욕망을 피하려고 애썼다면 이제는 당당하게 맞서기로 한 것이다.

마왕 파순, 그는 욕계에 속하는 하늘 가운데 가장 높은 '타화자재천'他化自在天을 다스리는 대왕이다. 고타마는 그에게 강렬한 텔레파시를 보낸다. 그 순간 마왕은 악몽에 시달린다. "싯다르타 태자가 나의 영토를 벗어나려고 한다. 그러나, 나는 결코 그를 이 욕계에서 떠나보낼 수 없다."(박경훈,『부처님의 생애』상, 127쪽) 마왕의 마음이 다급해졌다.

마왕은 먼저 자신의 딸들을 보낸다. 가장 약한 고리를 공략하겠다는 심산이다. 마왕의 딸들은 서른두 가지의 교태(누군가를 유혹하는 테크닉이 이렇게나 많다니!^^)를 부리며 이렇게 노래한다. "때는 화창한 봄, 청춘은 두 번 다시 오지 않는다네~." 참, 익숙한 꽃노래다. 수천 년 전에도 이런 노래가 유행했다니, 우리가 윤회를 하는 게 분명한 듯하다. 물론 이 마왕의 딸들은 고타마 존자의 내면에서 일어난 욕망의 발로다. 법륜 스님에 따르면, "기도를 하다 보면 갑자기 몸에 열이 오르면서 성에 대한 욕망이 일어날 때가 있"다고 한다. 참 뜻밖이다. 포르노를 보거나 음란한 상상을 할 때가 아니라 기도와 명상 중에 그런 욕구가 일어난다니. 특별히 갈망하는 상대가 있는 게 아님에도 불쑥 솟구친다는 것이다. 심지어 수행이 깊어질수록 더 강력해지기도 한다. 내면 깊숙이 잠복해 있던 업장들이 요동치면서 최후의 몸부림을 치는 격이라고나 할까.

고타마는 선정과 고행 체험을 통해 성욕이 완전히 극복된 줄 알았다. 하지만 아직도 잔여물이 남아 있었던 것이다. 성욕이야말로 강력하고 끈질긴 최후의 보루임을 보여 주는 장면이다. 따라서 적당히 외면하거나 방치하는 한 결코 그 그물망에서 헤어날 수 없다. 딸들의 치명적 유혹에 고타마는 이렇게 대응한다.

"칼날에 발린 꿀은 혀를 상하게 하고, 오욕은 뱀의 머리와 같아 쾌락을 즐김은 불구덩이에 들어감과 같다. 나는 이제 모든 욕락을 버려 공중의 바람처럼 자유로우니 너희는 결코 욕락으로 나를 묶어 두지 못하리라. (……) 가죽 주머니에 똥을 가득 담은 물건들이 와서 무엇을 하려느냐. 떠나거라. 나는 기뻐하지 않노라."

(『방광대장엄경』; 법륜, 『인간 붓다』, 296~297쪽)

고타마는 이 욕망의 정체를 완전히 파악했다. 그것은 '칼날에 발린 꿀'이자 '뱀의 머리' 같은 것이다. 다시 말하지만, 쾌락과 고통은 하나의 사슬이다. 그 사슬을 해체해야 진정한 자유를 누릴 수 있다. 고타마는 아리따운 여인들의 몸을 해부학적으로 투시한다. 고타마에게 미녀들이란 '가죽 주머니에 똥을 가득 담은 물건들'일 뿐이다. 첫번째 작전은 실패.

마왕은 다음으로 괴물들을 보낸다. 쾌락과 유혹의 작전이 실패하자 두려움과 공포를 일으키는 쪽으로 선회한 것이다. 하지만 고타마는 동요하지 않았다. 두려움도, 적의도 느끼지 않았다. 언제든 깊은 선정에 들어갈 수 있고, 어떤 고통과 자극에도 흔들리지 않는 훈련을 수도 없이 하지 않았던가. 두려움을 일으키려면 상대가 불안에 떨어야 한다. 적대감을 일으키려면 상대가 원한감정에 사무쳐야 한다. 작용반작용의 법칙이다. 불안도 결핍도 느끼지 않는 상대를 두렵게 하고 떨게 하는 건 불가능하다. 괴물들은 전투의지를 상실했다.

마지막으로 마왕이 직접 공격에 나섰다. "화살이나 불덩이를 마구 쏘아 댔지만, 고타마 존자 가까이 가면 그 무기들은 아름다운 꽃이 되어 사방으로 흩어졌다. 마왕은 분기가 탱천

했다. 바람, 큰 비, 바위, 촛불, 뜨거운 재, 모래, 진흙비를 마구 쏟았으나 다 아름다운 꽃으로 바뀌었다. 마지막으로 어둠으로 덮어 버렸지만 역시 광명으로 변해 버렸다."(『방광대장엄경』; 법륜, 『인간 붓다』, 296~297쪽) 욕망이 어둠이라면 진리는 빛이다. 어둠은 빛을 덮을 수 없다. 빛은 투명하기 때문에 삼라만상을 다 통과할 수 있다. 질량도, 무게도 없다. 텅 비어 있는 존재를 어떻게 덮고 가둘 수 있으랴.

마왕과의 한판승부를 통해 알 수 있는바, 욕계를 움직이는 기본동력은 쾌락과 분노다. 쾌락은 갈애와 결핍을 야기하고, 분노는 적대와 대립을 촉발한다. 둘은 찰떡궁합이다. 쾌락은 누리면 누릴수록 갈증이 나는 법이라 그걸 채우려면 쉬지 않고 싸울 수밖에 없다. 결과는? 고통과 원한이다. 쾌락의 끝은 고통이고, 분노의 끝은 원한이다. 쾌락과 분노, 고통과 원한이 세세생생 반복되는 것이 바로 윤회다. 이것이 우리가 사는 욕계의 실상이다.

대지여, 증언하라!

마왕은 작전을 변경한다. 이번에는 회유책이다. "세간의 지배자가 되어 제왕이 되는 것이 좋지 아니한가? 아니면 천상에 올라 나의 지위를 계승하는 것이 어떤가?" 성을 나와 출가할 때 했던 제안과 비슷하다. 아니, 좀더 업그레이드되었다. 전륜성왕이 싫다면 천상에 올라 마왕의 지위를 받으란다. 욕계를 벗어나지만 않는다면 최고, 최상의 지위를 보장해 줄 테세다. 하지만 고타마 존자가 가고자 하는 바는 붓다가 되는 길이다. 욕망의 모든 굴레를 벗어나 대자유를 누리는 길. 그 길을 구하려면 일단 마왕의 공격을 완전히 제압해야 한다.

이번엔 고타마가 선제적으로 대응했다. "마왕이여, 너는 단 한 번의 보시를 한 덕으로 욕계의 지배자가 되었기 때문에 너로서는 부처가 되는 것이 불가능하다." 마왕이 어떻게 해서 욕계를 다스리는 통치자가 되었는지 그 의문이 풀렸다. 단 한 번 보시한 덕으로 이 욕망의 세계를 쥐락펴락할 수 있게 되었던 것. 하지만 그 정도로는 욕계를 벗어나 붓다가 되는 건 절대 불가능하다. 그러니 이 세계를 틀어쥐고 아무도 여기서 벗어나지 못하게 하려는 것이다.

그에 반해 고타마는 이 욕계를 벗어날 수 있는 무궁한 잠재력을 지니고 있다. 왜? "셀 수 없을 만큼 많은 생을 통하여 몸과 목숨을 다해 수없이 중생에게 보시"했기 때문이다. 아하, 『본생경』에 나오는 그 오래된 전생담이 이래서 필요한 건가 보다. 이어지는 마왕의 반격은 다소 해학적이다. "내가 보시한 공덕은 네가 증언해 주었다. (그렇다면) 네가 한 것은 누가 증명할 수 있는가?" 마왕도 보시했다는 말에는 내심 뿌듯했던가 보다. 그래서 이렇게 생색을 내는 것이다. 쯧쯧, 생색 내는 순간 보시의 공덕이 다 무화된다는 걸 모르고.^^

고타마의 응답. "너의 증인은 의식이 있는 증인이지만 나의 증인은 의식이 없다. 내가 일체도의 몸으로 태어나 칠백 번을 보시할 때만 해도 나의 증인은 의식을 갖지 않은, 지금 내가 앉아 있는 이 대지이다." 그러고는 오른손을 뻗어 땅을 짚으며 자신의 행위를 증언해 달라고 부탁한다(이 자세를 항마촉지인降魔觸地印이라고 한다).

만물이 의지하는 대지여,
살아 움직이는 것과 움직이지 않는
모든 것에게 공평한 이 대지가
나를 위해 진실한 증인이 되리라.
대지여, 나를 위하여 증언을 하라.

게송이 끝나자마자 대지가 여섯 방향에서 크게 진동하더니 대지의 여신들이 홀연 그 모습을 드러냈다. "가장 위대한 장부이시여, 내 당신을 증명하리라. 당신은 천만 억겁 동안 나라와 성이며 권속과 재산을 헤아릴 수 없이 보시했을 뿐만 아니라 머리와 눈과 골수며 팔다리조차도 남들에게 보시했는지라 그 피가 지금도 대지에 침윤되어 있습니다. 이 헤아릴 수 없는 공덕은 모두 오직 중생구제를 위한 무상정등정각을 구하기 위함이었습니다. 그러므로 마왕 파피야스(파순)여, 그대는 이제 이분을 결코 괴롭혀서는 안될 것이다." 그러자 마왕의 군사들은 두려움에 떨면서 뿔뿔이 흩어져 버렸다.(『과거현재인과경』; 법륜,『인간 붓다』, 315쪽) 마왕의 완벽한 패배!

맥락은 좀 다르지만 이 대목에서 『구약성경』의 한 장면이 오버랩되었다. 최초의 인간 아담과 하와는 에덴동산에서 쫓겨나 땅을 부쳐 먹고살아간다. 그들에게는 두 아들이 있었다. 형인 카인은 농부였고, 아우인 아벨은 양떼를 모는 목자였다. 야훼는 카인의 제물은 거부하고 아벨의 제물만 허용했다. 야훼께서 농업경제가 지닌 구조적 폭력을 기꺼워하지 않았기 때문이다. 질투심에 불탄 카인은 들판에서 아우를 돌로 쳐서 죽였다. 카인이 경작하던 땅은 야훼에게 소리 높여 복수를 요청하였다. 야훼가 카인에게 물었다.

"네 아우 아벨이 어디 있느냐?"
"제가 아우를 지키는 사람입니까?" (……)
"네가 어찌 이런 일을 저질렀느냐? (……)
네 아우의 피가 땅에서 나에게 울부짖고 있다. 땅이 입을 벌려 네 아우의 피를 네 손에서 받았다. 너는 저주를 받은 몸이니 이 땅에서 물러나야 한다.

네가 아무리 애써 땅을 갈아도 이 땅은 더 이상 소출을 내지 않을 것이다. 너는 세상을 떠돌아다니는 신세가 될 것이다."

(「창세기」 4장 9~12절)

그렇다. 대지는 모든 것을 알고 있다. 초기경전에선 고타마의 보시를, 구약에선 아벨의 피와 죽음을 증언한다. 대지는 텅 빈 무기질의 공간이 아니다. 모든 것을 포용하고 흡수하는 곳이자 무한한 정보의 플랫폼이다. 모든 것을 목격하고 기록한다. 인류가 끊임없이 대지와 교감해야 하는 이유다.

데바(신)는 '주는 자'다

마왕은 단 한 번의 보시를 했고, 고타마는 세세생생 보시를 했다. 보시란 무엇인가? 앞서 언급했듯이, 훗날 대승불교에서 보시는 육바라밀의 첫번째 계율에 해당한다. 전체 과정에서 보자면 가장 쉬운, 다소 평범한 계율처럼 보인다. 하지만 보리수 아래, 깨달음에 이르기 직전 마왕과 치른 한판승부를 보건대 보시야말로 깨달음으로 가는 토대요 출발임을 알 수 있다. 그리고 이것은 단지 불교뿐 아니라 모든 종교, 모든 영적 비전의 핵심이기도 하다. 다시 말해, 가장 보편적인 윤리라는 뜻이다.

인류 최초의 종교라고 하는 바라문교의 경전인 『리그 베다』에선 신을 '데바'Deva라고 한다. '주는 자'라는 뜻이다. "신이 데바인 것은 그가 전체 세계를 주기 때문이다. 동료에게 지식을 나누어 주는 사람도 데바이다. 해와 달과 하늘은 데바들이다. 모든 만물에게 빛을 주기 때문이다. 부모와 정신적인 스승들도 또한 데바이다. 심지어 손님도 데바이다." 이렇게 '주는 자'는 빛이 난다. 그래서 '불 밝히는 자, 빛나는 자, 천계에 있는 자, 고귀한 자'라는 의미까지 덧붙여졌다.(S. 라다크리슈난, 『인도철학사』 1, 108쪽) '주는 자'에 대한 의미의 확산과 변이가 놀랍기만 하다. 세계를 주고 지식을 주고 빛을 주고… 신이 된다는 건 이처럼 끊임없이 무언가를 준다는 뜻이다.

그에 반해 욕계의 핵심은 소유와 쾌락이다. '주는' 자가 아니라 '빼앗는' 자들의 세계다. 소유와 쾌락은 다다익선의 법칙을 따른다. 결코 멈추는 법이 없다. 그래서 갈애다. 누릴수록 비루해진다. 빛이 나기는커녕 태생적 빛조차 먹어 치운다. 그러므로 붓다가 되려면 가장 먼저 쾌락과 소유에 대한 질주를 멈추어야 한다. 보시가 그 출발이다. 물론 고타마의 보시는 재물을 나누는 데 한정되지 않았다. 자신의 신체는 물론이고 생명까지 아낌없이 주었다. 그게 어떻게 가능한가? 두

가지 염원 때문이다. 하나는 궁극의 깨달음에 대한 염원. 다른 하나는 모든 중생을 구제하고자 하는 염원. 이 둘은 앞으로 지혜와 자비라는 언어로 변주될 것이다.

마왕도 통 크게 선심을 쓸 수는 있다. 하지만 중요한 건 보시의 횟수나 스케일이 아니다. 마왕의 보시는 깨달음에 대한 염원의 발로가 아니다. 욕계를 장악하고 중생을 지배하기 위함이다. 하여, 고타마의 보시는 마침내 해와 달처럼 세상을 밝히는 빛이 된 반면, 마왕의 보시는 욕망의 어둠으로 온 세상을 뒤덮어 버렸다. 그렇다, 핵심은 보시다. 하지만 진짜 핵심은 보시가 아니라, 보시가 향하는 방향이다. 욕계 안에서 욕망을 증폭하기 위함인가 아니면 욕계로부터 탈주하여 자유를 누리기 위함인가.

고타마의 보시는 마왕의 보시처럼 일회적이고 우연적인 행위가 아니었다. 대지에 스며들어 대지의 리듬과 함께하는, 만물을 살리고 유동하게 하는 흐름이다. 그 정보는 결코 사라지지 않는다. 천지와 더불어 쉼 없이 흐르고 흐를 것이다.

갯복숭아나무 그늘의 추억

이제 번뇌의 찌꺼기는 다 제거되었다. 마왕에게서 항복을 받자 고타마는 깊은 명상에 들어간다. 이미 선정을 다 마스터했는데 이건 어떻게 다른 거지? 출가 초에 했던 선정수련은 무념무상을 통해 진정한 자아, 아트만에 도달하기 위함이라면, 지금은 뚜렷한 주제가 설정되었다. 사람들이 그토록 도달하고 싶어 하는 '자아'란 대체 무엇인가? 그리고 무엇보다 '고'의 본질은? 그것은 어떻게 생겨나서 어떻게 소멸되는가? 이는 출가의 이유이기도 했다. 생명계는 먹이사슬이다, 생로병사는 윤회의 사슬이다, 몸이 있는 한 404가지 병에서 벗어날 수 없다. 이렇게 고통이 이어지고 또 이어지는데도 인간은 왜 끊임없이 태어나고 또 태어나는가? 달리 말하면, 모든 인간은 행복을 원한다. 그런데 왜 결과는 늘 불행인가? 왜 결과는 늘 슬픔인가?

이제 그동안 터득한 마음과 몸에 대한 정보를 바탕으로 고의 근원을 파헤쳐 볼 차례다. 사실 이렇게 생각을 전환하게 된 것은 고행의 절정에서 다가온 한줄기 빛 때문이었다. 이 빛으로 인해 고타마는 고행을 멈출 수 있었다. 그 빛이란 다름 아닌 갯복숭아나무 아래의 추억이었다. 무려 20년 전의 사건이 저 내면 깊은 곳으로부터 빛을 분사했던 것이다. 열두 살 때 친경제 행사에서 농민 – 소 – 벌레 – 새로 이어지는 고통의 사슬을 보고 갯복숭아나무 아래서 깊은 명상에 들었는데, 그때 마음이 모든 장애에서 벗어나 무한한 지복감을 느꼈음이 문득 환기된 것이다. 고통에 대한 명상을 했는데, 어떻게 지복을 느끼게 된 거지? 깊은 공감을 통해 주체와 대상 사이의 거리가 사라졌기 때문이다.

> (……) 홀연히 마음의 장애가 사라지고, 감각적 쾌락에 대한 욕망이 사라지고, 악하고 불건전한 상태를 떠나 희열과 행복이 충만했다.
>
> (이학종, 『붓다 연대기』, 223쪽)

그리고 이 기쁨은 타인의 불행에 기댄 쾌락도 아니고, 집착과 탐욕에 물든 만족감도 아니었다. 환락과 고행의 이분법을 넘어서는 그야말로 순수한 기쁨이었다. 흔히 생각하기론 세계의 고통을 음미하면 깊은 고뇌에 빠져 슬픔과 비탄에 휩싸일 것 같은데 ─ 이게 그리스 비극의 카타르시스 원리다 ─ 정반대의 현상이 일어난 것이다. 어떻게 이런 역설이? 그 순간 자아가 완벽히 해체되었기 때문이다. 그렇다면 모든 이원적 사유에 자아가 존재한다는 의미인가? 그것이 쾌락을 갈망하고 괴로움을 야기하고 윤회를 주도한다는 뜻인가?

그래, 다시 그때의 명상법을 시도해 보자. 핵심은 분석과 통찰. 보리수 아래서의 명상은 흔히 위파사나 명상이라고 불린다. 먼저, 호흡을 있는 그대로 관찰한다. 선정수련 때 도달했던 '공무변처'나 '비상비비상처'의 경지와는 조금 다르다. '범아일여' 같은 인위적 목표를 설정하는 것이 아니라, 몸에서 일어나는 모든 현상을 '있는 그대로' 관찰하면서 존재와 세계에 대한 깊은 통찰을 시도한다. 여기서 '있는 그대로'란 어떤 전제에도 걸림이 없는 상태를 의미한다. 관찰과 통찰, 이 두 과정을 통해 그의 내면에선 모든 고통의 원천인 이항 대립이 하나씩 깨져 나가기 시작했다. 그러자 차츰 즐거움도 괴로움도, 근심도 기쁨도 아닌 평정에 이르게 되었다. 핵심은 자타가 둘이 아니라는 자각이다.

그 자각이 더 심화되면 생과 사, 시간과 공간, 주관과 객관, 개별과 전체가 분리되지 않는 인드라망의 세계가 목전에 펼쳐진다. 그렇게 해서 "고타마는 한밤중에 뭇 생명과 온 우주의 역사를 관찰할 수 있는 눈"이 생기게 되었다.

싯다르타, 다 이루었다!

초저녁이 되자 먼저 숙명통宿命通을 터득했다. 숙명통이란 자신의 무수한 과거생을 아는 힘이다. 이전의 생만이 아니라 수천억 겁에 이르는 생의 흐름을 아는 것이다. "나는 이와 같이 알고 이와 같이 보며 전생의 여러 가지 삶의 형태를 기억한다. 한 번 태어나고, 두 번 태어나고, 세 번 태어나고, (······) 십만 번 태어나고."(월폴라 라훌라, 『붓다의 가르침과 팔정도』, 153쪽) 진화론과 비슷하다. 인류의 조상, 유인원, 포유류, 파충류··· 바다 속의 플랑크톤에 이르기까지. 그러니까 전생체험은 우리의 생이 무수한 단계를 거쳐서 여기에 이르렀다는 생물학적 연기법의 소산이다. 다시 말해 나의 윤회를 통해 생멸의 이치를 알게 되었다는 뜻이다.

자정 무렵이 되자 천안통天眼通을 얻었다. "나는 천안으로 세계의 길을 헤아렸으며, 사람들의 품성과 그들의 과거, 현재, 미래를 보았다."(S. 라다크리슈난, 『인도철학사』2, 234쪽) 천안통은 '자신의 행위와 업보에 미루어 타자의 행위와 업보에 대해 파악하는 능력이 정제되고 확장된 것'(월폴라 라훌라, 앞의 책, 155쪽)이다. 간단히 말해 나를 미루어 나 아닌 다른 존재들을 완전히 이해하게 되었다. 핵심 키워드는 다름 아닌 카르마.

천안통으로 중생들을 관찰해 보니 살아가는 모습은 천차만별이지만 모두 자신이 지은 업력에 의해 생겨났다가 소멸되는 것임을 알게 되었다. 업의 핵심은 말과 행동과 생각, 세 가지다. 여기에는 어떤 상징도 계시도 신비도 없다. 존재와 세계의 보편적 인과론일 뿐이다. 사주명리학의 이치도 비슷하다. 사람들의 팔자는 각양각색이지만 결국 그 팔자를 구성하는 원천은 자신의 욕망(마음)과 습관(행동과 말)이다. 따라서 운명을 바꾸려면 욕망의 방향과 습관의 배치를 바꾸면 된다. 말과 행동과 생각, 이 삼업을 바꾸면 업장이 해소되는 것과 같은 이치다.

새벽이 되었다. 숙명통과 천안통에 이어, 지금까지 그 누구도 도달하지 못한 경지가 열렸다. 다름 아닌 누진통漏盡通. 번뇌를 다스리는 신통력이 그것이다. 숙명통과 천안통을 통해 뭇 존재들이 어떻게 나고 살고 죽는지를 간파하게 되었다. 이제 그 인과의 사슬을 좀더 클로즈업해 보자. 그럼 저 윤회의 과정에 작동하는 욕망의 사슬은 무엇일까? 무엇이 계속 생로병사를 지속하도록 하는가? 말하자면, 숙명통과 천안통이 개체 단위에서 일어나는 연기법이라면, 그다음 작업은 이 모든 윤회의 과정을 주도하는 욕망의 흐름 자체를 세밀하게 나누어서 분석해 보는 것이다. 노·병·사가 괴로운 건 생이 있어서다. 그럼 생을 일으키는 요소들은 무엇인가? 애愛, 취取, 촉觸, 명색名色, 식識, 행行 등등을 거쳐 무명無明에 이르렀다. 그렇다! 무명이 곧 이 모든 괴로움을 야기하는 원천이다. 무명이란 무엇인가? 세계의 상호의존성을 알지 못하는 것이다. 그때 생명의 바다에서 불쑥 솟아나는 것이 바로 자아다. 오직 홀로, 영원히 존재하고자 하는 갈망, 그것이 자아를 구성한다. 자아의 출현과 동시에 세계는 순식간에 이원적으로 나누어진다. 갈등과 번뇌가 시작되는 것이다. 바로 여기다! 이 고리를 해체하면 된다. 그러면 고에서 해방될 수 있다. 그 래서 누진통이다.

천안통에서 숙명통까지는(신족통神足通, 천이통天耳通, 타심통 他心通 등을 포함하기도 한다) 뛰어난 요기나 수련자들도 터득 할 수 있다. 하지만 누진통은 다르다. 번뇌를 깨뜨리는 것은 오직 붓다만이 가능하다. 그래서 지혜라고 한다. 우주법계의 원리가 무상이라면 그 프로세스에 주체 따위는 없다. "다만 운동이 있을 뿐, 생성 이외에 행위자도 행위도 없다."(S. 라다 크리슈난, 『인도철학사』 2, 167쪽) 그것이 곧 무아다. 제행무상에 서 제법무아로, 그다음에 도달하는 지복의 경지가 바로 열반 적정. 이로써 탄생 직후 토해 낸 사자후(천상천하 유아독존/일 체개고 아당안지)와 열두 살 갯복숭아나무 아래서의 선정, 그 리고 출가 이후 한 번도 놓치지 않았던 질문에 대한 답을 얻 었다. 그것은 인류지성사에 처음 등장한 길이었다.

"아직 일어나지 않았던 도가 일어났고, 아직 생겨나지 않았 던 도가 생겼고, 아직 알려지지 않았던 도가 알려졌다."

이전의 모든 종교는 자연의 경이와 생명의 파노라마에 특 정한 이름을 부여했다. 그리스 로마 신화의 수많은 신들, 그리고 『베다』와 『우파니샤드』 경전에 나오는 만신들, 기타 신화의 주인공들을 떠올리면 된다. 그렇게 함으로써 모든 현상은 인격화, 실체화되었다. 그와 동시에 자아라는 영원한 주체에 대한 환상도 생겨났다. 일단 그 환상에 사로잡히면, 그다음엔 모든 것이 이항대립으로 나누어진다. 신과 인간, 주체와 객체, 생과 사, 선과 악, 여성과 남성, 인간과 자연 등등. 이원론 혹은 이분법이 고착화되는 것이다. 그럴수록 무명은 깊어지고, 자아는 견고해진다.

자아는 바로 이 집착들의 덩어리다. 그것이 전신의 세포와 신경계에 고루 분포되면 그것이 곧 카르마요, 괴로움의 원천이다. 자의식이 작동하면 신경이 곤두서면서 살이 떨리고 피가 거꾸로 솟는 것도 그 때문이다. 물리적인 타격이 없는데도 세포와 신경들이 아우성을 쳐 대는 것이다. 여타의 사상과 종교에선 이 괴로움을 벗어나려면 신의 구원 아니면 초월적 존재와의 합일이 필요하다고 생각했다. 유일신, 범아일여, 천국, 이데아 등의 관념이 그렇게 해서 탄생한 것이다. 개별적 자아의 한계를 더 높고 크고 거룩한 자아에 귀속됨으로써 타파하고자 한 것이다.

붓다는 반대의 경로를 취한다. 괴로움의 원인을 탐구해 들어가면서 거꾸로 그 이름과 표상을 하나씩 제거하기 시작했고, 마침내 그것이 완벽한 허상임을 알게 된 것이다. 애초부터 자아는 없다! 다른 사상과 종교가 개념들을 플러스하는 방식으로 진행되었다면, 붓다는 마이너스의 방식을 취한 것이다. 덜어 내고 덜어 내어 마침내 제로에 이르렀다. 오해하지 말 것이, 0은 없다[無] 혹은 아니다[否]가 아니다. 무엇이든 될 수 있지만, 그 무엇으로도 규정될 수 없다는 뜻이다. 실체도, 이름도 없이 오직 생성과 소멸만이 있다. 이 생성과 소멸의 무한한 프로세스가 바로 12연기법이다. 사성제, 반야般若, 공, 무아, 유식唯識 등 붓다의 가르침은 다 연기법의 변주라 할 수 있다.

붓다를 찬미할 때 쓰는 관용구 중에 '무상정등정각'無上正等正覺이라는 말이 있다. 산스크리트어로는 '아뇩다라삼먁삼보리'라고 한다. 위없는 깨달음이라는 뜻이다. 위가 없다는 건 궁극의 경지라는 뜻이다. 그렇다. '싯다르타'라는 이름이 의미하는 바와 같이 이제 다 이루었다! "눈이 생겨났다. 앎이 생겨났다. 지혜가 생겨났다. 명지가 생겨났다. 빛이 생겨났다."(월폴라 라훌라, 『붓다의 가르침과 팔정도』, 35쪽) '보다'와 '알다', 그리고 '빛나다'의 삼위일체. 이것이 깨달음의 구체적인 내용이다. 그리고 울려 퍼진 사자후.

"이제 어둠의 세계는 타파되었다.

내 이제 다시는 고통의 수레에 말려들어 가지 않으리.

이것을 고뇌의 최후라 선언하며

이제 여래의 세계를 선포하노라."

(『방광대장엄경』; 법륜, 『인간 붓다』, 333쪽)

우다나(Udana)! 진리에 대한 영탄

진리가 진리임을 증명하는 것은 쉽지 않다. 하지만 아주 결정적인 사항이 하나 있다. 그것은 다름 아닌 환희다. 황홀경이 아닌 환희. 전자가 망아忘我의 몽롱한 상태라면, 후자는 투명한 자각의 상태다. 모든 환희가 신리임을 증명해 주지는 않겠지만 환희가 없다면 그것은 일단 진리가 아니다. 그 경지가 무엇이건 진리란 인간의 실존적 구속을 벗어나는 길을 발견했다는 뜻이다. 우주의 이치를 통찰한다는 것, 모든 것을 환하게 꿰뚫어 안다는 것, 그것은 신체의 모든 속박을 풀어 버린다. 그야말로 대자유다. 이보다 더한 복음이 어디 있으랴.

붓다는 그 기쁨을 충분히 만끽했다. 먼저, 고타마가 붓다가 되는 순간, 천지가 진동한다. 『본생경』에선 이 순간을 이렇게 표현하고 있다. 먼저 마군을 물리치고 숙명통을 얻고 천안통을 얻고 누진통의 핵심인 연기법을 깨달았다. 그다음엔? 붓다는 연기법을 순서대로, 또 역순으로 복습하고 또 복습한다. 그때 온 우주가 열렬히 응답한다.

> 1만 큰 세계는 바다 끝까지 12번 진동하였다. (……) 해가 뜰 무렵 일체지를 통달하셨을 때, 1만 큰 세계는 완전히 장엄할 준비를 마쳤다. 동쪽의 큰 세계 끝에서 들어 올린 깃대나 법당의 빛줄기는 서쪽 큰 세계 끝까지 이어졌다. 마찬가지로 서쪽 큰 세계의 끝에서 들어 올린 것은 동쪽 큰 세계의 끝으로, 북쪽 큰 세계의 끝에서 들어 올린 것은 남쪽 큰 세계의 끝까지, 남쪽 큰 세계의 끝에서 들어 올린 것은 북쪽 큰 세계의 끝까지 이어졌다. 또한 땅의 표면에서 들어 올린 깃대나 법당의 빛은 범천계를 뚫고 올라가 그 위에까지 도달했으며 범천세계에 있는 것은 땅 표면에까지 도달했던 것이다.
>
> (『본생경』 1, 191쪽)

이것이 바로 대칭성의 원리다. 존재와 세계는 서로 맞물려 있다. 서로가 서로를 규정한다. 천지의 운동, 기의 파동과 조응해야만 가능하다. 보리수 아래 앉을 때 동쪽을 선택했던 것도 그런 맥락이다. 그러니 고타마가 붓다를 성취하게 되자 온 천지가 그에 응답하지 않겠는가. 1만 세계의 진동에 붓다가 다시 응답한다.

나는 덧없이 무수한 생의 윤회를 거쳐 왔다.

윤회의 집을 지을 목수를 찾아다니며,

생을 반복한다는 일은 모두가 괴로움이다.

윤회의 집을 짓는 목수여!

그대는 이제 깨우쳤으리라.

더 이상 집을 지어서는 안 된다.

그대의 집의 골조는 모두 부러졌고

대들보는 전부 부서졌다.

마음은 생성을 떠났으니

나는 갈애의 멸진에 도달한 것이다.

(앞의 책, 193쪽)

존재의 집은 무너졌다. 더 이상 집을 짓지 않으리라. 비로소 갈애는 완전히 소멸되었다. 기쁨과 환희는 이 한 번으로 끝나지 않았다. 깨달음이 이어질수록 그의 감탄 어린 게송은 이어졌고 그것이 하나의 경전으로 모아진 것이 『우다나』다. '우다나'라는 낱말 자체가 '기쁨 어린 게송'이란 뜻이다.

붓다의 환희는 무려 49일 동안 지속되었다. 보리수에서 7일 동안, 그다음엔 또 다른 나무들로 옮겨 다니면서, 연기법을 순행으로 역행으로 음미하고 또 음미했다. '7주 동안 세존은 세면도 하지 않으셨고 옷차림에도 전혀 주의를 기울이지 않으셨으며, 음식도 들지 않았다. 오직 선정의 즐거움과 깨달음의 결과에 대한 즐거움만으로 지내셨다.' 다시 말하지만, 나무는 진정 위대하다. 수행자들의 그늘이자 쉼터가 되어주고, 명상의 터전이 되어 주고, 깨달음의 증인이 되어 준다. 붓다는 특히 보리수가 너무 고마웠다. 어떻게 이 마음을 전할까? 일주일간 눈 한 번 깜박임 없이 응시하는 것으로 그 감사를 표현했다. 오직 바라보는 것만으로 사랑과 감사를 전할 수 있다니.^^

49일째가 되자 붓다는 드디어 세수를 해야겠다고 생각했다. 그러자 신들이 나섰다. 제석천이 약을 드리자 "그 약을 드시고 배변을 하셨다. 칫솔을 쓰고, 아노탓타 연못물로 세수하신 후 그대로 라쟈 야타나나무 아래에 앉으셨다".(『본생경』 1, 204쪽) 참 흥미로운 장면이다. 신 중의 신이 등장하는데, 상황은 너무나 일상적이다. 그렇구나! 붓다가 되어도 삶은 계속된다. 다시 활동을 하려면 약을 먹고 배변을 하고 이를 닦고, 세수를 해야 한다. 붓다의 리얼리즘이 선사하는 깨알 같은 유머다.^^

그럼 옷은? 다른 경전에 나오는 스토리다. 붓다가 깨달음을 얻기 전 그 숲에 죽어 가는 한 부인이 있었으니 이름이 라사야였다. 기운이 다 끊어지지 않았음에도 가족들이 그녀를 보리수 맞은편에 버리고 갔다. 그 부인은 멀리서 고타마가 보리수 아래서 정진하는 것을 보고는 크게 공경하는 마음이 일었다. 그래서 몸에 걸쳤던 옷을 벗어 한쪽에 놓고 간절히 소원했다. '당신이 저 깨달음의 언덕에 도달했을 때 만약 옷이 없다면 나의 이 분소의를 꼭 써 주소서!'

그 선한 마음으로 그녀는 죽어서 하늘의 옥녀가 되었다. 고타마 존자가 붓다를 이루는 그 순간, 그녀는 광명을 놓으며 다시 등장하여 꼭 자신의 분소의를 받아 달라고 간청했다. 붓다는 기꺼이 그 분소의를 받으신 후 시냇가로 가 분소의를 빨아서 말리고 입으셨다.(『불본행집경』; 법륜, 『인간 붓다』 357쪽)

이 여인이야말로 진정한 '데바'가 아닌가! 완전히 버려진 상태에서도 누군가에게 베풀 것이 있다는 것, 마지막 호흡을 토해 내는 순간에도 깨달음의 길에 동참할 수 있다는 것, 그런 마음과 의지는 죽은 다음에도, 천상에 태어난 이후에도 계속 이어진다는 것. 이런 이치를 깨달을 수만 있다면! 그렇다

면 우리는 두려워할 필요가 없으리라. 가난도 질병도, 그리고
죽음까지도. 그리고 그럴 때 우리 삶은 매 순간 기적이 된다.

진흙 속에서도
연꽃은 피어난다

붓다의 고뇌

붓다는 신의 계시나 은총을 받은 게 아니다. 오직 스스로의 힘으로, 오직 내면의 힘으로 관찰과 탐구, 분석과 통찰을 통해 일체지에 도달했다. '일체지'란 존재와 세계의 모든 원리를 다 깨쳤다는 뜻이다. 그 기쁨의 파동이 무려 49일 동안이나 흘러넘친 것이다. 자, 이제 열락의 시간은 끝났다. 다음 스텝을 밟아야 할 때다.

네란자라 강가의 한 나무 아래서 해탈의 기쁨을 만끽하던 중 문득 한 생각이 붓다의 뇌리를 스친다.

존경할 것이 없고, 공경할 것이 없는 생활이란 괴롭다. 나는 어떠한 사문 혹은 브라만을 공경하고 존중하며 가까이에 머물 것인가.

(마스타니 후미오, 『붓다 그 생애와 사상』, 69쪽)

참으로 뜻밖이다. 탄생 직후 '천상천하 유아독존'을 외치고 무려 35년 만에 그 경지에 도달했는데, 존경하고 공경할 이가 없는 삶에 대한 적막을 느끼다니. 여기에는 인도적 사유가 짙게 배어 있다. 인도 경전을 보면, 인생과 우주에 대한 깊은 질문을 품고 스승을 찾아 그 거처에서 10년, 20년을 머무르면서 배움에 정진하는 모습이 자연스럽게 묘사되어 있다. 인도는 그런 식의 삶의 방식을 수천 년 동안 계승해 왔다. 어느 고명한 학자의 말처럼 사제지간이야말로 인간이 창안한 최고의 관계다. 혈연(가족)과 정념(연인)을 넘어 진리를 향해 나아갈 수 있는 유일한 길이기 때문이다. 『티베트 사자의 서』에는 이런 대사가 등장한다. "스승이 없다니 귀신이 아닐까?" 그럴 정도로 인간에게 있어 스승은 절대적인 존재다. 드높은 비전과 일상의 실천이 연결되려면 반드시 믿고 따르는 스승이 있어야 한다.

물론 그것이 스승에 대한 맹신을 뜻하는 것은 아니다. 오히려 반대다. 달라이 라마는 구루를 감별하기 위해 제자는 최소 10년간은 '스파이'가 되어야 한다고 했다. 스승의 말이 진실한 가르침인지 끊임없이 묻고 따져야 한다는 것. 그렇다.

스승이 제자를 찾아나서는 것이 아니라 제자가 스승을 스승으로 만드는 것이다. 그리고 스승이 그물이 될 때는 가차없이 떠나야 한다. 더 높은 스승을 찾아서. 고타마 존자의 수행이 바로 그런 여정이었다. 그런데 문득 궁극의 깨달음을 이루고 나니 더 이상 존경하고 따를 존재가 없다는 사실에 직면한 것이다. 막막하고 허전했으리라.

그럼 이 고민에 대한 붓다의 답은 무엇일까? ─"내가 깨달은 법, 이 법이야말로 존경하고 공경하고 가까이에서 의지할 곳이다." 아주 참신하고 전복적인 사유다. 세상의 모든 종교는 교주 아니면 선지자를 중심으로 '헤쳐 모여' 한다. 붓다 역시 무상정등정각, 곧 궁극의 깨달음에 이르렀다. '나를 믿고 따르라'고 할 법한데 그는 자신이 깨달은 다르마, 곧 진리를 스승으로 삼는다. 진리는 누구도 독점하거나 소유할 수 없다. 다만 발견하고 터득해 나갈 수 있을 뿐. 그렇다. 이제 이 법을 스승으로 삼아 나아가리라.

이런 결론은 자연스럽게 다음 질문으로 이어진다. 과연 내가 깨달은 이 법을 중생에게 전달할 수 있을까? 진리를 터득했으면 마땅히 그 진리를 전파해야 한다. 법을 스승 삼기로 했다면 당연히 중생을 그 스승에게로 안내해야 한다. 이 대목에서 붓다의 고뇌가 깊어진다.

거룩한 도는 오르기가 매우 어렵고

지혜는 얻기가 어렵네.

생사의 고해에 흘러 다니며

즐거움에 집착하고, 어리석어 소경이 된

근원에 돌아갈 줄 모르는 이들을

어떻게 제도할 수 있으리.

(박경훈, 『부처님의 생애』상, 145쪽)

중생은 즐거움과 어리석음의 늪, 진흙구덩이에 빠져 있다. "복이 엷고 근기가 둔하며, 지혜가 없어 나의 법을 전하기 어렵다. 이제 내가 법륜을 굴리면, 그들은 반드시 정신이 혼미하여 믿어 받들지 않고 오히려 비방을 할 것이며, 바른 법을 비방한 죄업으로 인하여 장차 나쁜 세계에 떨어져 온갖 고통을 받을 것이다." 진흙뻘에 빠진 이들은 계속 허우적대면서 다른 이들을 끌어당긴다. 그래서 더 깊은 수렁으로 빠져들게 마련이다.

붓다의 법을 받아들이기는커녕 비방을 할 수도 있다. 거절하는 데서 그치지 않고 도리어 화를 내고 공격할지도 모른다. 그런 악업을 저지르다 더 큰 고통을 받게 되면 어떡하지? 중생을 괴로움에서 벗어나게 하려는 행위가 도리어 더 큰 고통에 빠뜨리게 된다면? 붓다의 깊은 연민이 느껴지는 대목이다. 붓다의 고뇌는 깊어진다. "차라리 잠자코 열반에 드는 것이 좋으리라."

"나의 법은 욕망 세계의 거센 물결을 역류해 거스르는 것. 오욕의 파도에 휩쓸린 중생은 나의 법을 이해하지 못하리. 그러므로 나는 침묵하노라."

(『방광대장엄경』; 법륜, 『인간 붓다』, 342쪽)

진리란 욕망의 파도, 그 흐름을 거슬러 흐르는 것. 중생이 과연 이 길을 받아들이려 할까? 차라리 침묵하는 게 낫겠다. 이 틈을 놓칠세라 즉각 욕계의 지배자 마왕이 등장한다. "불사안온에 이르는 길을 그대가 진정 깨달았다면, 그 길은 그대 홀로 감이 좋도다. 어이 남에게까지 설하려는가. 그들은 암흑에 덮여 보지 못하고 오히려 그대를 비난할 것이오. 그대 혼자 법열을 즐기다 열반에 드는 것이 현명할 것이오."(『상응부경전』; 법륜, 앞의 책, 347쪽) 마왕의 셈법은 명료하다. 붓다는 이미 욕계를 벗어났다. 어떤 유혹, 어떤 협박으로도 그를 제어하기란 불가능하다. 이제 방법은 단 하나. 붓다로 하여금 이 세계를 떠나게 하면 된다. '혼자 즐기다 조용히 떠나라!' 마침 붓다 역시 침묵을 선택하려 하지 않는가.

그것은 마왕에게는 최고의 타이밍이지만, 다른 중생들에

겐 절체절명의 위기다. 이번에도 천인들이 나섰다. 그리고 간곡히 호소한다. 지혜의 광명으로 세간의 어둠을 물리쳐 달라고. 자비심을 내어 법의 바퀴를 굴려 달라고. 신 중의 신인 범천왕까지 나섰다. 범천왕은 힌두교의 창조주 브라흐마를 지칭한다. 그의 호소는 더한층 절절하다. 도를 이룬 것이 오직 중생에 대한 자비심이 아니었던가. 중생은 오랫동안 생사와 무명의 어둠에 덮여 있고 앞으로도 빠져나올 기미가 없다. 세속의 삶은 분명 늪이다. 하지만 진흙에서도 연꽃은 피어나지 않던가. 중생들 가운데는 그래도 선한 벗을 사귀고 덕의 근본을 아는 이들이 있으니 그들을 가엾이 여기셔야 한다. 그들의 일상은 욕망의 진흙탕을 헤매고 있지만 선과 덕을 향한 지향은 분명 연꽃처럼 청정하게 피어날 수 있을 것이다… 등등. 중생에 대한 자비심 때문에 흔들리고 있는 붓다를 다시 그 자비심으로 호소한 것이다. 마침내 붓다는 마음의 방향을 바꾼다.

> "내 이제 그대들의 원을 받아
>
> 마땅히 법비를 내려 감로의 문을 열리라.
>
> 청정한 믿음으로 귀를 기울이라.
>
> 기꺼이 법을 설하리라."
>
> (『방광대장엄경』; 법륜, 앞의 책, 348쪽)

어찌 보면 이런 결단은 지극히 마땅하다. 열두 살 때 품었던, 고통의 사슬에 대한 깊은 연민이 출가로 이어졌고, 그 마음으로 성도를 이루었기 때문에 붓다의 깨달음은 싯다르타 왕자의 개별적 구원에 머무르지 않는다. 개체적 차원을 벗어나 보편적 존재성을 획득했기에 가능한 것이었다. 그러니 다음 스텝이 중생구제인 건 너무도 당연하다. 하지만 붓다는 인간적 고민과 갈등을 하나도 건너뛰지 않는다. 깨달음에 도달한 뒤에 드높은 환희심에 젖는 것도 그렇고, 그와 동시에 아, 과연 이걸 어떻게 전달해야 하나? 하는 고민에 빠지는 것 역시 그렇다. 인간적인 너무나 인간적인! 그래서 최고의 스승이다.

우루벨라에서 바라나시로

그럼 누구에게 먼저 법을 전할 것인가? 흔히 생각하기론 카필라바스투로 가서 아버지와 샤카 족에게 이 복된 뉴스를 전하거나 아니면 이미 사전예약을 해둔 마가다국의 빔비사라 왕을 찾아갈 것 같지만 그렇지 않다. 붓다의 발걸음엔 그런 식의 '거친' 도약이 없다.

붓다는 가장 먼저 출가 이후 스승이었던 알라라 칼라마

와 웃다카 라마풋타를 떠올렸다. 비록 그들의 가르침에 만족하지 못하고 떠나긴 했지만 붓다에겐 역시 스승이라는 존재가 가장 중요했던 것. 하지만 유감스럽게도 그들은 이 세상에 없었다. 천안통을 발휘하여 살펴본 결과 알라라는 일주일 전에, 웃다카는 하루 전에 세상을 떠났다. 그다음에 떠오른 대상은 다섯 명의 도반들. 출가 이후 주욱 자신의 곁을 지키다가 고타마가 고행을 멈추는 순간 배신감에 치를 떨며 우루벨라 숲을 떠나 버린 이들이다. 스승은 이 세상에 없고 도반들은 바라나시의 사슴 동산에 있었다. 당연히 그들에게 먼저 가리라. 이로써 보건대, 붓다의 삶에 있어 가장 소중한 존재는 역시 스승과 도반이다. 진리는 마땅히 그들을 통해 세상으로 흘러가야 한다. 바라나시는 당시 인도에서 가장 발달한 대도시였다. 우루벨라에서 바라나시로! 붓다의 첫 여정이다.

법을 전하는 것을 법륜을 굴린다고 말한다. 아주 오래전 러시아 대평원에서 인도에 도래한 아리안족이 말과 수레를 타고 온 데서 유래한 수사학이다. 문명의 역사에서 바퀴의 등장이야말로 얼마나 충격적이었던가. 바퀴와 말이 만나는 순간, 인간의 이동속도는 엄청난 수준으로 도약한다. 속도가 곧 에너지고 권능이다. 그 경이로움을 다르마의 개념에도 적용한 것이다. 전륜성왕이 정복과 약탈의 바퀴를 굴린다면, 붓다는 지혜와 자비의 바퀴를 굴린다.

법륜을 굴리기로 결심한 붓다는 며칠 동안 탁발하며 지내다 보름달이 뜨는 날 바라나시를 향해 떠난다. 우루벨라 숲에서 바라나시까지는 무려 18요자나. 지금의 거리 단위론 270여 킬로미터. 이 머나먼 거리를 오직 두 발로 걸어간다. 무려 7일에 걸친 행군이었다. 여러 마을을 거쳐 이른 아침에 갠지스 강 기슭에 도착했다. 출가할 땐 성문을 열고 말을 달려 아노마 강가에 도착했고, 강을 건너면서 마침내 출가사문이 되었다. 차안에서 피안으로! 이제 붓다가 되어 다시 강을 건넌다. 도를 구하기 위해 건넜던 강을 다시 도를 세상에 전하기 위해 건넌다. 피안에서 다시 차안으로!

무척이나 큰 강이어서 당연히 배를 타야 했다. 뱃사공이 삯을 요구했지만 돈이 있을 리 없었다. 붓다는 할 수 없이 신통력으로 허공을 날아 강 언덕에 도착한다. 그 장면을 보고 뱃사공은 기절하고 말았다. 자기가 붓다에게 뱃삯을 요구했다는 사실에 충격을 받은 것이다. 후일담을 보니, 정신을 차린 사공이 크게 뉘우치면서 빔비사라 왕에게 가서 하소연을 했던가 보다. 그러자 왕은 앞으로 출가 사문들에겐 뱃삯을 받지 말라는 규정을 만들었다고 한다.(박경훈,『부처님의 생애』상, 151쪽)

7일간의 행군을 거쳐 마침내 바라나시의 사슴 동산(녹야원)에 도착했다. 사슴 동산은 유명한 수행처다. 옛날 어떤 왕이 사냥을 하다 사슴의 무리를 잡았으나 문득 생명에 대한 연민이 생겨나 그 사슴들을 놓아주어 그곳에서 자유롭게 살게 했다. 그래서 사슴 동산이라는 명칭이 붙었다고 한다. 사슴 동산에 들어서자 다섯 수행자들이 붓다를 알아보았다.

> "우리들은 꼭 맹세하자. 저기 오는 이는 바로 석가족 사문 고타마구나. 이는 타락한 사람으로 선정을 상실했고 온몸이 욕망에 얽매였으니 우리들은 그를 공경할 필요도 그에게 절할 필요도 그를 맞을 필요도 그에게 앉을 자리를 줄 필요도 없다. 그러나 다만 그가 즐기는 대로 스스로 앉게는 하자."
>
> (『불본행집경』 2, 66~67쪽)

그들에겐 붓다가 아직 고타마 존자였다. 고행을 포기했다는 사실만으로 온몸이 욕망에 얽매였다고 할 정도로 치열한 고행주의자들이었다. 붓다의 눈부신 자태 역시 그들에겐 호강을 해서 타락한 징조로 여겨졌다. 하지만 그들의 결심과 맹세는 지켜지지 않았다(아주 강경한 원칙론자들임에도 '스스로 앉게는 하자'고 하는 걸 보면 이미 마음이 좀 흔들리고 있다는 생각이 든다^^).

붓다는 이들의 심리를 알아채고서 특별한 자비심과 평정심의 파동을 보냈다. 그들은 붓다로부터 나오는 평온한 기운을 받자 자기도 모르게 몸을 일으켜 붓다에게 예배하고 경 례하는 등 온갖 예를 갖추었다. "어떤 이는 자리를 펴서 앉을 자리를 만들고 어떤 사람은 물을 길어와 발을 씻겨 드리려 하고 혹은 발우를 받으면서 스승의 예를 갖추어 맞으며 인사 를 했다." 자신들도 당혹스러웠으리라.

> "고타마여, 어떻게 이렇게 변했는가?"
> "그대들은 나를 여래라고 부를 것이요, 고타마라고 하지 말 라. 무슨 까닭인가. (……) 나는 이미 부처로서 일체지를 완전 히 갖추었으며 고요하고 번뇌가 없어서 마음에 자재로움을 얻었느니라."
>
> (『불본행집경』 2, 67~68쪽)

여래는 붓다의 또 다른 명칭이다. 오고 감이 자재롭다는 뜻이다. 고타마에서 여래로! 개체적 자아에서 완전히 벗어났 음을 선포한 것이다. 일체지와 번뇌 없음이 그 증거다. 과연 그랬다. 붓다의 몸이 내뿜는 이 기운에는 평화와 기쁨이 충 만했다. "여래는 바른 깨달음을 얻은 사람이다. 너희들도 법 을 들을 준비를 해야 하리라." 대체 누가 이 거룩한 제안을 거부할 수 있으랴. 그렇게 초전법륜이 시작되었다. "두 사람 에게 설법을 하면 세 사람이 탁발을 가고, 세 사람이 설법을 들을 때는 두 사람이 탁발을 하여, 여섯 사람이 함께 식사하는 공동생활을 시작하였다."(박경훈,『부처님의 생애』상, 154쪽) 그렇구나. 진리를 위한 탐구도 먹어야 하고, 여섯 명의 단체 생활에도 윤리적 차서가 있음을 말해 주는 대목이다.

이 초전법륜의 스토리야말로 청년 붓다의 진면목을 유감없이 보여 준다. 7일에 걸친 대장정, 자신을 비난하고 경멸하는 옛 친구들을 향한 거침없는 진격, 스스로를 여래로 선언하는 단호함. 세심하고 치밀한 가르침의 코스 등등. 그야말로 청년의 몸, 청년의 파토스가 느껴진다. 노쇠한 몸, 노쇠한 사유로는 결코 가능하지 않다. 번뇌의 한복판에서 모든 속박들과의 전면전을 치르고 그 기쁨과 자유를 벗들에게 전파하는 것, 이보다 더 멋지고 푸르른 삶이 또 있을까.

고제와 집제―삼독의 '늪'

이때의 설법을 사성제四聖諦라고 한다. 네 가지 거룩한 진리라는 뜻이다. 붓다의 깨달음을 삼명통 ― 숙명통, 천안통, 누진통 ― 이라고 할 때 세번째 누진통(번뇌를 소멸시키는 통찰과 지혜)의 핵심이 바로 사성제다. "땅 위를 걸어다니는 모든 동물의 발자국이 가장 큰 코끼리의 발자국 안에 들어가듯이,

사성제 교리는 붓다의 모든 가르침을 포함한다."(삐야닷시 테라, 『붓다의 옛길』, 65쪽)

- 고苦제 : 이것은 괴로움이다.
- 집集제 : 이것은 괴로움의 발생이다.
- 멸滅제 : 이것은 괴로움의 소멸이다.
- 도道제 : 이것은 괴로움의 소멸에 이르는 길이다.

이미 언급했듯이, 불교는 인생을 '고'라고 본다. 이것은 염세주의도 비관주의도 아니다. 있는 그대로의 통찰이다. 생로병사는 다 괴롭다. 이 괴로움을 끊임없이 되풀이하는 것이 윤회다. 윤회의 수레바퀴를 반복하는 한 괴로움에서 벗어날 길이 없다. 이것이 '고제'의 핵심이다. 괴로움은 수시로 일어났다 사라진다. 물질적·정신적인 요소들을 두루 동반한다.

생로병사는 그 자체로 괴로움이고, 사랑하는 이와 헤어지는 것, 미워하는 이들과 마주치는 것, 바라는 것을 얻지 못하는 것 등도 다 괴로움이다. 또 어떤 조건 지어진 상태에서 오는 괴로움이 있다. 대표적으로 우리 몸이 그렇다. 사대오온四大五蘊으로 구성된 우리 몸은 그 자체로 괴로움이다. 조건에 연루되어 있을 뿐 아니라 자아의 복합체를 구성하기 때문이다. 이미 언급했듯이, 자아는 무지의 산물이다. 고로, 괴로움

의 원천이다. 아울러 영원하지 못하기 때문에 생기는 괴로움
이 있다. 선정의 깊은 단계에서 얻어지는 순수의식이나 평온
한 상태조차도 괴로움에 속한다. 그것들 역시 무상한 변화를
피할 수 없기 때문이다. ─"무상이 고다."

　여기까지는 논리의 차원이다. 곰곰이 생각해 보면 누구나
이해할 수 있는 내용이다. 하지만 당장의 실감으로 다가오지
는 않는다. 그럼, 이런 표현은 어떤가?

　　일체 중생의 윤회 전생은 영원 속에 그 시작이 있다. 달아날
　　그 어떤 출구도 보이지 않는다. 미망에 빠져 존재에 대한 갈
　　망으로 족쇄 채워진 일체 중생은 길을 잃고 이리저리 방황한
　　다. 제자들아, 어떻게 생각하는가. 영겁의 윤회 속에서 길을
　　잃고 방황하며 슬픔에 잠기고 눈물짓는 동안에 너희가 흘린
　　눈물과 너희가 흘리게 한 눈물이 많겠는가. 아니면 사대양의
　　바닷물이 더 많겠는가? 어미의 죽음, 형제의 죽음, 일가 친척
　　의 죽음, 재산을 잃음. 이 모든 것들을 너희는 영겁을 통하여
　　겪어 왔다. 이런 일들을 겪는 동안에 사대양의 바닷물을 합
　　친 것보다 더 많은 눈물을 흘렸으며, 또한 흘리게 만들었다.
　　그것은 너희가 지긋지긋하게 싫어하는 것은 너희의 몫이며,
　　너희가 즐거워하는 것은 너희의 몫이 아니기 때문이다.

　　　　　　　　　　　　　　　　　　　　　　　(『쌍윳따니카야』)

영겁의 세월 동안 흘린 눈물이 사대양의 바닷물보다 많다고? 흘리고 또 흘리게 만들었다는 말이 가슴에 사무친다. 나도 누군가로 인해 슬픔에 젖었을 뿐 아니라 나 또한 다른 사람들에게 눈물과 비탄을 야기했다는 것이다. '고해'苦海라는 말이 비로소 실감이 난다.

그럼 이런 괴로움은 어디에서 발생하는가? 집착과 갈애에서 발생한다. 이것이 '집제'다. 이것은 "씨앗과 열매, 작용과 반작용, 원인과 결과라는 자연의 법칙"(삐야닷시 테라, 『붓다의 옛길』, 93쪽)과 같은 것이다. 윤회는 생에 대한 집착과 갈애에 의존한다. "연료가 불이 계속 타도록 하듯이 갈애라는 연료가 존재의 불이 꺼지지 않게 한다." 이 집착과 갈애를 달리 표현하면 탐진치貪瞋痴 삼독三毒이 된다.

탐욕과 분노와 어리석음. 『서유기』의 세 요괴를 떠올리면 쉽게 이해될 것이다. 먼저 탐심의 화신, 저팔계. 식욕과 성욕의 화신이다. 채식을 하는데도 간식으로 떡 한 말을 후딱 먹어 치우고, 늘 배가 고프다. 여성을 보면 처녀고 노파고 간에 일단 침을 흘리고 본다. 성욕이 늘 항진된 상태라 그렇다. 몹시 혐오스럽지만 왠지 익숙한 풍경 아닌가. 그렇다. 바로 우리 시대의 자화상이다. 먹방을 보며 위로받고, 맛집순례가 일상을 주도하고, 늘 자극적인 음식에 탐닉한다. 토할 때까지 먹고 다시 토한 다음에 또 먹었다는 로마의 말기적 징후도 우리 시대에 비하면 새 발의 피다. 그 시대엔 소수의 귀족에 한정된 사항이었지만 지금은 거의 모든 사람이 이 증상에 취해 버렸다. 식욕이 항진되면 성욕 역시 넘치게 마련이다. 성은 이미 추행, 범죄, 폭력과 뗄 수 없이 결합되었다. 성의 창조적 리듬에 대해서는 망각한 지 오래다.

다음 분노조절장애자, 손오공. 72가지 변신술에 여의봉, 근두운까지. 속도와 힘이 거의 무소불위다. 하늘나라의 천군들까지 속수무책일 정도로 세다. 하지만 늘 화가 나 있다. 그의 분노에는 목적도, 이유도 없다. 그래서 수시로 살생을 저지르고 닥치는 대로 파괴를 한다. 역시 현대문명의 자화상이다. 현대인은 강해지고 싶어 한다. 헬스나 바디프로필, 각종 익스트림 스포츠에 대한 집착이 그 증거다. 그런데 정작 그런 몸을 만든 다음엔 그 힘과 에너지를 어디에 써야 할지를 잘 모른다. 방향과 용법이 없는 힘은 위험하다. 그래서인가. 현대인은 늘 화가 나 있다. 그 결과, 자기도 괴롭고 타인도 괴롭다.

치심의 화신 사오정. 〈날아라 슈퍼보드〉가 잘 보여 주듯이, 잘 듣지도 못하고 목소리도 영 어눌타. 한마디로 소통이 안 되는 신체. 늘 멍때리고 있다가 배가 고프면 갑자기 사람을 해치고는 원인을 알 수 없는 고통에 시달린다. 치심은 탐심과 진심의 베이스다. 윤회의 원천을 추적하다 보면 결국 무명이 있다. 무명이 바로 치심의 극치를 의미한다. 탐심과 진심은 쉽게 드러나기 때문에 상대적으로 성찰이 가능하지만 치심은 잘 티가 안 나기 때문에 타파하기가 더욱 요원하다. 『서유기』에서 사오정의 역할이 그렇다. 없는 것도 아니고 있는 것도 아니고. 잊을 만하면 툭하고 튀어나오는 그런 식이다.

고제와 집제의 근원을 파고들어 가면 결국 탐진치 삼독을 만나게 된다. 더 정확히는 그 삼독으로 구성된 자아를 만난다. 그런데 왜 우리는 이 독으로부터 벗어나지 못하는가? 우리를 그렇게 아프고 괴롭게 하는데도. 달콤해서다. 모든 독에는 꿀이 발라져 있다. 꿀을 맛볼 때의 그 짧은 순간의 달콤함을 잊지 못한다. 그 찰나를 영원으로 소유하고자 몸부림을 치는 것이다. 그래서 늪이다. 허우적댈수록 더더욱 깊이 잠겨드는 진흙뻘 같은 늪!

멸제—열반, 갈애로부터의 해방

하지만 절망은 금물이다. 허무와 냉소 역시 부질없다. 고와 집을 명료히 자각하는 순간 역설의 향연이 펼쳐진다. 진흙뻘에서도 연꽃이 핀다는 사실! 번뇌가 곧 보리인 이치다.

하긴 그렇다. 탐진치가 우리 생의 출발이라면, 구원과 해방 역시 그것을 바탕으로 이루어져야 하지 않을까. 만약 거기에서 도피하거나 그것을 부정한 채 이루어진다면 그거야말로 공중부양이 아니고 무엇인가. 하여, 더욱 치밀한 관찰과 통찰이 필요하다.

고통의 원인을 알았다. 그럼 고통에서 벗어나려면? 원인을 제거하면 된다. 즉, 집착에서 벗어나면 된다. 실로 자명하지 않은가? 집착에서 벗어나면 괴로움에서 해방된다는 것. 그것이 세번째 '멸제'다. 멸은 모든 괴로움에서 벗어난 열반과 해탈을 의미한다. 열반이란 불이 꺼졌다는 뜻으로, 괴로움의 연료인 갈애로부터 해방되었다는 뜻이다.

『숫타니파타』에는 이렇게 묘사되어 있다.

뱀의 독이 퍼질 때에 약초로 다스리듯,

이미 생겨난 분노를 극복하는 수행승은,

마치 뱀이 묵은 허물을 빗어 버리듯,

이 세상도 저 세상도 다 버린다.

(「뱀의 경」)

흘러가는 급류를 말려 버리듯

갈애를 남김없이 끊어 버린 수행승은

마치 뱀이 묵은 허물을 벗어 버리는 것처럼,

이 세상도 저 세상도 다 버린다.

(「뱀의 경」)

치닫지도 않고 뒤처지지도 않아,

모든 것이 허망한 것임을 알고 어리석음을 버린 수행자는,

마치 뱀이 묵은 허물을 벗어 버리는 것처럼,

이 세상도 저 세상도 다 버린다.

(「뱀의 경」)

갈애는 흘러가는 급류로, 분노는 뱀의 독으로, 어리석음은 치닫거나 뒤처지는 행위로 묘사되었다. 탐욕은 급류다. 거칠고 빠르고 예측할 수 없다. 하여, 거기에 빠지면 그 고통은 이루 말할 수 없다. "화살에 맞은 자", "잦아드는 물웅덩이의 물고기"처럼 되고 만다. 그럼에도 "감각적 쾌락에 탐닉하고 열중하는" 사람들, 그들은 괴로움에 짓눌려 '여기서 죽으면 나는 어떻게 될까' 하고 비탄한다.(「동굴에 대한 여덟 게송의 경」) 쾌락은 늘 이렇듯 깊은 슬픔과 두려움을 수반한다. 분노는 더 강한 독이다. 그것은 때로 정의와 진실의 이름으로 그럴싸한 명분 아래서 움직인다. 하지만 분노를 동반한 사유와 견해는 늘 오만과 편견, 독단과 폭력으로 치닫곤 한다.

인류의 오랜 역사가 그 증거다. 부와 권력에 대한 무한한 욕망은 탐심의 극치였고, 그것을 뒤집어엎으려는 혁명은 늘 분노의 화염에 휩싸여 있었다. 저팔계와 손오공의 무한대결이라고나 할까. 그것은 늘 '치닫거나 뒤처지는' 식으로 엎치락뒤치락한다. 그러다 보면 어느 순간 멘붕이 온다. 결국은 허무와 냉소, 즉 무명에 빠져 버린다. 무명은 원인도 이유도 모르는 것. 자기가 누구인지, 어디서 왔는지, 어디로 가는지 모르는 것이다. 유사하에 갇힌 사오정이 그런 것처럼.

개인적인 차원에서도 마찬가지다. 사람들은 생로병사에 대해 알지 못한다. 다만 늙지 않고 병들지 않고 죽지 않기를 바랄 뿐. 그것을 탐구하려고 하지 않는다. 아니면 적당히 망각하거나 도피하면서 살아간다. 더 나아가 모른다는 사실을 모른다. 이런 무지가 끝없이 오버랩되면 그게 바로 무명이다. 무지의 중층구조로서의 무명!

이런 무명을 타파하면 번뇌를 소멸시킬 수 있다는 것. 이것이 멸제다. 그런 점에서 무명은 스승이자 도반이다. '고'와 '집'을 일으키는 무명의 늪을 세밀하게 관찰하고 통찰할 수 있으면 거기에서 벗어나는 길이 열리기 때문이다. 진흙을 자양분 삼아 연꽃이 피어나듯이 말이다.

갈애를 벗어나면 열반이다. 자만과 견해를 벗어나면 열반이다. 무명을 타파하면 열반이다. 열반에 도달하면, '이 세상도 저 세상도 다 버린다'. 세속의 욕망을 떠남과 동시에 내세의 복락도 갈구하지 않는다는 뜻이다. 열반은 '신과의 복된 친교'가 아니다. 진정한 자아, 곧 아트만의 발견도 아니다. 생을 얽어매고 있는 모든 속박에서 해방되는 것이다. 오직 스스로의 힘으로. 오직 내부의 무한한 잠재력으로. 그래서 절대적 자유다.

하지만 열반을 표현하고 정의할 언어는 없다. 왜냐하면 우리가 쓰는 언어는 탐진치에 물들어 있고, 조건화되어 있으며, 이원론에 묶여 있기 때문이다. 이런 언어의 경계를 벗어나려고 하다 보니 역설과 아이러니, 반전의 연속이다. 예를 들면 이런 식이다. 열반은 지복인가? 그렇기도 하고 아니기도 하다. 지복을 구하는 건 지극히 자연스럽다. 하지만 뭔가를 바라는 한 인간은 거기에 매이게 되어 있다. 기대하고 바라는 마음에서 실망과 절망이 생겨나는 법이므로. 하여, 그 그물에서 벗어나려면 무욕, 즉 '아무것도 원하지 않는' 상태가 되어야 한다. 어떤 복도 낙도 바라지 않는 것, 복과 낙이라는 전제 자체를 해체하는 것. 그것이 곧 열반이다. 그래서 지복이다. 헷갈린다고?(미투ㅆ) 그래서 스스로 깨치는 수밖에 없다고 하는가 보다. 붓다는 말한다. 단지 그리로 가는 길을 알려줄 뿐, 거기로 데려다 줄 수는 없노라고.

그리고 더 중요한 사항 하나. 여타 종교에서 최고선 혹은 구원은 죽은 후에나 성취할 수 있다. 하지만 붓다의 가르침에 따르면, 열반을 성취하기 위해 죽음을 기다릴 필요는 없다. 얼마든지 이생에서 실현할 수 있다. 마음의 구조와 방향을 바꾸면 된다. 업을 이루는 탐진치를 내려놓으면 된다. 이거야말로 인간의 본성, 내면의 잠재력에 대한 무한긍정 아닌가. 붓다가 전하는 굿 뉴스!

도제―팔정도, 진흙 속에서 피어난 연꽃

그럼 열반에 도달하려면 어떻게 해야 할까? 찬찬히 닦아 나가면 된다. 그것이 마지막 도제다. 이렇게 말하면 좀 막연하지만 붓다는 친절하고 자상한 스승이다. 구체적으로 방법을 제시해 준다. 팔정도八正道가 그것이다. 여덟 가지 바른 길이라는 뜻이다.

- 정견: 바른 견해 / 정사유: 바른 사유
- 정어: 바른 말 / 정업: 바른 행동 / 정명: 바른 직업(생계)
- 정정진: 바른 노력 / 정념: 마음챙김 / 정정: 집중

'바를 정'正 자가 너무 많이 등장해서 따분한 도덕교과서

로 들릴 수도 있지만 그렇지 않다. 알면 알수록 심오하고 오묘하다. 일단 여덟 가지 항목을 세심하게 살펴볼 필요가 있다. 견해와 사유, 말과 행동과 직업, 정진과 정념과 집중. 이걸 다시 재분류하면 계戒(정어/정업/정명), 정定(정정진/정념/정정), 혜慧(정견/정사유)가 된다. 계율은 일상적 훈련이고, 선정은 정신활동(집중), 지혜는 존재와 세계에 대한 통찰을 의미한다. 완벽한 삼중주다.

"이 세 가지를 닦은 사람은 더 높은 정신생활로, 어둠에서 빛으로, 산란함에서 고요로, 혼란에서 평온으로 갈 수 있다."

(삐야닷시 테라, 『붓다의 옛길』, 133~134쪽)

일상의 긴장, 높은 집중력, 그리고 통찰적 지혜. 이것이 빛으로, 평온으로 향한다는 건 실로 자명하지 않은가. 그리고 종교와 사상에 무관하게 그 누구라도 좋은 삶을 살기 위해선 이 트라이앵글을 밟아야 하지 않을까. 일상을 내팽개치고, 집중력을 향상시키지 않고, 통찰력이 없는 채로 잘 살 수 있는 길이 있을까? 단연코 없다!

여기서 포인트는 정正이다. 정이 무엇일까? 중中이다. 다시 붓다의 수행과정으로 돌아가 보자. 출가 이후 붓다는 선정수행에 매진하여 최고의 경지에 도달했다. 그것은 지극한 평정과 기쁨을 제공하지만 해탈은 아니었다. 왜냐하면 그 또한 조건에 매인 것이기 때문이다. 그다음에 한 수행은 정반대에 있는 고행이었다. 극한의 고통을 겪음으로써 갈애로부터 벗어나고자 한 것이다. 하지만 이 또한 한계가 명료했다. 고통에 집중하는 동안은 욕망을 여의지만 다시 고통에 익숙해지는 순간 탐진치는 생생하게 되살아났다. 결국 환락도 고행도 아닌 길을 찾아야 했다. 그것이 보리수 아래의 명상과 통찰이었다. 붓다는 그것을 중도라 했다.

중이란 양극단을 여의는 것이다. 그것은 절충도 평균도 아니다. 양극단을 떠난, 이원적 관점에서 벗어난 아주 낯설고 새로운 길을 의미한다. 그 구체적인 방법론이 바로 팔정도다. 그러니까 팔정도는 환락과 고통, 선정과 고행의 양극단을 벗어나 일상 속에서, 생로병사의 전 과정에서 해탈에 이를 수 있는 길이다. 어떻게? 계율과 선정과 지혜의 삼중주로써.

이 트라이앵글(혹은 여덟 가지 길)은 순차적 항목이 아니라 순환적 체계다. 각 항목이 서로서로를 북돋우는 식으로. 하여 항목은 여덟 개지만 각각은 따로 존재할 수가 없다. 그래서 결국은 하나다. 물론 최종심급은 지혜(정견/정사유)다. 여기서 지혜는 세속에서의 '분별지'이자 모든 분별을 벗어난 '해탈지'를 의미한다. 전자가 세상사의 이치를 명료하게 인식하는 것이라면, 후자는 생사의 원리, 윤회의 이치 등을 꿰뚫는 것이라 할 수 있다. 정견이 통찰지라면, 정사유는 그 통찰이 야기하는 마음의 지향, 곧 자비다. 고로, 정견과 정사유는 깨달음의 시작이면서 정점을 이룬다. 그 사이에 일상적 수련(정어/정업/정명)과 마음의 계발(정정진/정념/정정)이 서로 연동되어 있다. 마치 연꽃잎이 서로서로 포개져 있는 모습을 연상시킨다.

이렇듯 도제에서는 중도의 '중'과 팔정도의 '정'이 기묘한 화음을 연출한다. 흥미롭게도 중화문명의 고전인 『주역』의 핵심 역시 '중'과 '정'이다. 물론 그 사상적 배치에 들어가면 미묘한 차이가 존재하긴 한다. 공통점은 '중'과 '정'은 고정된 경계가 아니라는 것. 그것은 시공간의 연기조건에서 매 순간 다시 생성되어야 한다. 진흙 속에서 연꽃이 피어나지만 연못에 피어난 모든 연꽃이 각기 다른 모습을 하고 있는 것과 같다. 기준은 '나에게도 이롭고 타인에게도 이로운' 것, 즉 황금률이다. 그 황금률을 기준으로 동심원처럼 퍼져 나가면 모든 생명에게 이로운 길이 나오게 된다.

또 하나, 팔정도의 정과 중도의 중은 금지나 터부가 아니다. 인간 내면의 긍정성과 자율성의 무한한 확대다. 예컨대, 정어(바른 말)는 '거짓말을 하지 말라'는 부정적인 명령이 아니라 진실을 말하라는 것. 올바른 때에 유용한 말, 가치 있는 말을 하라는 것. 정업(바른 행위)은 포인트가 '살생을 하지 말라', '도둑질을 하지 말라'가 아니라 '뭇생명을 살리라', '서로 나누고 베풀라'는 것이다. 정명(바른 생계)에 대한 해석은 더욱 디테일하다. "정당한 노력에 의해 재산을 벌어 들였다면, 그는 쓰는 기쁨과 빚 없는 기쁨, 비난받을 일 없는 기쁨을 누릴 수 있다." 또 "출가 비구의 바른 생계(정명—인용자)에 대해서라면 나는 이렇게 말하리라. 오직 날개의 무게로만 가는 새처럼 가라! 현자는 아름답고 향기로운 꽃을 상하지 않게 하는 벌처럼 마을을 지나간다."(이학종, 『붓다 연대기』, 678쪽) 등등. 집중(정정진과 정념, 정정) 훈련 역시 마찬가지다. 금지와 제어가 아니라 마음이 지닌 능동성과 자율성을 깨어나게 하는 것이 핵심이다. 그래야 지금, 여기의 현장을 오롯이 주시할 수 있을뿐더러, 진리를 꿰뚫어 볼 수 있는 토양이 마련되는 까닭이다. 이처럼 팔정도라는 연꽃에는 열반으로 가는 길이 연잎처럼 포개져 있다.

따지고 보면 고제, 집제, 멸제는 인도사상의 전통과 많은 부분이 겹친다. 하지만 이 도제는 실로 독창적이고 혁신적이다. 어떤 종교에서도, 또 어떤 사상도 이렇게 구체적이고 명료하게 도의 길을 제시하지 못했다. 그것은 인도사상의 기폭제이자 불교의 등장을 알리는 신호탄이기도 했다. 이후 불교사상의 핵심적 가르침이 되었다. 그래서 그 의미를 이렇게 말하기도 한다. "붓다가 45년간 설한 모든 가르침은 이 여덟 가지의 성스러운 길을 여러 가지 형태로 설한 것에 지나지 않는다"(월폴라 라훌라, 『붓다의 가르침과 팔정도』, 91쪽)고. 쾌락도 고행도 아닌, 삶의 모든 영역에 스며들 수 있는, 지극히 자연스러운 생활윤리이자 교육과정, 다시 말해 인간이라면 누구든 마땅히 닦아야 할 보편적이고도 근원적인 길, 그것이 팔정도다. 그래서 이런 생각도 든다. 팔정도의 출현이야말로 모든 인간이 카르마에서 벗어나 열반에 이를 수 있다는 증거가 아닐까.

이렇게 해서 네 가지 거룩한 진리가 설파되었다. 보리수 아래의 깨달음이 처음 세상에 울려 퍼진 것이다. 다섯 도반 가운데 콘단냐가 먼저 깨달음에 이르렀다. 붓다는 기뻐서 환호성을 질렀다. "콘단냐가 깨달았다~ 깨달았다!" 대지의 신들도 이 기쁨에 동참했다. "이 여래의 교법은 그 누구에 의해서도 결코 뒤집어질 수 없으리라."(『불본행집경』) 진흙 속에서도 연꽃이 피어난다는 것이 증명된 셈이다. 하긴 붓다 자신이 그런 존재였다. 출가 이전의 생은 그야말로 욕망에 물들지 않았는가 말이다. "비구들이여, 연꽃은 진흙 속에서 자라지만 물 위로 올라와서 진흙에 더럽혀지지 않듯이, 여래 또한 이 세상에서 태어나 자라지만 세상을 뛰어넘어 거기에 물들지 않고 주인으로 살아간다."(『쌍윳따니카야』; 삐야닷시 테라, 『붓다의 옛길』, 34쪽)

콘단냐를 시작으로 차례차례 모두 깨달음에 도달했다. 이렇게 해서 붓다와 다섯 명의 아라한이 탄생했다. 이럴 경우 보통 교주와 신자 다섯으로 기록되지만 붓다는 자신을 포함하여 여섯 아라한이라 지칭한다. 아주 새로운 형식의 수행공동체가 탄생한 것이다.

* * *

초전법륜은 붓다 최초의 설법이다. 핵심은 사성제와 팔정도. 이후 붓다의 설법은 중전법륜(반야), 삼전법륜(유식)으로 이어지고 훗날 아비달마, 대승, 금강승 등으로 분화·발전해간다. 그럼에도 이 사성제가 지닌 의미는 조금도 퇴색하지 않는다. 불교의 기본이자 핵심명제인 것. 최초의 설법이 이렇게 정연한 것에 대해 좀 미심쩍어하는 학자들이 있다고 한다. 그에 대한 반론은 이렇다. "이 '최초 설법'의 대상이었던 다섯 수행자는 붓다의 옛 벗이었으며, 또 함께 수행했던 도반들이라 근기가 이미 상당한 경지에 이르렀음을 환기할 필요가 있다." 제자들의 역량이 상당한 수준이었다는 것이다.

아울러 붓다는 그 어떤 종교 지도자보다 논리적 언설을 중시했다. 그가 '제자들에게 일러 준 이상적인 설법'이란 '논리가 정연하게 일관하고 표현이 아름답게 구비되는' 말이었

다. 그래야 다르마의 전파가 가능하고 모든 중생을 구제할
수 있어서다. 그러니 "지금 이 다섯 사람의 훌륭한 대기를 앞
에 두고 처음으로 인류 세계에 펼치는 정법의 표현이 완전한
논리와 표현을 고루 갖춘 훌륭한 체계였다는 것은 당연한 일
이 아니겠는가?".(마스타니 후미오, 『붓다 그 생애와 사상』, 87~88
쪽)

청년 붓다

연기법,
홀로 존재하는 것은 없다

와서 보라!

붓다의 나이 35세. 나머지 다섯 아라한 역시 비슷한 나이였다. 당시 숲에는 새로운 시대의 비전을 찾아나선 청년들로 가득했다. 수많은 커뮤니티가 '헤쳐 모여' 하고 있었고, 승가공동체 역시 그 흐름과 함께했다. 승가는 청춘의 활력으로 넘쳐 났다. 예나 이제나 청춘의 에너지는 방향도 목적도 없다. 맹목적이고 저돌적이다. 그래서 기존의 사유와 관습을 전복하는 동력이 된다. 하지만 그렇기 때문에 제어되지 않는 객기로, 대책 없는 충동으로 카오스에 빠지기도 한다. 붓다의 공동체는 그런 점에서 아주 특이했다. 청년의 파토스를 창조적으로 변환하고자 하는 아주 특별한 청년세대가 등장한 것이다. 그들은 『베다』의 권위와 제식주의, 『우파니샤드』의 범아일여 같은 기존의 프레임을 과감하게 벗어나 일찍이 가 보지 못한 새로운 길을 찾아 기꺼이 집을 나왔다.

다섯 명의 아라한이 탄생한 이후에도 수많은 청년들이 붓다를 찾아온다. 아니, 붓다가 그들을 불렀다고 해야 할까. 대표적인 케이스가 야사와 그의 친구들이다. 야사는 부유한 장자의 아들이었다. 수많은 여인들과 환락을 누리다 어느 날 아침 문득 그녀들의 지쳐 쓰러진 모습을 보자 참을 수 없는 혐오감이 일어났다. 그 즉시 길 위에 나서 방황하다 숲에서 붓다와 마주친다. 거칠고 불안한 눈빛의 청년 야사에게 붓다가 말한다. 이리 와서 앉아라! 그리고 보라! 내가 진리를 말해 주리라. 야사는 그 자리에서 바로 출가한다. 야사의 스토리는 붓다의 출가과정과 닮았다. 환락에 질려 버려 집을 나섰다는 점에서. 물론 이런 환락을 누리는 건 엄청난 특권이었다. 하층민들에게는 하늘의 별 따기보다 어려운 일이다. 하지만 우리 시대 청년들에겐 적용되지 않는 사항이다. 야사만큼 충분히 누리고 있기 때문이다. 이미지로, 시뮬레이션으로, 대중문화로 질릴 만큼 누리고 또 누린다. 지칠 때도 되지 않았을까. 어쩌면 우리 시대 청년들 역시 야사처럼 환멸의 시간을 통과하고 있을지도 모른다. 그래서 길을 잃고 방황하고 있는지도. 부디 그 방황의 길목에서 붓다를 만나게 되기를! '믿고 따르라'가 아니라 '와서 보라'고 하는 그 부름에 응답하게 되기를!

야사가 집을 나가자 아들을 찾아 숲으로 온 아버지가 붓다의 가르침을 듣고 바로 재가신자가 되었다. 다음 날 붓다에게 공양을 드린 야사의 어머니와 아내가 또 붓다의 제자가 되었다. 최초의 여성신도가 된 것이다. 대단한 여성들이다. 아들에 대한 기대, 남편에 대한 애착을 진리에 대한 열정으로 바꿀 수 있다니. 게다가 야사는 당시 인플루언서였나 보다. 야사가 출가를 할 정도면 그 스승인 붓다는 대단한 존재임에 분명하다고 느낀 친구들 54명이 그를 따라 출가한다. 이렇게 해서 모두 61명의 아라한이 탄생했다. 바야흐로 초전법륜의 바퀴가 북인도의 지축을 흔들고 있었다.

한 길을 둘씩 가지 말라!

제자들과 함께 우기의 안거를 마친 붓다는 다시 길에 나선다. 깨달음에 이른 다음에 할 일은 오직 하나, 그 법을 세상에 알려 더 많은 이들을 자유와 해방으로 인도하는 것뿐이다. 붓다는 말한다. "비구들이여, 나는 인간의 모든 고삐에서 벗어났으며, 그대들 역시 인간의 모든 고삐에서 벗어났다." 그러니 "지금이야말로 신과 인간의 유익함과 행복을 위해"

사방으로 유행遊行해야 한다. 스승 붓다의 첫번째 지침.

"제자들이여, 한 길을 둘씩 가지 말라!"

혼자서 가라는 뜻이다. 한 연구자는 이 대목을 아주 심오하게 해석한 바 있다. 예수의 전도와는 정반대라는 것. 예수는 제자들에게 둘씩 셋씩 다니라고 당부한다. 어디서 박해와 공격이 올지 모르기 때문이다. 하지만 붓다와 그의 제자들에겐 이런 식의 긴장감 혹은 적대감이 전혀 없다. 그것은 예수 시대의 이스라엘(로마의 압제를 받던)과 붓다 시대 인도의 사회정치적 차이이기도 하지만, 더 근본적으로 붓다는 세상과 대결하려는 마음이 없다. 오히려 세상의 모든 적대를 해체하고자 한다. 그러므로 "공포를 가지고 경계할 그 아무것도 없으므로 오직 생각할 것은 한 사람이라도 더 법을 듣고, 법에 눈을 뜨게 하는 일"이었다.(마스타니 후미오, 『붓다 그 생애와 사상』, 100쪽) 그러니 둘씩 가는 건 일종의 낭비다. 동일한 가르침을 반복할 테니 말이다.

두번째 지침. "처음도 뛰어나고 중간도 뛰어나고 마지막도 뛰어난 법, 의미와 표현을 잘 갖춘 이 법을 널리 전하라."(이학종, 『붓다 연대기』, 305쪽) 붓다의 가르침이 얼마나 언어와 논리를 중시했는가를 말해 주는 대목이다. '불교' 하면 묵언, 언어도단, 이심전심 등이 떠오를 테지만, 사실 붓다의 가르침이야말로 '말의 잔치' 혹은 '언어의 향연'이라고 할 수 있다. 언어가 표현할 수 있는 최고의 수준, 언어가 도달할 수 있는 궁극의 경지를 보여 준다는 점에서 말이다.

붓다 역시 한 명의 아라한이 되어 제자들과 함께 길 위에 나선다. 배후에서 지시를 내리는 보스가 아니라 함께 길을 가는 '길벗'(도반)이기 때문이다.

"나 역시 이 법을 펴기 위해, 이제부터 우루벨라의 세나니 마을로 가리라."

우루벨라에서 바라나시로 갔다가, 다시 바라나시에서 우루벨라로. 숲에서 도시로, 도시에서 다시 마을로. 한마디로 종횡무진이다. 가는 도중에 서른여 명의 청년들을 출가시킨다. 이들은 코살라국의 왕자들이었다. 숲에서 환락을 즐기던 중 기녀 하나가 이들이 취해서 정신을 못 차리는 틈을 타 그들의 보물을 들고 튀어 버렸다. 씩씩거리며 그녀를 찾아 헤매던 와중에 붓다와 마주쳤다. 붓다는 청년들에게 묻는다. '도주한 여인을 찾는 것과 너희들 자신을 찾는 일 중에 어느 것이 더 중요하냐?'고. 한 번도 들어 본 적 없고 한 번도 해본 적이 없는 질문이었다. 청년들은 그 자리에서 바로 제자가 된다. 또 불의 신 아그니를 섬기면서 신통력을 자랑하던 카시아파(가섭) 삼형제와 그 수행원 1,000명을 개종시키면서 승가의 규모가 대폭 확장된다. 그 과정을 지켜보던 빔비사라 왕이 죽림정사를 보시한다. 최초의 승원이 탄생했다.

그리고 드디어 두 사람이 온다. 붓다가 간절히 기다리던 두 명의 수제자. 사리풋타(사리불)와 목갈라나(목건련)가 그들이다.

저기, 두 사람의 벗이 오고 있다

마가다국의 수도 라자가하에 산자야라는 수행자가 있었다. "그가 주장하는 것은 진리란 일정하여 움직일 수 없는 상규는 없으므로 자신의 생각이 선이라고 생각되는 것이 선이며, 자신이 진리라고 생각되는 것이 진리"라는 것. "고대 그리스의 소피스트"를 연상시키는 회의주의의 일종이다.(마스타니 후미오, 『붓다 그 생애와 사상』, 114~115쪽) 제자가 모두 250명이었는데, 사리불과 목갈라나도 그중 하나였다.

둘의 인연은 각별하다. 한날 한시에 태어났고 함께 자랐다. 성의 큰 축제에 구경을 갔다가 깊은 허무와 환멸에 빠진다. 역시 환락에 질려 버린 청년들이었다. 두 친구는 삶의 새로운 비전을 모색하기로 결심하고, 산자야의 문하로 출가를 했다. 스승의 도를 마스터했지만 그것이 궁극의 가르침은 아니었다. 둘은 약속했다. 누구든 먼저 불사의 길을 발견하면 즉시 알려 주기로.

때마침 초전법륜의 다섯 아라한 중의 하나인 앗사지 존자가 탁발을 나갔다가 사리불과 마주쳤다. 사리불은 그의 엄숙하면서도 경쾌한 모습에 이끌려 조용히 따라가서 예를 갖추어 대했다. "벗이여, 당신의 감관은 빛나고 피부는 맑고 깨끗합니다. 당신은 누구를 따라 출가하였습니까?" "붓다입니다." 사리불은 그의 가르침을 간략하게나마 알려 달라고 청했다.

> "모든 것은 원인이 있어 생긴다.
>
> 그 원인을 여래는 설하신다.
>
> 그리고, 그것을 없애고 끊는 것도 설하신다.
>
> 위대한 사문은 이같이 가르치신다."
>
> (박경훈, 『부처님의 생애』 상, 186~187쪽)

첫 두 구절을 들었을 때, 사리불은 바로 미혹에서 벗어났다. 뒤의 두 구절을 들었을 때는 깨달음을 향해 나아가는 힘을 얻었다. "'무릇 인연으로 해서 모이고 생기는 것은 모두가 소멸한다'고 하는 진리에 눈을 떴다." 붓다의 설법을 직접 들기도 전에 이미 존재의 큰 변화를 체험한 것이다. 스승 산자야의 사상을 다 마스터하고도 채워지지 않은, 존재의 깊은 심연에 서광이 비추었다고나 할까. 약속대로 사리불은 목갈라나에게 이 복음을 전해 주러 달려갔다. 목갈라나는 사리불의 얼굴빛을 보자마자 바로 직감했다. 사리불은 말했다. "벗이여, 불사(의 진리)를 얻었다." 둘은 바로 붓다에게 출가하기로 결심했다.

스승인 산자야에게도 함께 가자고 했으나 그는 거절했다. 명성을 이미 얻었고 생활은 풍족한데 새삼 이 나이에 남의 제자가 되는 게 싫었던 것이다. 나이와 함께 사상도 늙어 버린 것이다. 더 서글픈 것은 자기만 머무른 것이 아니라, 두 제자들의 발목까지 잡으려 했다는 것. 사리불과 목갈라나는 스승의 손을 단호히 뿌리치고 추종자 250명과 함께 붓다가 계신 죽림정사를 향해 떠났다. 산자야는 그 장면을 보고 피를 토하며 죽었다고 한다.

늙음이 서럽다는 건 바로 이런 것이다. 구도의 지평선은 끝이 없다. 끝이 있다면 그것은 진리가 아니다. 하지만 그 무한에 접속하는 방법이 하나 있다. 그 지평선 위를 계속 달려가면 된다. 달려감 그 자체가 존재의 형식이 되는 것, 그것이 구도다. 하지만 사람들은 인위적인 목표를 설정해 놓고 자꾸만 거기에 머무르고자 한다. 무한을 유한으로 끌어당기는 식이다. 자신도 나아가지 않을뿐더러 다른 이들까지 나아가지 못하게 막는다. 이것이 바로 모든 노쇠함의 공통점이다. 늙고 싶지 않은가? 머무르지 않으면 된다! 존재 자체가 길이 되면 된다!

사리불과 목갈라나, 두 사람과 250명의 무리가 죽림정사에 들어서자 붓다가 말한다.

"비구들아, 저기 두 벗이 오고 있다. 이들은 한 쌍의 대제자가 될 것이다."

(박경훈, 『부처님의 생애』 상, 190쪽)

사리불과 목갈라나마저 출가하자 라자가하에선 일종의 소요가 일어났다. 그도 그럴 것이 야사 그룹을 비롯하여 상류층 청년자제들이 이제 막 등장한 신흥종교인 붓다의 문하로 대거 출가를 했으니 말이다. 아들이 출가한 어머니는 그 자식을 붓다에게 빼앗겼다고 여기고, 남편이 비구가 된 부인은 붓다로 인해 자신이 과부가 되었다고 생각했다. 사람들의 비난이 탁발하는 비구들에게 쏟아졌다.

마가다국 산의 도성 라자가하에
크나큰 사문 나타났도다.

먼저 산자야의 무리를 꾀어 들이고

다음엔 누구를 꾀어내려나.

소식을 들은 붓다는 말했다. "비구들이여, 그러한 비난의 말은 오래가지 않을 것이다. 아마도 이레만 지나면 스러질 것이다. 만약 사람들이 탁발하는 그대들을 비난하거든 그대들은 게송으로 이렇게 대답하는 것이 좋겠다. (……) '여래는 법으로써 권유하였다 / 법을 따르는 것을 시샘하는 자 그 누구냐.'" 과연 그랬다. 도성을 뒤흔든 불안과 소요는 7일 만에 모두 평정되었다.(마스타니 후미오, 『붓다 그 생애와 사상』, 118쪽)

이 사건은 여러모로 의미심장하다. 먼저, 붓다와 승가의 비전이 얼마나 파격적이었는가, 그리고 그 당시 청년세대가 그 부름에 얼마나 열렬히 응답했는가를 보여 준다. 붓다도 그랬지만 이 청년들 역시 최상류층 출신이었다. 그들이 출가를 감행한 것은 구조적 불만 혹은 개인적 결핍과 상실감 때문이 아니라 실존적이고 근원적인 질문을 풀기 위해서였다. 기성세대가 얼마나 당혹해했을지는 충분히 짐작이 간다.

인도는 종교의 나라다. B.C. 5세기 『베다』의 시대를 지나 『우파니샤드』의 시대가 도래하자 숲은 윤회를 벗어나고 범아일여를 갈망하는 사문들로 넘쳐 났다. 물론 그 흐름에 대한 반발로 유물론적 쾌락주의, 극단적 고행을 표방하는 자이나고, 회의주의 등도 동시에 출현하여 각축을 벌이고 있었다. 출가의 문화가 이미 무르익었다고 할 수 있다. 하지만 붓다의 가르침과 승가공동체는 차원이 달랐다. 신의 세계를 갈망하지도 않고, 범아일여의 황홀경을 원하지도 않았다. 그렇다고 오직 이번 생뿐이라는 단멸주의에 빠지지도 않았다. 대신 그 어디에도 기대지 않고 오직 스스로의 힘으로 해탈과 열반이라는 구경의 경지로 나아갈 수 있다고 확신했다. '와서 보라'는 붓다의 가르침도 그렇지만, 듣는 즉시 출가를 감행하는 그 방식은 일찍이 경험해 보지 못한 파격이었다. 그러니 당연히 거센 비난의 화살을 맞을 수밖에.

하지만 붓다는 적대적인 방식으로 대응하지 않았다. 새로운 시대, 전복적인 사상이 도입될 때 우리는 흔히 저항과 대결을 격화시킴으로써 대중의 주목을 받고 그것을 통해 존재감을 부각하려 한다. 역사적으로 얼마나 많은 조직과 집단이 그런 길을 갔던가. 하지만 그건 붓다의 길이 아니었다. 비난이든 찬양이든 7일이면 다 사라진다. 그것이 시간의 무상함에 담긴 우주적 법칙이다. 비난에 슬퍼하지도 찬양에 들뜨지도 마라. 그저 담담하게 가야 할 길을 가면 된다. 이 또한 '무소의 뿔처럼 혼자서 가라'의 의미망에 속한다. 비난과 찬양에 민감한 우리 시대의 사람들에겐 참으로 소중한 생존의 '노하우'다.^^

이것이 있으면 저것이 생겨난다 — 유전연기

붓다의 제자들은 각기 한 방면에서 최고의 경지를 보여 주는데, 붓다는 거기에 이름을 붙여 준다. 해공제일, 설법제일, 밀행제일 등등. 심지어 '처소를 배정하는 님 가운데 제일'이거나 '산가지를 받는 님 가운데 제일', '숲속에서 지내는 님 가운데 제일' 같은 아주 디테일한 생활능력에까지 이름을 붙여 준다. 그중에서 사리불은 지혜제일로, 목갈라나는 신통제일로 손꼽힌다. 특히 사리불은 다르마(법)의 장군이라 불리며 『반야심경』, 『유마경』 같은 대승불교 경전의 주인공으로 등장하기도 한다.

사리불은 앗사지 존자를 통해 붓다의 가르침을 듣는다. 직접 들은 게 아닌데도 즉각 그 가르침에 온몸으로 응답했다. 그 사실도 놀랍지만 그 내용이 너무 간략한 데서 다시 놀란다. 그것은 생멸에 대한 단순하기 짝이 없는 논리다. 그런데도 듣는 즉시 바로 진리의 파동에 접속했다는 것. 짐작건대, 인과율이라는 우주적 다르마가 산자야의 회의주의에 물든 그에게 엄청난 충격을 야기했을 것이다.

이 가르침을 일러 연기법이라고 한다. 붓다의 가르침의 핵심 내용이기도 하다. 사리불이 앗사지 존자에게서 들은 건 이를테면 연기법의 요약편이었다. 언뜻 들으면 이게 뭐 그리

대단한 거지? 싶을 정도로 단순명료하다. 이 미스터리를 풀기 위해 다시 보리수 아래로 돌아가 보자. 붓다의 정각은 폭발적으로 일어났다. 신족통, 신이통, 타심통 등 심신의 모든 장애가 다 제거되는 워밍업 과정을 거친 후, 숙명통에 천안통이 열리고, 그리고 마지막 누진통으로 이어진다. 앞의 과정이 신통력에 가깝다면, 숙명통, 천안통, 누진통은 깨달음의 핵심을 이룬다. 이 삼명통의 베이스에 연기법이 놓여 있다. 그 연기적 파노라마에는 바로 카르마의 법칙이 작용한다. 윤회와 카르마의 법칙이야말로 인과론의 핵심이다. 이 인과론을 좀더 깊이, 그리고 상호연관되는 방식으로 적용하면 연기법이 펼쳐진다.

이 연기법에서 누진통의 핵심인 사성제가 출현한다. 이것이 있으니 저것이 생겨난다. 이것이 사라지면 저것이 소멸한다. 전자를 유전연기, 후자를 환멸연기라 부른다. 전자는 사성제 가운데서 고제와 집제를, 후자는 멸제와 도제를 표현한다. 말하자면, 주제를 '고'로 좁히면 사성제, 우주 전체로 펼치면 연기법이 되는 식이다.

인류는 오랫동안 우주의 무궁한 변화를 초월자나 신의 계시를 통해 이해하려 했다. 바람과 번개, 폭풍우와 열사 등 모든 자연현상의 배후에 전지전능한 '슈퍼 주체'가 있을 것이라고 간주한 것이다. 그것을 중심으로 자연현상과 생멸의 과정을 파악하려다 보니 늘 자의적이고 모호할 수밖에 없었다. 결론은 늘 영원주의 아니면 단멸주의. 『우파니샤드』의 아트만이 전자의 대표적 경우라면, 유물론자들의 현세주의는 후자를 대표한다.

전자를 추구하는 이들은 "육체의 속박으로부터 영혼이 해방되기를 기대하며 극단적인 육체적 고행을 닦"고, 후자, 즉 "죽음에 이르러 인간은 완전히 소멸되어 버릴 뿐이라고 믿는 사람들은 향락과 방종에 찬 생활을 추구"한다.(이학종, 『붓다 연대기』, 278쪽) 붓다의 연기법은 그런 식의 이원적 도그마를 해체한다. 모든 생겨난 것에는 원인이 있다. 그 원인을 알고 제거하면 생겨난 것은 소멸하게 되어 있다. 여기에는 신이나 초월자 등이 개입할 여지가 없다. 영원이냐 단멸이냐의 질문도 무의미하다. 오직 운동과 변화가 있을 뿐! 그게 우주적 다르마다.

> 붓다는 이 세계가 초자연적 숭배에 대한 자연적인 이법의 승리로 귀결될 것이라고 생각했다. 사제의 매개나 신의 도움 없이 자력으로 구원을 얻을 수 있다는 종교를 선포함으로써 인간 본성의 존엄을 고양시키고 도덕의 풍조를 드높였다.
>
> (S. 라다크리슈난, 『인도철학사』 2, 149쪽)

존재와 세계의 유기적 연관성, 이것을 깊이 통찰하였기 때문에 "우주질서에 대한 불가해한 간섭 혹은 정신적인 삶에 대한 신비적인 교란"(S. 라다크리슈난, 『인도철학사』2, 155쪽)을 인정할 수 없었다. 하지만 과학의 세례를 엄청나게 받은 우리조차 이런 인과율을 아주 제한적 차원에서밖에는 쓰지 않는다. 물질이나 사물에만 적용하는, 일종의 기계론적 인과율이다. 시공간의 절대성을 해체한 상대성이론, 그리고 주체와 객체의 이원성을 해체한 양자역학의 시대를 살고 있지만, 그리고 그것을 기반으로 한 디지털 세상에 살고 있음에도, 우리는 그런 자연의 법칙을 정치경제나 생사의 영역에는 적용하지 않는다. 과학기술의 법칙과 삶의 원리는 여전히 따로 놀고 있다. 그에 반해 붓다의 연기법은 물리적 법칙에서 심리와 윤리에 이르기까지, 모든 것을 아우른다.

정각에 이른 후 붓다는 연기법을 복습한다. 순행으로, 또 역행으로. 개인적으로는 이 장면이 참으로 인상적이었다. 깨달음을 이룬 다음, 그 이치를 순서대로, 그리고 역순으로 복습한다는 사실이. 붓다의 가르침이 계시와 예언에 의존하는 것이 아니라 철저한 분석과 통찰의 산물임을 말해 주는 장면이다.

그러던 중 밤이 시작될 무렵에 연기를 발생하는 대로 그리고 소멸하는 대로 명료하게 사유하셨다.

무명에 기대어 행이 있고

행에 기대어 식이 있고

식에 기대어 명색이 있고

명색에 기대어 육처가 있고

육처에 기대어 촉이 있고

촉에 기대어 수가 있고

(……) 애가 있고(……) 취가 있고(……) 유가 있고(……) 생이 있고 생에 기대어 늙음·죽음·슬픔·눈물·괴로움·근심·갈등이 한꺼번에 있게 된다.

그리하여 이 괴로움의 뿌리들이 함께 일어나는 것이다.

이른바 12연기의 계열. 무명－행－식－명색－육처－촉－수－애－취－유로 이어지고, 그다음에 생로병사의 온갖 괴로움이 이어진다. 행은 기질 혹은 성향, 식은 자아의식, 명색은 정신과 육체, 육처는 안이비설신의의 여섯 감관, 촉은 접촉, 수는 감수작용, 애는 갈애, 취는 탐착. 이 과정을 잘 살펴보면 기질과 성향이 작용해서 자아가 구성되고, 그러고 나면 감각기관이 외부 대상에 대한 애착을 갖게 되고 그 애착이 강도를 더해 가다 보면 유, 곧 존재가 된다. 그때 생을 얻게 되고 생과 함께 노·병·사의 과정이 펼쳐지게 된다.

복습 삼아 카렌 암스트롱의 설명을 들어 보자. 여기서 행은 "의식을 형성하고 결정하는 것"으로 "이 '의식'은 새로운 어머니의 자궁에서 새로운 '이름과 형상'의 씨앗이 된다. 이 태아의 인격은 그 전임자의 죽어 가는 '의식'의 질에 의해 결정된다. 태아가 이 '의식'과 연결되면, 새로운 생명의 순환이 시작된다. 태아에게서는 감각기관이 발전하며, 출생 후에는 이 기관이 외부세계와 '접촉'한다. 이 감각적 접촉은 '감각'이나 느낌을 일으키며, 이것이 둑카(고苦)의 가장 강력한 원인인 '욕망'을 낳는다. 욕망은 '집착'을 낳고 이것은 우리의 해방과 깨달음을 막으며, 이로 인해 우리는 새로운 '존재'로 태어날 운명에 처한다. 즉 새로운 출생과 또 한 번의 슬픔, 병, 비통, 죽음이 생기는 것이다".(카렌 암스트롱, 『스스로 깨어난 자 붓다』, 175쪽)

그럼 이렇게 생각할 수 있다. 이 사슬(혹은 원환)에서 죽음과 태어남을 연결하는 의식(행과 식)이 영원한 자아 혹은 고유한 영혼이 아닐까? 그렇지 않다. 붓다는 "그것을 마지막으로 깜빡이는 에너지" 혹은 "하나의 심지에서 다른 심지로 옮겨 붙는 불꽃"(카렌 암스트롱, 앞의 책, 177쪽)이라 보았다. 그것은 그저 인과적 연속성에 의해 일어나고 사라질 뿐이다. 그럼에도 우리는 그것을 순수한 자아라고, 영원히 지속하는 무엇이라고 믿고 싶어 한다. 그것이 바로 무명이다.

무명은 말 그대로 무지의 중층구조다. 무지의 핵심은 연기법, 곧 생명계의 상호의존성을 알지 못하는 것이다. 그 생명의 연기적 흐름을 벗어나 홀로, 개별적으로 존재할 수 있다고 믿는 것이 바로 무명이다. 다시 말해 자아를 실체화하는 것이다. 그 의식이 일어나는 즉시 객체가 구성되면서 주객 이분법이 작동한다. 동시에 대립과 갈등은 피할 수 없다. 그 과정에서 카르마는 더욱 무거워지고 윤회의 과정은 한없이 고달파진다.

연기법은 생멸의 이치다. 그런데 붓다는 그 법칙을 자신이 평생 품었던 질문에 적용했다. 생로병사는 괴로움이다, 그런데 인간은 왜 끊임없이 다시 태어나는가? 도대체 이 윤회의 원천은 무엇인가? 신의 창조, 우연적 생성, 모두 아니다. 무명에서 비롯한 것이다. 그래서 생은 고다. 태어남이 괴로움이라면 노·병·사는 말할 것도 없다. 우주의 모든 것은 무상하게 변해 간다. 자아를 고수하는 한, 영혼의 지속을 꿈꾸는 한, 모든 과정은 괴로움이 될 수밖에 없다. 고로, 무상이 고다!

이것이 사라지면 저것이 소멸한다─환멸연기

드디어 생로병사의 비밀, 윤회와 카르마, 괴로움의 비밀이 풀렸다. 왜 그토록 괴로운데도 끊임없이 생을 반복하는지를 알게 된 것이다. 그럼 어떻게 해야 이 윤회의 사슬에서 벗어나게 될까? 답도 그 안에 있다. "사슬론에는 고정된 실체가 없다. 각각의 고리는 다른 고리에 의존하여 직접 다른 것을 낳는다. 이것은 붓다가 인간 삶에서 피할 수 없는 사실로 보았던 '되어 감'의 완벽한 표현이다. (……) 각각의 산카라(행)는 다음 산카라에 자리를 내어 준다. 각각의 상태는 다른 상태의 서곡에 불과하다."(카렌 암스트롱, 『스스로 깨어난 자 붓다』, 177쪽) 그렇다면 이 원리를 거꾸로 적용하면 된다. 즉, 무명을 타파하면 된다.

무명은 존재와 세계의 상호의존성을 모르는 것이라고 했다. 여기서 핵심은 '모른다'에 있다. "진리에 대한 무지야말로 모든 불행의 원인이다."(S. 라다크리슈난, 『인도철학사』 2, 152쪽) 이 무지가 낳는 것이 바로 탐진치 삼독이다. 나를 채우기 위한 탐욕, 그 탐욕이 채워지지 않을 때 오는 타자에 대한 분노, 그리고 그렇게 사는 것이 지극히 당연하다 여기는 어리석음, 이것이 무명의 구체적 내용이다. 그렇다면 "진실로 무명에서 탐착을 없애면 무명은 남김없이 사라진다". 무명이 모든 괴로움의 출발이었는데, 그것이 사라진다면?

무명이 사라지므로 행이 사라지고

행이 사라지므로 식이 사라지고

식이 사라지므로 명색이 사라지고

(……) 육처가 사라지고 (……) 촉이 사라지고 (……) 수가 사라지고

애가 사라지고 (……) 취가 사라지고 (……) 생이 사라지고

(……) 늙음·죽음·슬픔·눈물·괴로움·근심·갈등이 사라진다.

그리하여 이 괴로움의 뿌리들이 모두 사라지는 것이다.

무명이 타파되면 무명이 만들어 내는 연쇄고리들도 차례차례 깨어지게 된다. 마치 도미노현상처럼 말이다. 이것이 환멸연기다. 유전연기가 생성의 과정이라면, 환멸연기는 소멸의 프로세스다. 이 다르마가 바로 연기법이다. 연기법은 붓다의 물리학이자 심리학이고 윤리학이다. 하지만 『주역』이나 음양오행론에 비하면 존재론과 심리학에 좀더 가깝다. 그것은 그의 질문이 '어떻게 하면 괴로움에서 벗어날 것인가?'에서 출발했기 때문이다.

연기법을 깨치고 나서 붓다는 그 기쁨의 감흥을 이렇게 읊었다.

"고요히 명상에 잠긴 수행자에게

진실로 법칙이 드러났다.

그 순간 모든 의심이 사라졌으니

괴로움의 원인을 알아낸 까닭이다."

(「큰 이야기」, 『마하박가』)

이후 이 기쁨을 앞으로 뒤로 음미하고 또 음미했다. 앞서도 언급했지만, 보리수를 떠나 아자팔라 니그로드, 무찰린다, 라지야타나 등에서 다시 7일씩 삼매에 들어 연기법이 주는 해탈의 즐거움을 누렸다.

다시 한번 강조하거니와 나무야말로 인간에게 진리를 선사하는 최고의 길벗이다. 붓다의 깨달음의 동반자였을 뿐 아니라 이후 종이가 되고 책이 되어 진리의 전령사가 되었으니 말이다. 좋은 삶을 살려면 반드시 책을 읽어야 하는 이유다. 인류가 나무와 숲을 지켜야 하는 이유다.

연기를 알면 여래를 본다

연기법은 단순히 기계적 인과율에 그치지 않는다. 직접적 원인뿐 아니라 간접적 원인도 다 포함한다. 때론 원인과 결과가 서로 뒤바뀌기도 한다. 양자역학적으로 표현하면, 접힘과 펼침이 끊임없이 중첩되는 '주름의 향연'이다. 그 원리에 따르면 당연히 신 혹은 창조주라는 제1원인이 사라진다. 세상은 연기조건의 산물이지 창조주가 따로 있는 것이 아니다. 일신교든 다신교든 인류는 오랫동안 우주의 창조와 생명의 탄생이라는 사건이 신이라는 초월자로부터 이루어졌다고 생각해 왔다. 일단 그런 초월적 주체가 설정되면 거기에서 모든 것이 파생된다. 시작과 종말, 영혼과 주체, 내세와 구원 등등. 종교적 형식과 제의의 규범 역시 마찬가지다. 연기법은 그런 유의 형이상학에 종지부를 찍은 것이다.

아울러 연기법은 시공간적 모든 현상에 다 적용된다. 거시적 세계건 미시적 단위건 상관이 없다. 물질과 비물질, 생명과 무생명, 인간과 비인간의 경계도 없다. 모든 것은 조건에 따라 생성되고 조건에 따라 소멸된다. 이 다르마로부터 제행무상, 제법무아, 열반적정 같은 삼법인은 물론이고 팔정도와 육바라밀이라는 윤리적 지침 또한 도출된다. 대승불교의 공사상, 유식 등도 다 마찬가지다.

창조주도, 제1원인도 없다면 생을 끊임없이 시속시키는 원천은 무엇일까? 카르마다. "세상에서 가장 큰 힘이고 가장 큰 에너지이다."(월폴라 라훌라, 『붓다의 가르침과 팔정도』, 72쪽) 구체적으로 말하면 '신구의'身口意 삼업이다. 우리의 생각과 말과 행동의 정보는 결코 사라지지 않는다. 마치 질량불변의 법칙과 같다. 자기가 짓고 자기가 거둔다. 자업자득! 하지만 이것은 결코 숙명론이 아니다. 내가 짓고 내가 받는 것이라면 거기에서 벗어나는 것도 얼마든지 가능하다. 말과 행위와 사유. 그 세 가지의 구조와 방향을 바꾸면 된다. 결국 자기를 구하는 것은 오직 자기뿐이다. 이보다 더 인간에 대한 무한 긍정이 있을까? 사리자(사리불)가 연기에 대하여 듣자마자 존재가 전율한 것도 이런 맥락일 터이다. 이 인과론이 초래할 진리의 폭풍을 예감했다고나 할까.

그렇다면 우리에게는 왜 그런 식의 내적 전환이 일어나지 않는 것일까? 우리는 인과율에 대해 충분히 익숙해 있다. 그럼에도 영적 자유와 해방은 요원하기만 하다. 물리학은 물리학이고 인생은 인생이라는 식이다. 즉, 상대성이론이건 양자역학이건 오직 물리적 현상, 기술의 차원에서만 적극 활용할 뿐 존재론이나 윤리학의 영역과는 무관하다고 여기는 것이다. 그래서 여전히 개인, 주체, 자아는 견고한 성벽에 갇혀 있다. 참으로 부조리한 세상이다.

'불교' 하면 가장 먼저 '색즉시공 공즉시색'이라는 『반야심경』의 구절이 떠오를 것이다. 여기서 말하는 공空이 바로 연기다. 연기법은 생성과 소멸의 원리에 더하여 세계의 상호의존성, 곧 누구도 홀로 존재할 수 없다는 이치가 핵심이다. 세상이 모두 연기적 조건으로 연결되어 있다면 누구도, 그 어떤 대상도 독자적으로 존재할 수 없다. 신이건 인간이건 그 무엇이건. 이것이 바로 공의 핵심이다. 공은 '없다'가 아니다. '허무하다'는 더더욱 아니다. 무상하게 흘러가는 변화 그 자체다. 고로, 더할 나위 없이 충만하다.

연기법을 깨닫는 순간 고타마 존자는 붓다가 되었다. 그 순간 그의 기정혈은 다 열렸고, 새벽별의 눈부신 빛(음력 12월 8일이라고 한다. 한겨울 새벽이라 별빛이 더욱 투명했으리라)이 존재의 심연을 꿰뚫었다. 일체지자가 된 것이다. 존재를 속박하는 온갖 장애와 어둠이 걷힌 것이다.

사리자는 앗사지 존자한테 연기의 명제를 듣는 순간 그것이 지닌 잠재력을 단번에 알아차렸다. 붓다의 통찰지에 즉각 접속한 것이다. 이후 붓다를 대신해서 설법을 할 정도로 그는 '지혜제일'이 되었고, 붓다가 열반하기 직전 스스로 먼저 열반에 든다. 붓다와 생의 전 과정을 함께한 것이다.

"연기를 알면 여래를 본다."

사리자를 대표하는 게송이다. 붓다와 연기법, 붓다와 사리자의 관계를 관통하는 최고의 아포리즘이다.

무아,
공감의 무한한 파동

빔비사라 왕의 심오한 질문

붓다 당시 북인도를 주름잡던 제국은 마가다국과 코살라
국이었다. 붓다 전법의 중요한 무대이기도 했던, 두 나라의
왕들은 모두 붓다의 독실한 신자였다. 붓다가 막 초전법륜을
굴리기 시작하자 빔비사라 왕은 그 설법을 듣고 이 가르침이
야말로 구경의 경지임을 알아차렸다. 법을 보는 '눈'을 얻은
것이다. 왕은 손수 붓다에게 공양을 올렸고, 승가에 죽림의
동산을 보시하였다. 이것이 그 유명한 죽림정사의 탄생이다.

빔비사라 왕은 단순히 영향력 있는 스폰서가 아니라 법안
이 열린 재가신자였기 때문에 질문의 수준도 심오했다. 붓다
가 말했다. "대왕이여, 법에는 나와 내 것이 없습니다. 그러나
사람들은 전도된 생각을 갖고 있기 때문에, 나와 내 것이 있

다고 생각하지만 실제로 그러한 법은 없습니다. 만약 이 전도된 생각을 끊을 수 있다면, 그것이 곧 해탈인 것입니다." 드디어 붓다의 삼법인(제행무상, 제법무아, 열반적정) 중 하나이자 불교의 핵심 키워드인 '무아'의 법이 설해졌다.

세계를 움직이는 다르마는 연기법이다. 만물의 상호연관성이 그것이다. 이 연기법을 모르면 무명에 갇혀 괴로움을 겪게 된다. 그럴 때 인간은 탐진치 삼독을 '내 것' 즉 '자아'라 여기고 그것을 굳게 지키려 한다. 한 철학자의 언어를 빌리면, '생명의 바다에 무명의 폭풍이 몰아닥칠 때 자아라는 괴물이 우뚝 솟아난다'. 이 자아라는 망상에서 벗어날 때, 그것이 곧 열반이다.

왕 : 만약 '나'가 없다면 누가 과보를 받을까?

붓다 : 일체 중생이 행하는 선과 악과 그 과보는 '나'가 있어 짓는 것이 아니고, '나'가 있어 받는 것도 아닙니다. 다만, 감관과 경계와 알음알이가 합하여 경계에 물들고 여러 생각이 일어나, 이를 반연하기 때문에 생사에 헤매며, 온갖 과보를 받습니다. 만약 그 경계에 물드는 일이 없어 여러 생각이 쉬면, 그것이 곧 해탈입니다. 감관과 경계와 알음알이의 세 가지 인연으로 해서 선과 악을 짓고 과보를 받는 것이지, 따로 '나'가 있는 것은 아닙니다. 비유하면, 불을 만들기 위하여 손

을 비빌 때 손을 빨리 비비면 불이 일어나지만, 불의 타는 성
질이 손에 있거나 손에서 생긴 것이 아니면서도, 얻어진 불
이 손을 여읜 것이 아닌 것과 같이, 과보와 '나'와의 관계도
이와 같습니다.

(박경훈, 『부처님의 생애』 상, 182쪽)

　　왕의 질문은 단순명료하다. '나'라고 할 것이 따로 없다면
선악의 과보를 받는 주체도 없지 않은가? 붓다는 답한다. 모
든 것은 감각기관과 대상, 그리고 인식작용이 결합하여 생겨
났음에도 그 연기적 조건을 알지 못하면 그것을 '나'라고, '나
의 것'이라고 굳게 믿는다. 일단 그렇게 자아가 홀로 솟아나면
그 '나'를 강화하기 위해, '나의 것'을 증식하기 위해 몸부림치
게 된다. 마치 나라고 하는 실체가 따로 존재하는 것처럼 간
주하는 것이다. 그 순간 만물의 상호연관성은 증발된다. 당연
히 '나' 이외의 타자들에 대해선 경쟁과 갈등, 적대가 심해질
수밖에 없다. 괴로움과 번뇌가 발생하는 지점이다. 결국 그 허
망한 '나'가 온갖 과보를 받게 된다. 이게 카르마의 원리다.

　　만약 감각이 쉬고, 경계에 매이지 않고, 알음알이를 멈추
게 되면 그 허망한 '나'라는 주체는 사라진다. 그 상태가 바로
해탈이다. 해탈이란 한마디로 '나'로부터의 자유에 다름 아니
다. 왕과 붓다의 대화는 더 이어지지만 일단 여기까지!

'나'는 내가 아니다!

인류의 여명기부터 모든 철학과 종교는 질문한다. 나는 누구인가? 나는 어디로부터 왔는가? 또 어디로 가는가? 생각해 보면 이 질문이 모든 지성과 영성의 출발이라 할 수 있다. 그만큼 원초적이고 그만큼 보편적이다. 하지만 한편으로 이 질문은 참 생뚱맞다. 다 각각 나로 살고 있는데, 새삼 또 내가 누구냐고? 나는 남자다, 누군가의 아들이고, 또 누군가의 아버지다. 학벌은 대졸, 현재 정규직이고 연봉은 5천, 아파트 평수는 30평 등등. 이 정도면 충분하지 않은가? 물론 우리 시대는 그렇게 규정한다. 하지만 이 물질만능의 시대에도 사람들은 이게 진짜 '나'라고 여기지 않는다. 뭔가 찜찜하고 허전한 것이다. 그보다는 좀더 심오한, 지속적이면서 확실하고 강렬한 그 '무엇'이 있을 것만 같다. 아니, 그래야만 할 것 같다.

붓다 당시 인도에선 그걸 아트만이라 불렀다. 중국에선 본성, 서양에선 영혼 등등. 여기에는 보이는 게 전부가 아니라는 인식이 깔려 있다. 그토록 스펙의 항목들을 채우려고 몸부림치면서도 그건 나의 본래면목이 아니라 생각한다. 진짜가 아니라고 생각하면서도 그 가짜를 위해 그렇게 애를 쓴다고? 참 희한한 일이다. 과학이 신의 자리에 오른 이 시대에도 전생을 찾고, 최면술을 통해 더 깊은 무의식을 탐색하고, 온갖 점성술에 경도되는 것도 비슷한 맥락이 아닐까. 외모, 몸매, 패션, 바디라인 등. 자명하게 보이는 것들이 나를 증명해 주지 못한다는 것. 결국 나는 내가 아니다! 그럼 나는 누구인가?

붓다의 연기법에 따르면 홀로 존재하는 것은 없다. 이 세상 모든 것은 다 연기조건의 산물이다. 거기에는 예외가 없다. 당연히 나라고 규정할 만한, 다른 것들과 분리되어 독자적으로 존재하는 제1원소나 영원한 주체 같은 건 없다. 고로 자아는 '만들어진 허상'이다. 무명의 덮개로 인한 전도망상의 산물! 연기법은 바로 이 망상을 해체한다. 그 다르마를 존재에 적용하면 '무아'가 된다. 무아야말로 불교의 핵심이자 미증유의 전복적 사유다.

동서고금을 막론하고 인류는 오랫동안 나의 원형, 순수한 나, 나의 근원을 찾아 헤맸다. 그런데 그 부질없는 탐험과 모색에 종지부를 찍은 것이다. 아무리 찾아보아도 '나'의 원형이라고 할 만한 게 없다, 이것이 붓다의 깨달음이다. 『숫타니파타』를 음미해 보자.

> 보라! 신들을 포함한 세상의 사람들은 내가 아닌 것을 '나'라고 생각하여 정신·신체적인 것에 집착해 있다. 이것이야말로 진리라고 생각한다.
>
> 그들이 이렇다 저렇다고 여기더라도 그것은 생각과는 다른

청년 붓다

것이 된다. 참으로 그것은 허망한 것이고, 허망한 것으로 변하기 때문이다. (……)

형상, 소리, 냄새, 맛, 감촉, 사실들은 사람들이 '있다'라고 말하는 한, 모두가 그들에게 갖고 싶고 사랑스럽고 마음에 드는 것이다.

그들은 신들을 포함한 이 세상에서 이것들이야말로 즐거움이라 여긴다. 그래서 그것들이 사라질 때에는 그것을 괴로움이라고 생각한다.

고귀한 님들은 존재의 다발을 소멸시키는 것을 즐거움이라고 본다. 세상의 사람들이 보는 것과 이것은 정반대이다.

「두 가지 관찰의 경」

내가 아닌 것을 '나'라고 설정해 놓고 거기에 맹렬하게 집착한다는 것이다. 그 집착의 내용을 잘 분석해 보면, 형상과 소리, 냄새와 맛, 감촉과 사실 등인데, 거기에 자아를 투영하는 까닭은 그것들이 사랑스럽기 때문이다. 그 사랑스러움에서 즐거움이 야기된다. 그 즐거움을 지속하려고 하는 행위(혹은 의도)가 애착이다. 결국 애착 혹은 갈애가 자아를 구성하는 원천인 셈이다. 하지만 그 즐거움에서 괴로움이 발생한다. 무릇 모든 생겨난 것은 사라지게 될 테니까. 인연 따라 생겨났다 인연 따라 사라지는 법이니. 거듭 말하지만, 무상이 고다!

여기서도 기묘한 가역반응이 일어난다. 연기법에 대해서는 대체로 공감한다. 세상의 변화무쌍함을 부인하긴 어려우니까. 살다 보면 저절로 체득되는 것이기도 하고. 하지만 그것이 무아로 연결되는 순간 사람들은 멈칫(!) 한다. 그건 좀 다른 문제라 여기는 것이다. 세상의 모든 것들이 다 변해 가도 '나'만은 고유하고 영속하는 무엇이라고 생각하고 싶은 것이다. '자아'라는 가상의 무대 위에서 그것을 장식하기 위해 온 힘을 기울여 왔는데, 갑자기 그것이 모두 신기루이자 물거품이라고? 이것을 감당하기는 쉽지 않다. 불교를 허무주의나 니힐리즘으로 해석했던 이유가 여기에 있다.

그럼 '나'는 누구인가?─사대(四大, 地水火風)

붓다는 철저한 리얼리스트다. 붓다의 깨달음은 고도의 직관과 명상을 요하지만 거기에는 반드시 분석과 통찰의 과정이 수반된다. 보리수 아래에서의 정각 자체가 깊은 명상 속에서 존재와 세계의 근원을 꿰뚫음으로써 이루어진 것임을 환기하라. 하여, 붓다는 '제법무아'諸法無我라는 이 전복적 다르마를 예언자적 톤으로 선포하지 않는다. 믿음으로 받아들이라고 강조하지도 않는다. 그럼, 어떻게? 하나씩 꼼꼼히 따져 보라고 한다. 자신도 그렇게 깨달았기 때문이다.

일단 '나'라고 하면 우리는 가장 먼저 몸을 떠올린다. 몸이야말로 너무나 명확한 나의 실존적 형식 아닌가. 그럼 몸은 무엇으로 구성되었는가? 문명권별로 다르긴 하지만 물질적·정신적 요소들로 이루어진 것은 동일하다. 인도에선 사대와 오온의 결합이라고 본다. 먼저 사대는 지수화풍地水火風이다. 여기에 공空을 더하기도 해서 '지수화풍공'이 되기도 한다. 중화문명권의 목화토금수 오행과도 통하는 면이 있다. 그런데 이 요소들은 영원한가? 다른 것들과 분리되어 그 자체로 존재할 수 있는가? 아니다. 지수화풍공 모두 끊임없이 변한다. 그 배합과 배치 역시 쉼 없이 바뀐다. 고유한 실체성 따위는 있을 수 없다.

그럼 그것을 질료로 해서 만들어진 오장육부, 피부와 살, 뼈대 등은 어떤가? 역시 한순간도 멈추지 않고 변화하고 있다. 극미micro의 차원에서도 그러하고 극대macro의 단위에서도 그러하다. 그리고 우리의 기대와 달리 그것들은 아름답지 않다. 어떤 미인이라도 그의 뼈와 내장을 투시하면 누구든 혐오감을 느낄 것이다. "몸은 뼈와 힘줄로 엮여 있고, 내피와 살로 덧붙여지고 피부로 덮여 있어, 있는 그대로 보이지 않는다. 그것은 내장과 위물, 간장의 덩어리, 방광, 심장, 폐장, 신장, 비장으로 가득 차 있다. 그리고 콧물, 점액, 땀, 지방,

피, 관절액, 담즙, 임파액으로 가득 차 있다."(「승리의 경」)

우리 몸은 온갖 분비물의 온상이다. 눈곱, 귀지, 땀, 때, 가래 등등. 늙고 병들면 갖가지 오물이 여기저기서 흘러나오고, 죽어 시체가 되면 악취를 풍기며 썩어 문드러진다. 우리는 이 사실을 분명히 알고 있다. 그럼에도 그 변화와 실상을 보려 하지 않는다. 어떻게든 그것을 그럴싸한 이미지로 장식한 다음 영원히 그 안에 머무르려 한다. 그 모습만이 진정한 실체라고 믿고 싶은 것이다. 그래서 망상이다. 실상이 아닌 망상. 몸을 자아라고 여기고, 그것을 지속하거나 고수하려 할 때 일어나는 현상이다. 이 과정 자체가 이미 괴로움을 유발한다. 망상에서 어떻게 행복이 가능하겠는가? 붓다의 가르침은 간단명료하다. 주관 혹은 전제를 배제하고 '있는 그대로' 보라. 거기에 어디 '나', '나의 것'이라고 확신하고 고집할 만한 것이 있는지를.

그럼 '나'는 또 누구인가?―오온(五蘊, 色受想行識)

그렇지만 아직 여지는 있다. 사대가 주로 물질적·생리적 영역에 한정된다면 정신을 주관하는 영역은 남아 있으니까. 물론 불교에서 의식은 물질의 반대개념이 아니라 감각기관들과 연결되어 있다. 마음 또한 눈이나 귀처럼 감각기관의 일종이다.

인간의 정신활동은 다섯 가지 덩어리(온蘊)로 이루어져 있다. 색色·수受·상想·행行·식識이 그것이다. 색body온은 물질 혹은 신체를 뜻한다. 지수화풍과 그 파생물질의 영역이다. 수feeling온은 느낌(즐겁거나 괴롭거나 즐겁지도 괴롭지도 않은), 상perception온은 지각작용, 행will온은 "육체적·언어적·정신적·형성의 집합"이고, 식reason온은 개념과 사고 같은 의식의 다발이다.

이 중에서 가장 강력한 것이 행온이다. 의도를 가진 행동, 업을 이루는 원천이다. 선악과 같은 의도적 행위가 개입하는 의식의 흐름이 업력을 이룬다. 수온과 상온은 의도적 형성이 아니기 때문에 업을 짓지 않는다. 중생들은 이 업력으로 태어나고 이 업력에 의해 노·병·사를 겪는다. 그것이 다시 다음 생을 결정짓고. 여기에는 시작도 끝도 없다. 무한한 연속이 있을 뿐! 이 고리를 낳는 것이 얼반이다.

그럼 이 가운데 무엇이 나의 진정한 모습인가? 감각은 그야말로 불안정하기 짝이 없고, 정서는 시절에 따라, 환경에 따라, 나이에 따라 무시로 변해 간다. 의지와 판단 역시 조건에 따라 끊임없이 요동친다. 이 가운에 나의 고유성을 대표할 만한 것은 어디에도 없다. '색수상행식'의 전 영역이 무시로 변화하기 때문이다. 어릴 때의 나와 지금의 나를 비교해 보라. 얼마나 많은 것이 달라졌는가. 실제로 세포들은 하나도 동일하지 않다. 그 과정에서 결코 변하지 않고 영속하는 나의 고유한 속성 혹은 자질이 무엇일까. 솔직히 잘 모르겠다.

그런데도 나는 그 모든 과정을 하나로 연결하여 '나'라고 하는 집을 짓는다. 서까래도 흔들리고 곳곳에 균열투성이인데도 어거지로 대충 이어 버린다. 덮고 메우고 방치하고. 불량도 이런 불량이 없다. 그래서 늘 불안하다. 어디가 허물어질지 몰라서 그렇다. 그런데 아이러니하게도 그 불안이 더더욱 나를 고집하게 만든다. 그것마저 놓으면 존재가 와르르 무너진다고 생각하기 때문이다. 그렇다, 여기가 바로 핵심이다.

"모든 것은 '아'我다. '아'는 색이 있고, '아' 가운데 색이 있고, 색 안에 '아'가 있다고 생각할 것이다. 여기에 미망의 원인이 있는 것이다. 왜냐하면 그가 그렇게 보기 때문에 무상한 것을 무상하다고 있는 그대로 알지 못한다. 고를 고라고 있는 그대로 알지 못한다. 또 무아인 것을 무아라고 여실하게 알 수가 없다. 일체는 인연이 지어지는 대로 있고 또 일체는 인연이 흩어지는 대로 무너지는 것인데 그것을 그는 있는 그대로 알지 못하는 것이다."

(『우다나경』; 마스타니 후미오, 『붓다 그 생애와 사상』, 161쪽)

육체의 어디를 찾아보아도 그것이 '나'라고 할 만한 것은 아무 데도 없다. 감각에 대해서도, 표상에 대해서도, 의지에 대해서도, 의식에 대해서도 그렇다.

(마스타니 후미오, 앞의 책, 167쪽)

그러면 '나'는 없는 것인가? 그건 아니다. 지금 이렇게 존재하고 있지 않은가? 그럼? 있는 것도 아니고 없는 것도 아니다. 이른바 비유비무非有非無! 색수상행식의 결합과 배치에 따라 존재하다가 그 조건이 해체되면 사라진다. 죽음을 생각해 보면 간단하다. 죽으면 당연히 우리를 구성한 몸의 요소들은 흩어진다. 정신의 영역은 어떻게 될까? 잘 모르겠지만 그것 역시 마찬가지 아닐까? 그 가운데 뭔가 더 견고하고 고유한 실체가 있다고 한들 지금의 나는 감지할 수가 없다. 영혼 혹은 영속적인 자아가 있다고 한들 이생을 살아가는 나의 의식으로는 포착 불가능하다. 그건 자명하지 않은가? 하지만 그렇다고 완전히 무화되는가 하면 그건 또 아니다. 분명 기질과 습관, 무의식 등의 흐름이 있어 그것이 다시 새로운 몸을 얻어서 태어나기 때문이다. 뭔가 지속되는 것은 있지만 그것을 특정화하거나 실체화하기는 어렵다. 붓다에 따르면 그것이 바로 카르마다. 신구의身口意 삼업의 흐름들, 그것이 윤회를 주도한다.

그런 점에서 '나는 누구인가?'라는 질문이 야기하는 사항은 실로 다양하다. 나라고 할 만한 것을 도무지 찾을 수 없다는 것, 그리고 그 팩트에 대해서는 침묵하면서 자꾸만 신비와 환상으로 도약하려 한다는 것, 더 나아가 모른다는 사실 자체를 모른다는 것. 그래서 무명이다. 무지의 중층구조로서의 무명!

'나'로부터의 해방, 열반

축의 시대에 형성된 모든 위대한 세계 종교들은 그 최선의 상태에서는 탐욕스럽고 겁에 질린 자아, 많은 해를 끼치는 자아를 제어하려 했다. 그러나 붓다는 좀더 근본적으로 나아갔다. 아낫타(무아)에 대한 그의 가르침은 자아를 없애려는 것이 아니었다. 그는 자아가 존재한다는 사실 자체를 부정해 버렸다. 자아를 항상적 실재라고 생각하는 것이 잘못이었다. 그러한 그릇된 관념이야말로 우리를 괴로움의 순환에서 빠져나오지 못하게 만드는 무지의 증상이었다.

(카렌 암스트롱, 『스스로 깨어난 자 붓다』, 182쪽)

여기서 보듯 어떤 종교의 관점에서 보더라도 자아는 탐욕스럽고 해롭다. 그래서 참된 자아를 찾거나 아니면 자아를 더 높은 상태로 고양시키려고 온갖 노력을 다해 온 것이다. 하지만 붓다는 자아라는 전제 자체를 의심하고 마침내 그것이 '만들어진 허상'임을 깨닫게 되었다. 이것이 제법무아의 핵심이다.

'나'라는 유한한 실체를 고집하는 한 세계는 이원적으로 나누어질 수밖에 없다. 아울러 언제나 지금의 관점에서 과거를 재편집하는 행위를 멈추지 않는다. 특히 우리의 뇌는 '자기합리화'에 능숙하다. 그럴수록 자아는 더더욱 비대해진다. 이런 허상을 계속 강화시키는 근원이 무엇일까? 바로 '탐진치' 삼독이다. 자아란 이 삼독이 제공하는 에너지를 바탕으로 구축된 아바타다. 그렇게 만들어진 '나'를 고수하기 위해 탐진치가 더욱 불타오른다. 안이비설신의眼耳鼻舌身意, 여섯 가지의 감각기관들이 그 통로다.

'수행승들이여, 일체가 불타고 있다. 수행승들이여, 어떻게 일체가 불타고 있는가? 수행승들이여, 시각도 불타고 있고 형상도 불타고 있고 시각의식도 불타고 있고 시각접촉도 불타고 있고 시각접촉을 조건으로 생겨나는 즐겁거나 괴롭거나, 즐겁지도 괴롭지도 않은 느낌도 불타고 있다. 어떻게 불타고 있는가? 탐욕의 불로, 성냄의 불로, 어리석음의 불로 불타고 있고 태어남·늙음·죽음·우울·슬픔·고통·불쾌·절망으로 불타고 있다고 나는 말한다.' 이와 같이 해서 청각과 소리, 후각과 냄새, 미각과 맛, 촉각과 감촉, 정신과 사실에 대하여도 동일하게 반복된다.

　이것이 그 유명한 붓다의 산상설법이다. 예수의 산상수훈에 비교되기도 한다. 붓다가 보기에 존재는 불타고 있다. 시각·청각·후각·미각·촉각, 다섯 개의 감각기관은 물론이고 그 정보들을 접촉하는 정신조차도 불타고 있다. 중생의 삶은 불 속에서 '불'을 보는 격이다. 불은 세상을 밝히지만 불 속에 있으면 바깥이 보이지 않는다. 불꽃이 커질수록 세계의 실상은 일그러진다. 불꽃의 일렁임을 통해 세상을 보기 때문이다. 열기가 뜨거워질수록 마음 역시 달아오른다. 거기에는 평화도 휴식도 없다. 당연히 자유는 불가능하다.

　붓다의 가르침은 이 화염을 끄는 작업이었다. 오랫동안 인류는 태양신을 섬겼다. 그리스·로마 신화의 프로메테우스는 신들에게서 불을 훔쳐 인간에게 준 대가로 매일같이 독수리한테 간을 쪼아 먹히는 벌을 받았고, 최초의 종교라 불리는 조로아스터교 역시 불을 섬기는 신앙이다. 인도의 바라문교 역시 일종의 태양숭배사상이다. 태양의 빛과 열, 그것이 생명의 원천이자 진리의 표징이었다. 태양계에 사는 인류에겐 너무도 당연한 현상이다.

하지만 그것은 불에 대한 맹목적 숭배를 낳기에 이른다. 『베다』와 『우파니샤드』는 기본적으로 불의 종교다. 아그니가 바로 불을 관장하는 신이다. 초기승단이 형성될 무렵 카시아파 형제들이 붓다에 귀의한다. 이들이 바로 아그니를 섬기는 수행집단이었다. 그들은 불의 신을 섬기면서 신통력을 키웠고 그 신통력을 고양시키는 것이 신에게 다가가는 것임을 굳게 믿었다. 붓다는 그들을 간단히 제압한다. 붓다의 지혜는 물의 에너지다. 불은 물을 이길 수 없다. 불의 열기에서 물의 파동으로! 인도를 넘어 인류지성사에 아주 새로운 사유가 도래한 것이다.—누구든 '붓다의 그늘에 가 있으면 한량없이 뜨거운 번뇌를 소멸하게 될 것이다'.

우리 시대를 생각하면 더더욱 그렇다. 디지털은 전 세계를 파동으로 연결했지만 그걸 이용하는 사람들은 이기심, 즉 탐진치로 불타고 있다. 날마다 식욕과 성욕의 대향연이 펼쳐진다. 동물적 단계를 벗어나기 위해 문명과 기술을 고도화했음에도 일상은 여전히 원초적 충동의 화염에 휩싸여 있다. 결과는? 늘 화가 나 있고, 목이 마르고, 잠들지 못한다. 번뇌의 불꽃이 몸 안의 생명수를 잠식하는 중이다. 그와 동시에 지구가 불타고 바다가 오염되고 숲이 사라지고 있다. 최근에는 꿀벌들 수십억 마리가 순식간에 증발되었다. 놀라운 일이다.

아니, 무서운 일이다. 인간의 생태와 지구의 생태가 이토록 기묘한 대칭을 이루다니! 마음이 불타니 세계가 불타는 격이다. 어떻게 이 불을 끌 것인가?

붓다는 모든 존재가 고통에서 벗어나 지복을 누릴 수 있다고 선포했다. 붓다 자체가 그런 존재다. 그 지복이 바로 열반이다. 열반이란 무엇인가? 불이 꺼진 상태, 불이 꺼짐으로써 어떤 인연조건에도 휘둘리지 않는 고요한 적정의 상태다. 어떻게 해야 거기에 도달하는가? 탐진치라는 연료를 제거하면 된다. 그런데 그 연료를 계속 제공하는 센터가 무엇인가? 바로 '나'라고 하는 의식이다. "일상적 자아를 긍정하는 주된 본능이야말로 정신적인 모든 악의 숨은 뿌리"(S. 라다크리슈난, 『인도철학사』 2, 185쪽)다. 그러므로 이 자아를 해체해야 한다. 어떻게? 억누르고 제거하는 것이 아니라 분석과 통찰을 통해서. 모든 전제와 이미지, 망상에서 벗어나 삶의 실상, 존재의 현장을 있는 그대로 보라. 과연 '나'라고 주장하고 고집할 것이 어디에 있는지. 그것을 깨닫는 순간 욕망의 불꽃이 꺼진다. 그 순간, 넓고 깊은 생명의 바다를 유영하게 된다. 온갖 근심걱정과 강박에서 벗어나 운동과 흐름 그 자체가 된다. 과거에 매이지도 않고 미래의 불안에 휩싸이지도 않는다. 오직 현재를 살아간다.

아주 오래전 누군가 불교를 이렇게 정의한 적이 있었다.

'행복하거나 존재하지 않거나!' 그땐 불교를 그저 피세와 초탈의 종교라 여길 때라 좀 당혹스러웠다. 붓다의 여정을 함께해 보니 이젠 좀 알겠다. 열반은 어떤 조건에 연루되지 않는 절대적 행복, 곧 지복이다. 붓다는 그리로 가는 길을 알려주었다. 그것을 가로막는 것이 다름 아닌 자아라는 사실도. 그 자아로부터 해방되는 길이 바로 제법무아의 다르마임도.

출생을 묻지 말고 행위를 물으라

붓다: 수행승이여, 그것을 받아들여 슬픔, 고통, 좌절, 재난을 일으키지 않는 영혼설이 있다면 그것을 받아들여라. 그러나 수행승이여, 그것을 받아들여 슬픔, 고통, 좌절, 재난을 일으키지 않는 영혼설을 보았는가?

수행승: 세존이시여, 보지 못했습니다.

(월폴라 라훌라, 『붓다의 가르침과 팔성도』, 171쪽)

이렇듯 인간은 영원하고 상주하며 불변하는 실체를 갈망한다. 그래서 갖가지 유형의 영혼설에 빠져든다. 그래서 무아를 받아들이기가 너무나도 어렵다. 그런 이들에게 붓다는 되묻는다. 자아를 보장하는 설 가운데 슬픔과 재난을 야기하지 않는 것이 있느냐고? 당연히 없다!

실제로 이 자아의 집단적 확대가 신분과 계급, 민족과 제국, 성별과 인종 등의 구획을 낳았다. 그 집단적 자아들이 인류를 얼마나 고통스럽게 했으며 자연을 얼마나 끔찍하게 파괴했는가. 수천 년의 역사가 오롯이 그것을 증언하고 있다. 20세기의 양차대전과 냉전의 비극, 지금 우리가 겪는 코로나 팬데믹이 바로 그 증거다.

앞으로 기후위기를 극복하려면 지구의 온도를 낮추고 자연과 공존하는 길을 모색해야 한다. 무엇보다 인간과 동물, 문명과 생명의 경계를 뛰어넘어야 한다. 선결과제는 자아로부터의 해방, 바로 그것이다. 붓다의 승가공동체가 모든 사회적 차별과 대결을 뛰어넘을 수 있었던 원천도 여기에 있다.

"출생을 묻지 말고 행위를 물으십시오.
어떠한 땔감에서도 불이 생겨나듯,
비천한 가문일지라도 성자는 지혜롭고,
고귀하고, 부끄러움을 알고, 자제합니다."

「쑨다리까 바라드와자의 경」

"날 때부터 천한 사람인 것이 아니고,
태어나면서부터 고귀한 님인 것도 아니오.

행위에 의해서 천한 사람도 되고,

행위에 의해서 고귀한 님도 되는 것이오."

(「천한 사람의 경」)

현자들은 이와 같이, 있는 그대로 그 행위를 봅니다.

그들은 연기緣起를 보는 님으로서, 행위와 그 과보에 대하여

잘 알고 있습니다.

세상은 행위로 말미암아 존재하며, 사람들도 행위로 인해서

존재합니다.

뭇 삶은 달리는 수레가 축에 연결되어 있듯이, 행위에 매여

있습니다.

감관의 수호와 청정한 삶과 감관의 제어와 자제, 이것으로

고귀한 님이 됩니다.

(「바쎗타의 경」)

귀貴와 천賤, 바라문과 평민, 이 모든 차별은 부당하고, 또 무의미하다. 인간은 오직 자신의 행위로서만 구분된다. 나는 누구인가? 행위, 그것이 곧 나다. 행위가 지혜로운가? 그럼 나는 고귀하다. 무명에 휩싸여 있는가? 그럼 나는 비천하다. 카르마 이론은 결정론적으로 보이지만 실제론 그 반대다. 이 제 인간은 스스로를 책임져야 한다. 그 행위에 따라 고귀함

과 천함이 나누어지기 때문이다. 행위의 범위도 생각, 동기, 감정, 그리고 말까지 다 포함된다. 이것은 전적으로 나의 선택에 달려 있다. 이보다 더 자율적이며 수평적인 윤리가 있을까.

주체를 고정시키는 한 차별은 불가피하다. 신분제가 사라진 자리에 부자와 빈자의 차별이 들어서고, 백인과 흑인, 여성과 남성의 차별 역시 따지고 보면 다 자아를 고정시키는 데서 비롯한다. 사실 문명사는 모순과 갈등의 역사다. 그리고 언제나 투쟁을 통해 그것을 풀어 왔다. 그 경로를 살펴보면, 결국엔 각종 차별을 넘어서는 방향으로 나아가고 있다. 마땅히 그래야 한다. 하지만 거기에 따르는 희생은 너무도 컸다. 하여, 이 투쟁의 역사에는 승자가 없다. 모두가 패자다. 이긴 자는 폭력의 리듬을 몸에 새기고, 진 자는 원한과 자책을 각인하기 때문이다. 이 악순환의 정보들은 결코 사라지는 법이 없다. 대를 이어, 생사를 넘어 계속 되풀이된다. 카르마의 지속적 순환, 그것이 곧 윤회다.

참 다행스럽게도 디지털문명은 거의 모든 차별을 철폐하고 전 세계를 수평적으로 연결하였다. 그럼에도 정작 우리 시대 사람들은 이 자유와 평등의 기쁨을 제대로 누리지 못한다. 왜 그럴까? 자아의 불꽃이 조금도 꺼지지 않아서다. 꺼지기는커녕 더더욱 타오르고 있다. 승자의 폭력성과 패자의 원한

청년 붓다

이 모든 인류의 공통의 카르마가 된 탓이다. 폭력과 원한을 내재한 채, 그것을 자아라고 굳게 믿는 한, 거기에 자유는 없다. 차별 없는 평등은 불가능하다. 하여, 그 자아는 바야흐로 감옥이 되었다. 나를 가두고 세상과 단절되고 타인을 두려워하게 만드는 철창보다 더한 감옥!

이 감옥을 부수고 세상 속으로 성큼 걸어 나오려면? 자아라는 허상을 버려야 한다. "'나' 또는 '존재'라는 것이 인과법칙에 따라 끊임없는 변화의 흐름을 타고 상호작용하는 정신적·신체적인 결합이라는 사실을"(월폴라 라훌라, 『붓다의 가르침과 팔정도』, 183쪽) 알아야 한다. 오직 행동으로써 세상과 연결되어야 한다. 그러면 타자들과의 접속과 변이를 두려워하지 않게 될 것이다. 아니 오히려 그런 리듬을 즐기게 될 것이다.

실제로 우리는 종종 그런 체험을 하곤 한다. 어린아이가 놀이에 몰두할 때 그러하듯이, 뭔가에 순수하게 몰입했을 때 누구나 몸과 마음의 지극한 평온을 누린다. 나아가 음악이건 과학이건 세상에서 가장 경이로운 성취는 자기를 잊고 몰입한 상태에서 일어난다고 하지 않는가. 그래서 이런 상태를 인위적으로 만들기 위해 술을 마시거나 심지어 약물을 찾거나 주사를 맞기도 한다. 자아를 의식하는 게 너무 버거워서다. "지옥에는 오직 자아의지가 불타고 있다."(「테오르기아 게르마니카」; S. 라다크리슈난, 『인도철학사』 2, 223쪽) 이런 이치를 거꾸로 적용해 보면 열반이 왜 자아로부터의 해방인지를 깨닫게 될 것이다.

20세기를 대표하는 과학자이자 영적 구루이기도 한 아인슈타인은 말한다. "우리는 살아 있는 모든 생명과 아름다운 자연을 포용할 수 있는 자비의 폭을 넓힘으로써, 이 (자아의) 감옥으로부터 스스로를 구원해야만 하는 임무를 지니고 있다."(비키 메킨지, 『나는 여성의 몸으로 붓다가 되리라』, 213쪽) 이 말을 잘 곱씹어 보면, 사유의 새로운 경계가 열린다. 자비와 무아가 뗄 수 없이 결합되어 있다고 하는!

자비, 무한한 공감의 프로세스

무아는 붓다의 가르침의 핵심이자 절정이다. 자아로부터 도주하고, 자아를 구성하는 독화살에서 벗어나면, 그다음엔 무슨 일이 벌어지는가? 그 텅 빈 공간에 무한한 공감의 장이 열린다. "전통적인 요가에서 요가 수행자는 무감각한 자율성의 상태를 구축함으로써 세상에 대한 관심을 점점 줄여 나갔던 반면, 고타마는 다른 모든 존재를 향한 완전한 동정심 속에서 자신을 넘어섬으로써 낡은 규율과 자비를 융합했다."(카렌 암스트롱, 『스스로 깨어난 자 붓다』, 135쪽)

예수님의 사랑, 부처님의 자비라고 하면 그저 남에게 친절하게 대하고 남을 배려하는 것, 재물을 나누고 봉사활동을 하는 것 정도로 간주된다. 선과 도덕에 대한 클리셰로 취급하는 것이다. 영성을 탐구하려면 이 진부한 상투어의 장벽을 넘어서야 한다. "붓다의 정신은 아무것도 없는 공백 상태가 아니라 자비심과 기쁨과 유머로 가득 차"(텐진 팔모; 비키 메킨지, 앞의 책, 291쪽) 있다. 그렇다. 무아는 자비를, 자비는 기쁨과 유머를 불러온다.

무아는 달리 표현하면 존재와 세계의 상호작용을 의미한다. 나라고 할 것이 없음을 알게 되었다면 더 이상 이기적인 욕망에 복무할 이유가 없다. 자연스럽게 그 마음은 타자와 세계를 향해 나아간다. 당연한 일이다. 나의 욕망을 어떻게 채울 것인가에서 어떻게 타자와 연결될 것인가로 나아갈 수밖에 없지 않은가. 그 연결이 곧 생명이고 운동이다. 따라서 무아는 결코 허무주의, 비관주의가 아니다. 오히려 그 반대다. 자아의 감옥에 갇혀 있다가 비로소 그 감옥의 벽을 부수고 나온 격이니 그야말로 환희용약하지 않겠는가. 그 자유와 기쁨의 파동이 마음의 경계를 넘어 확장해 가는 것이 바로 자비다.

자비는 기쁨과 슬픔을 나누는 것이다. 타자의 기쁨을 기뻐하는 것이 자慈, 타인의 슬픔을 덜어 주고자 하는 것이 비悲.

한마디로 공감의 무한한 확장이다.

살아 있는 생명이건 어떤 것이나, 동물이거나 식물이거나 남김없이, 길다랗거나 커다란 것이나, 중간 것이거나 짧은 것이거나, 미세하거나 거친 것이거나,

보이는 것이나 보이지 않는 것이나, 멀리 사는 것이나 가까이 사는 것이나, 이미 생겨난 것이나 생겨날 것이나, 모든 님들은 행복하여지이다. (……)

어머니가 하나뿐인 아들을 목숨 바쳐 구하듯, 이와 같이 모든 님들을 위하여 자애로운, 한량없는 마음을 닦게 하여지이다.

그리하여 일체의 세계에 대하여 위로 아래로 옆으로 확장하여 장애 없이, 원한 없이, 적의 없이, 자애로운, 한량없는 마음을 닦게 하여지이다.

서 있거나 가거나 앉아 있거나 누워 있거나 깨어 있는 한, 자애의 마음을 새기게 하여지이다. 이것이야말로 참으로 청정한 삶이옵니다.

(「자애의 경」)

『숫타니파타』를 대표하는 「자애의 경」이다. '무소의 뿔처럼 혼자서 가라' 만큼이나 강력한 임팩트를 주는 경이다. 사

랑과 자비를 구현하고자 하는 사람일지라도 이런 경지까지 상상해 본 적은 없을 것이다. 인간을 넘어 생명 가진 모든 존재는 물론이고, 위로 아래로 옆으로, 한마디로 시방삼세를 다 포괄하고 있다. 이로써 열두 살 갯복숭아나무 아래서의 미스터리가 풀렸다. 이때 싯다르타 왕자는 자아가 해체되면서 무한한 공감이 일어나는 과정을 체험했던 것이다.

이게 과연 실천 가능한 것인가는 둘째 치고, 인간의 마음이 이토록 한량없는 마음을 일으킬 수 있다고 설정하는 것 자체가 경이롭다. 그렇지 않은가. 이것은 마치 인간의 마음을 빛으로 긴주할 때나 가능한 설정이다. 빛은 창조의 출발이자 원천이다. 우주에서 빛의 속도를 추월하는 것은 없다. 또 모든 존재에게 있어 빛의 속도는 동일하다. 누가 더 가까울 수도 없고 멀 수도 없다. 빛 앞에서의 완벽한 평등!

마음에서 자아라는 벽이 무너지면 무한한 빛이 방사되는데, 그것을 윤리적으로 표현하면 자비가 된다. 달리 말하면, 자비를 구현하는 순간, 우리는 우리 자신의 경계를 넘어 무한에 접속할 수 있다.

하늘과 땅의 모든 중생들은 윤리적 완성의 법칙하에 있다. 신, 인간, 혹은 동물이든, 삼계의 모든 존재는 윤리적 인과관계의 연쇄에 의하여 서로 묶여 있다. 이러한 동체 의식은 붓다의 가르침 전체를 관통하는 흐름이다. 모든 존재의 생생하고 유기적인 통일이 또한 있다. 이러한 동체 의식의 개발 혹은 완전한 지식·평화·기쁨을 얻는 것이 열반이다. 자유는 우주 의식 속에 나의 개별 의식을 확장하는 것이며, 우리의 개별적인 느낌을 다른 모든 존재에 대한 연민으로 확대하는 것이다.

(S. 라다크리슈난, 『인도철학사』 2, 241쪽)

모든 존재는 한때 나의 어머니였음을!

그럼 그 강도와 속도는 어느 정도일까? 어머니가 외아들의 목숨을 구할 때와 같이 해야 한다. 간절하고, 또 절박해야 한다는 뜻이다. 자비의 강렬도를 이보다 잘 표현하는 말도 없으리라. 앞에서도 말했지만, 우리는 자비라는 용어를 들으면 그저 친절하고 사랑스러운 미소를 떠올린다. 거기서 끝이다. 그 안에 내재된 폭발적 에너지를 짐작조차 하지 못한다. 거꾸로 활력과 역동성이 넘치는 것은 자비와는 거리가 멀다고 생각한다. 그 근저에는 오직 욕망만이 힘과 에너지를 뿜어 낸다는 고정관념이 자리하고 있다. 물론 욕망은 힘이 세다. 하지만 욕망은 열이지 빛이 아니다. 그 불꽃과 열기는 먼저 타인을 태우고 나중에는 자신조차 태워 버린다. 파괴를 향할 뿐 생성은 불가능하다. 태우지 않고 살리는 힘, 그것이 곧 자비다. 고로 자비는 빛이다. 훨씬 더 강렬하고 긴박해야 한다. 그것의 가장 절절한 표현이 '어머니가 하나뿐인 아들의 목숨을 구할 때'라는 구절이다. 물론 어머니의 사랑도 자식에 대한 애착으로 귀결될 수 있다. 하지만 그 간절함과 절실함을 세상 전체로 방사할 때, 그게 바로 자비의 파동이다.

대승불교, 특히 티베트불교에 가면 한 걸음 더 나아간다. 무수한 윤회의 과정 동안 모든 중생은 언젠가 나의 어머니였다. 모든 생명체의 공통감각은 새끼에 대한 지극한 애정이다. 파괴적 충동이 지배하는 파충류조차 번식은 지상 최고의 목표다. 우리 모두는 미생물에서 벌레, 파충류, 포유류를 거쳐 유인원으로, 그리고 인간이 된 이후에도 무수한 생을 거듭해 왔다. 그러니 누구든 한 번은 나의 어머니였지 않겠는가. 그때 나의 어머니는 지극정성을 다해 나를 돌봤을 것이다. 그래서 지금 여기, 이 모습으로 존재하게 된 것이다. 물론 그 어느 때인가는 「자애의 경」에 나오듯 나는 그의 외아들이었을 것이다. 그리고 목숨이 위태로운 상황도 있었을 것이다. 그때 나의 어머니는 온 힘을 다해, 자신의 목숨을 기꺼이 바쳐 나를 구했을 것이다. 그러니 그 어머니의 마음에 보답하는 심정으로 중생을 대하라, 그것이 자비다.

만약 인연조건이 바뀌어 지금 이생에선 그를 라이벌로, 적으로, 원수로 만났다면 어떻게 해야 할까? 그럼 이렇게 생각해 보라. 만약 어머니가 나를 키우던 마음을 잊어버리고 난폭하게 행동한다면? 병이 들거나 노환이 오면 실제로 이런 경우가 적지 않다. 그럴 경우에도 자식이라면 그런 어머니를 안타까워하지 맞서지는 않는다. 설령 부모가 나를 때리고 괴롭히더라도 걱정하고 슬퍼하지, 싸워 이기겠다고 생각하지는 않는다. 나를 알아보지 못하는 무지, 그 무지에서 나오는 폭력을 멈추려고 하지 미움과 증오의 불길에 휩싸이지는 않는다. 바로 그런 마음으로 적을 대하라는 것. 그것이 바로 자비요 비폭력이다. 반박할 여지가 없다.

일단 그렇게 깨닫고 나면 그 마음을 일상의 모든 과정, 즉 서 있거나 앉아 있거나 누워 있거나 깨어 있거나 새기고 또 새겨야 한다. 나아가 삶의 이유와 목표 자체가 오직 그것이어야 한다. 모든 중생을 윤회에서 벗어나도록 돕는 것. 고통받는 중생들을 이롭게 하는 것. 붓다의 45년에 걸친 전법활동이 그 증거다. 붓다의 제자들 또한 기꺼이 그 길을 따랐다. 훗날 대승불교가 표방한 보살의 개념에선 그런 이타적 의미가 더욱 강화된다. 보살은 열반에 이르기 직전 깨달음을 잠시 멈춘다. 모든 중생들을 구제할 때까지 열반을 지연시키는 것이다. 티베트불교에 가면 한 걸음 더 나아간다. 다른 사람들을 도우려면 붓다를 이루어야 한다. 그래서 빨리 성불하기 위해서 최선을 다한다. 그것이 보리심이다.

그렇다. 자아가 소멸되면 거기는 텅 빈 허무와 적막이 들어서는 것이 아니라, 타자를 향한 무한한 공감이 펼쳐진다. 무한한 잠재력을 가지고 접혀 있다가 조건이 되면 활짝 펼쳐지는 양자적 진동의 주름들처럼. 그 공감의 파동에는 주체가 없다. 오로지 공감의 프로세스만 존재한다. 무한한 공감의 프로세스, 그것이 곧 자비다! 그게 가능해? 그것이 얼마든지 가능하다고, 아니 그것이야말로 인간의 본성이자 궁극의 목표라고 말하는 것이 붓다의 가르침이다. 들뢰즈가 말한 '절대적 탈영토화'라고 하는 것이 이런 경지일까? 서구에선 20세기 중반에서야 비로소 '탈주체화'가 철학의 화두가 되었는데, 붓다는 이미 2,600년 전에 무아의 다르마를 터득한 것이다. 고로, 무아는 지혜의 광명이요, 자비의 원천이다.

* * *

『달라이 라마의 불교 강의』에 나오는 이야기다. 붓다께선 자애를 통한 마음의 해탈을 수행하는 사람들은 열한 가지 이득을 경험한다고 하셨다.

"당신은 잘 잔다. 당신은 행복하게 잠이 깬다. 당신은 악몽을

꾸지 않는다. 당신은 사람들을 기쁘게 한다. 당신은 정령들을 기쁘게 한다. 신들이 당신을 보호한다. 불[火]과 독과 무기들이 당신을 해치지 못한다. 당신의 마음은 쉽게 선정에 들게 된다. 당신의 안색은 평온하다. 당신은 맑은 정신으로 죽는다. 당신의 수행이 이것보다 진전되지 못하면, 당신은 범천에서 살게 될 것이다."

(달라이 라마·툽텐 최된, 『달라이 라마의 불교 강의』, 333쪽)

붓다의 자상함과 유머가 돋보인다. 그래서인가. 달라이 라마께선 지금도 하루 8시간 정도를 푹 주무신다고 한다. 푹 자고 행복하게 깨어나는 것, 현대인한테는 아주 지난한 미션이다. 사람들과 정령들을 기쁘게 하는 것? 언감생심이다. 나 자신을 기쁘게 하기도 버겁다. 맑은 정신으로 죽는다고? 누구나 간절히 소망하지만, 속으로는 생각한다. 절대 가능할 리 없다고.

이렇게 따져 보면 이 항목들이 얼마나 특별한지를 알게 될 것이다. 자애와 해탈, 무아와 자비의 파동은 이토록 위대하다. 마지막 대목이 압권이다. 수행이 좀 더디다 해도 범천에서 살게 된단다. 최소한 다음 생에 하늘에 태어난다는 뜻이다. 헐! 이 정도면 밑져야 본전, 아니 남는 장사 아닌가?^^

좋은 벗과
함께 가라!

길 위에서 펼쳐지는 '언어의 향연'

초전법륜의 사자후는 사슴 동산을 넘어 대도시 라자가하 전체에 울려 퍼졌다. 야사와 그의 친구들, 사리불과 목갈라나 등 시대전환을 꿈꾸고 진리에 목말라하던 청년들이 자원방래하고, 카스트 제도 하에서 숨죽여 살던 천민, 노비들이 들어오고, 오랫동안 진리의 영역에서 완전히 배제되었던 여성들이 들어온다. 그리하여 승가라는 일찍이 없었던 수련공동체가 탄생했다. 승가는 아주 특이하고 독보적인 조직이었다. 구원과 해방이라는 비전에 있어서는 영적 공동체지만, 분석과 통찰, 자기수련이라는 차원에서 보면 교육공동체에 가깝다. 인류사에 처음 등장한 집합체이자 존재방식이었다. "역사상 처음으로 하나의 집단이 아니라 인류 전체를 대상으로

종교적 강령을 구상한 사람이 나타난 것이다."(카렌 암스트롱, 『스스로 깨어난 자 붓다』, 192쪽)

붓다는 다시 길 위에 나선다. 이 도시에서 저 도시로, 이 숲에서 저 숲으로, 이후 무려 45년간 붓다는 길 위에서 '길'을 알려 준다. 인류의 대스승 가운데 이토록 오랫동안 가르침을 펼친 스승은 없었다. 그야말로 전무후무한 여정이다. 아, 그렇다고 이것이 승가의 확장을 위한 전교라고 생각하면 큰 오산이다. 붓다는 다른 믿음체계를 가진 이들에게 개종을 강요하지 않았다. 오히려 개종하겠다는 이들에게 충분히 더 생각해 보라고, 개종하더라도 이전에 속했던 종파에 대한 존중을 잃지 말라고 권유한다. "내가 아는 한 불교도들이 오랫동안 전성기를 누렸던 많은 나라에서 다른 믿음을 가진 사람들을 박해한 기록은 찾아볼 수 없다."(리스 데이비즈; 삐야닷시 테라, 『붓다의 옛길』, 32쪽) 그래서 더더욱 다양한 지역, 다양한 문화 속으로 들어갈 수 있었다.

시간의 장구함만큼이나 그의 설법 또한 종횡무진 그 자체다. 팔만 사천 법문이라는 양도 양이지만 그 표현의 스펙트럼 역시 눈이 부실 지경이다. 수억 겁의 생을 넘나드는 전생담을 비롯하여 탐진치에 대한 세밀한 디테일과 윤리적 실천의 구체적 스텝에 이르기까지. 중생의 근기에 따라, 인연조건에 따라 붓다의 말은 끊임없이 변주된다. 팔정도의 '정어'

正語가 무엇인지, 언어가 어떻게 길이 되고 지도가 되는지를 여실하게 증명해 준다. 그 무수한 변주에도 다르마의 원리는 조금도 흔들리지 않았다. 사성제와 팔정도, 연기법과 무아, 그리고 무량한 마음으로서의 자비. 보편적 가치 위에서 펼쳐지는 무수한 방편의 대향연! 그것이 붓다의 언어다.

언어가 가장 비루하고 지루해지는 이때, 언어가 인간과 세상을 연결하기는커녕 격절과 분리를 야기하는 이때, 울림과 떨림은 고사하고 참을 수 없는 경박과 혐오를 초래하는 이때, 우리는 붓다에게서 무엇보다 언어의 무한한 잠재력을 배워야 할 것이다. 영적 비전과 일상의 현장이 멋지게 어우러지는 언어의 대향연을! 기운생동하는 비유법과 반전의 유머는 덤이다.^^

하늘이여, 비를 뿌리려거든 뿌리소서

그와 연관하여 『숫타니파타』의 두 장면을 소개한다. 첫번째는 소 치는 「다니야의 경」. 붓다는 당시 유행 중이었다. 아직 지위도 명성도 없는 청년이다. 그저 길 위의 구도자일 뿐인 시절이다. 강가의 한 움막에 머무르면서 농부 다니야와 대화를 나눈다. 대화라지만 팔리어의 운율에 맞춰 진행되는 일종의 '게송 배틀'이다.

1. [소 치는 다니야] "나는 이미 밥도 지었고, 우유도 짜 놓았고, 마히 강변에서 가족과 함께 살고 있고, 내 움막은 지붕이 덮이고 불이 켜져 있으니 하늘이여, 비를 뿌리려거든 뿌리소서."

2. [세존] "분노하지 않아 마음의 황무지가 사라졌고 마히 강변에서 하룻밤을 지내면서 내 움막(자신 혹은 몸—인용자)은 열리고 나의 불(탐진치의 불꽃—인용자)은 꺼져 버렸으니 하늘이여, 비를 뿌리려거든 뿌리소서."

3. [소 치는 다니야] "쇠파리들이나 모기들이 없고, 소들은 강 늪에 우거진 풀 위를 거닐며, 비가 와도 견디어 낼 것이니, 하늘이여, 비를 뿌리려거든 뿌리소서."

4. [세존] "내 뗏목은 이미 잘 엮어져 있고 거센 흐름을 이기고 건너 피안에 이르렀으니, 이제는 더 뗏목이 소용없으니, 하늘이여, 비를 뿌리려서든 뿌리소서."

5. [소 치는 다니야] "내 아내는 온순하고 탐욕스럽지 않아 오랜 세월 함께 살아도 내 마음에 들고 그녀에게 그 어떤 악이 있다는 말을 듣지 못하니 하늘이여, 비를 뿌리려거든 뿌리소서."

6. [세존] "내 마음은 내게 온순하여 해탈되었고 오랜 세월 잘

닦여지고 아주 잘 다스려져, 내게는 그 어떤 악도 찾아볼 수 없으니, 하늘이여, 비를 뿌리려거든 뿌리소서."

7. [소 치는 다니야] "나 자신의 노동의 대가로 살아가고 건강한 나의 아이들과 함께 지내니, 그들에게 그 어떤 악이 있다는 말을 듣지 못하니, 하늘이여, 비를 뿌리려거든 뿌리소서."

8. [세존] "나는 누구에게도 대가를 바라지 않아, 내가 얻은 것으로 온 누리를 유행하므로, 대가를 바랄 이유가 없으니, 하늘이여, 비를 뿌리려거든 뿌리소서."

인도는 계절이 여름, 겨울, 우기로 나누어진다. 우기엔 세 달 이상 계속 비가 내린다. 하늘이여, 비를 뿌리려거든 뿌리소서, 라는 후렴구는 그런 환경조건을 배경으로 한다. 하염없이 내리는 비의 시간을 어떻게 견딜 것인가? 우리로 치자면 수시로 닥쳐올 사고와 질병, 그리고 노후의 고난을 어떻게 대비할 것인가?

다니야는 자신만만하다. 밥도, 우유도, 움막도 다 마련되었다. 이제 비가 쏟아져도 괜찮다. 충분하다. 그에 반해 붓다는 완전 빈털터리다. 마히 강변에서 노숙을 하는 처지다. 겉으로만 보면 다니야는 붓다보다 훨씬 유리하다. 온갖 생필품이 충분히 마련되었으니까. 하지만 정말 그럴까? 살아 보면 안다. 고난이 닥칠 때 물질적 조건으로 해결할 수 있는 게 그다지 많지 않다는 것을. 게다가 사건 사고는 늘 우리의 기대치를 무산시킨다. 그럴 때마다 화가 나고 두렵다. 마음이 난동을 부리면 그야말로 대책이 없다. 설상가상이다. 붓다의 길은 정반대다. 마음의 불꽃이 다 꺼졌으니 어떤 비에도 평안하다. 재난을 이겨 내기를, 재난이 비켜 가기를 바라고 간구할 필요가 없다. 길흉화복 무엇이든 상관없다. 마음이 외적 조건을 훌쩍 뛰어넘었기 때문이다. 붓다의 완승!

다니야의 노래는 한 단계 업그레이드된다. 내게는 소가 있고, 아내는 더할 나위 없이 유순하고, 자식들도 다 건강하다. 우기만이 아니라 인생 전반이 다 만족스럽다는 것이다. 재산, 가족, 건강 등이 나를 지켜 줄 거라고 믿는 것이다. 과연 그럴까? 아내의 유순함은 계속될까? 자식들은 병들지 않을까? 그리고 무엇보다 다가오는 '노·병·사'는 어찌할 것인가? 소가 그걸 막아 줄 수 있을까? 붓다의 자산은 그와 다르다. 아내가 아니라 내 마음이 온순하여 모든 욕망에서 벗어났으며 누구에게도 대가를 바라지 않는다. 원하는 바가 없고 대가가 필요 없는 존재, 누구도 이런 존재를 두렵게 할 수 없다. 역시 붓다의 승리!

2,600년 전 북인도의 한 강변에서 벌어진 대화의 울림이 오늘 우리에게도 고스란히 전달된다. 우리에겐 우기가 없지만 그래도 늘 불안하다. 다가오는 노년, 돌연한 사고와 질병,

불운과 파탄 등으로 인해. 그럴 때마다 우리는 연금과 보험을 챙기고, 자산규모를 헤아리고, 가족관계의 견고함을 내세운다. 그것이 나를 지켜 줄 거라고 굳게 믿는 것이다. 정말 그런가? 당연히 아니다. 알고 있다. 그래서 더욱더 연금과 자산과 가족에 집착한다. 언제 부서질지 모르는 것들에 매달리는 그 심정은 오죽할까. 그러는 동안 우리 마음은 황무지가 되어 간다.

붓다는 다니야를 반박하지 않는다. 그저 자신이 무엇으로부터 벗어났는지를 알려 줄 뿐이다. 진정 원하는 것이 '마음의 평안'이라면 나는 거기에 이미 도달했노라고. 방법은 간단하다. 재산과 가족, 건강 같은 무상한 것에 매달리지 말고 가장 먼저 무언가를 갈망하는 욕망의 불꽃으로부터 벗어나면 된다. 이 게송 배틀은 다니야가 붓다에게 귀의함으로써 마무리된다.

다니야는 비로소 알게 되었다. 움막과 우유와 재산과 가족으로는 결코 쏟아지는 비를 막을 수 없음을. 잠시 우기를 피할 수야 있겠지만 '생로병사'가 초래하는 환란과 번뇌의 비바람은 결코 막을 수 없다는 것을.

마음의 밭을 갈아라

두번째 장면. 우유와 밥과 움막은 소중하다. 재산도 아내도 노동의 대가도 모두 소중하다. 하지만 그보다 더 소중한 것은 마음의 밭이다. 마음은 보이지 않지만 그 모든 것을 추동하는 원동력이자 나침반이기 때문이다. 그럼에도 우리는 그 마음을 내팽개쳐 버린다. 삼독에 물들여진 채로 태어난 것도 문제지만 이렇게 마음을 방치한 채로 살아가는 것이 더 큰 문제다.

[까씨] "수행자여, 나는 밭을 갈고 씨를 뿌리며 밭을 갈고 씨를 뿌린 뒤에 먹습니다. 그대 수행자도 밭을 갈고 씨를 뿌린 뒤에 드십시오."

[세존] "바라문이여, 나도 밭을 갈고 씨를 뿌립니다. 밭을 갈고 씨를 뿌린 뒤에 먹습니다."

[까씨] "그러나 저는 그대 고타마의 멍에도, 쟁기도, 쟁기 날도, 몰이 막대도, 황소도 보지 못했습니다."

[세존] "믿음이 씨앗이고 감관의 수호가 비[雨]며 지혜가 나의 멍에와 쟁기입니다. 부끄러움이 자루이고 정신이 끈입니다. 그리고 새김이 나의 쟁기 날과 몰이막대입니다.

몸을 수호하고 말을 수호하고 배에 맞는 음식의 양을 알고 나는 진실을 잡초를 제거하는 낫으로 삼고, 나에게는 온화함이 멍에를 내려놓는 것입니다.

속박에서 평온으로 이끄는 정진이 내게는 짐을 싣는 황소입니다. 슬픔이 없는 곳으로 도달해 가서 되돌아오지 않습니다.

(「까씨 바라드와자의 경」)

이번엔 바라문이다. 바라문이라면 카스트제도의 최상위를 차지하는 신분이다. 사제지만 밭을 갈고 씨를 뿌리며 농사를 짓는다. 바라문의 타락이 일상화된 시대였지만, 까씨는 나름 건전한 바라문이었던가 보다. 고타마라고 부른다는 것은 그저 수행자로 본 것이지 붓다로 인정하지 않는다는 뜻이다. 고타마, 그대는 왜 농사를 짓지 않는가? 왜 육체노동을 하지 않느냐는 것이다. 일하지 않는 자 먹지도 말라, 는 구호를 환기하는 대목이다. 오직 육체적 에너지를 쓰는 것만이, 오직 물질을 생산하는 것만이 가치 있는 노동이라고 간주하는 것이다.

붓다의 대답은 다소 해학적이다. 무슨 소리? '나도 경작을 합니다. 대신 마음의 밭을 일구지요. 믿음의 씨앗을 뿌리고 감관의 수호라는 비를 내리게 하며 지혜라는 멍에와 쟁기로 열심히 개간을 합니다.' 농사에 필요한 모든 활동과 도구를 마음의 장으로 고스란히 옮겨 놓았다. 역시 비유의 달인이다. 농사를 지으면 곡식을 수확한다. 그럼, 마음의 밭을 갈면 어떤 유익함이 있는가? 몸과 말, 식욕의 절제를 가져온다. 진실하고 온화해진다. 속박에서 평온으로 나아갈 수 있다. 오~ 대단하다. 몸과 말과 식욕의 절제는 참으로 어렵다. 몸은 몸대로 자기 관성을 주장하고, 말은 그야말로 '달리는 말'처럼 내달리고, 식욕의 절제는 평생의 미션이다. 이것이 가능하다고? 놀라운 경지다. 진실하고 온화해지는 건 전 세계 어떤 교육으로도 아직 성공한 바가 없다. 속박을 벗어나 평온으로 가는 길은? 감히 상상조차 하기 어렵다. 붓다에 따르면, 우리가 그런 상태가 된 건 마음의 밭을 갈지 않은 탓이다.

따지고 보면 육체노동을 하는 이유도 실은 거기에 있다. 가난과 궁핍으로부터 벗어나야 비로소 삶의 여유가 생긴다. 삶의 여유가 생기면? 인격적으로 좀더 진실하고 온화해진다. 마땅히 그래야 한다. 그러면 생로병사의 속박에서 벗어나 평온을 누릴 수 있을 것이다. 누구나 이런 코스를 기대하지 않는가? 이런 과정이 아니라면 인생이, 청춘이 너무 아깝고 원통하지 않은가. 하지만 유감스럽게도 그렇지 않다. 처음엔 그랬을지 모르지만 중간에 경로이탈이 일어난다. 노동을 하고 대가를 얻고 그래서 소유를 확장하고 그다음엔 진실과 온화함의 미덕을 닦아야 하지만 출발할 때보다 더 거칠어지고 숨이 가쁘다. 그래서 속박을 벗어나기는커녕 더더욱 두텁고 빡센 그물에 걸려든다. 노동에 속박되고 자본에 예속된다. 그 사이 세월은 쏜살같이 흐르고 몸은 노쇠해졌다. 대체 어디서부터 잘못된 것일까? 육체노동만이 전부라 믿고 마음의 밭을 돌보지 않은 탓이다. 몸과 말과 식욕의 절제, 진실과 온화함의 미덕을 완전히 내팽개친 탓이다.

마음을 돌보기 위해서는 무엇보다 마음이라는 대지를 발견하는 데서 시작해야 한다. 그 대지야말로 삶의 원대한 지평선이라는 것도. 그때 비로소 마음을 경작할 수 있다. 그리고 마음의 밭을 갈다 보면 어느 날 문득 질문의 싹이 움틀 것이다. 생명과 존재에 대하여. 자연과 법칙에 대하여. 그 질문과 함께 길을 떠나면 된다. 속박에서 평온으로, 슬픔이 가득 찬 곳에서 슬픔이 없는 곳으로.

세 가지 보배─붓다와 다르마(법), 그리고 수행공동체

붓다는 탁월한 스승이었다. 중생의 근기를 한눈에 알아보고 거기에 딱 알맞은 가르침을 전했다. 수많은 제자들이 귀의했고, 왕들과 장자들의 보시도 이어졌다. 그렇게 해서 탄생한 가장 유명한 승원이 죽림정사와 기원정사다. 언급했듯이,

죽림정사는 마가다국의 왕 범비사라가 보시한 것이다. 여기서는 기원정사의 탄생과정을 잠시 살펴보자.

마가다국의 라이벌이었던 코살라국의 한 대부호가 사업차 마가다국 친척을 방문했다가 '마침내 붓다가 오셨다'는 소식을 들었다. 그는 밤새 잠을 이루지 못하고 다음 날 날이 밝자마자 숲으로 가서 붓다를 만났다. 그의 가르침을 듣자 마음이 온통 환희심으로 가득 차 다시 코살라국으로 돌아오면서 가는 곳마다 '붓다가 출현하셨으니 보시를 하라'는 복음을 전한다. 그리고 돌아와서는 코살라국의 수도인 사와타시에 있던 숲을 승원으로 보시했다. 이 장자는 고아와 과부 등 '고독한' 이들에게 끝없이 보시를 해서 '급고독장자'로 불렸다. 원래 그 숲은 코살라국의 제타 태자의 소유였는데, 태자가 팔지 않겠다고 고집을 부리자 이 장자는 황금을 수레에 가득 싣고 가서 숲에 깔기 시작했다. 그 정성에 놀란 태자가 그 연유를 물었고 태자 역시 붓다의 출현에 대한 소식을 듣고 기꺼이 숲을 기승하기로 했다. 해서 세타 태자와 장자의 이름을 합쳐 '기수급고독원'이 되었고, 줄여서 기원정사라고 한다. 이후에도 이 비슷한 방식의 보시가 이어져 북인도 곳곳에 승원들이 생겨난다.

불교를 간단히 정의하면 '붓다, 다르마, 승가'의 삼위일체다. 불교에 입문한다는 건 이 세 가지의 보배(삼보)에 귀의한다는 의미다. 붓다와 다르마는 분리될 수 없다. 둘이 아니다. 그럼 승가는 어떤 의미가 있을까?

모든 종교는 공동체적 삶을 지향한다. 혈연, 종족, 민족, 국가 등을 넘어 영적 가르침 안에서 하나되는 삶을 실천하기 위해서다. 그것이 신의 뜻이기 때문이다. 그러니까 공동체적 삶과 영성은 분리될 수 없다. 기독교의 카타콤, 이슬람의 움마, 유대공동체, 바라문교의 아슈람 등등. 승가공동체 역시 그런 흐름과 맥을 같이하지만 그중에서도 승가는 아주 특이한 집합체다. 출가와 구도, 고행의 과정은 이전에도 이미 있었다. 언급했듯이, 바라문교는 생애주기상 중년 이후, 임서기가 되면 숲으로 가서 명상과 구도에 전념해야 한다. 하지만 승가는 그러한 생애주기를 고정시키지 않는다. 나이에 상관없이 언제든 바로 출가할 수 있다. 또 바라문교에서는 사제계급이나 크샤트리아가 아니면 구도자가 되기 어렵다. 수드라의 경우는 경전을 듣는 것조차 허락되지 않았다. 하지만 승가는 계급이나 신분, 직업의 차별 없이 누구에게나 열려 있다.

나아가 바라문교를 비롯하여 세계 어디에서도 여성을 구도자, 즉 구도의 주체로 간주하지 않았다. 하지만 붓다는 많은 고민을 거치긴 했지만(특히 여성들이 숲에서 수행을 하기에 몹시 열악한 사회적 조건 때문에) 마침내 여성들의 출가를 허용했다. 특히 카필라바스투 왕국이 멸망한 이후 남편과 아들을 잃은 수많은 여성들이 출가하여 비구니승단이 더욱 확장된다. 이들 역시 구도에 대한 열정으로 해탈의 기쁨을 누렸다. 『테리가타』라는 경이 바로 그 증거다. 『테라가타』가 남성수행자들에 관한 기록이라면, 『테리가타』는 여성수행자들에 대한 기록이다.

이런 열린 형식에 걸맞게 붓다의 가르침에는 비밀스러움이 없었다. "잘못된 법이 가진 특징 가운데 하나는 비밀스러움이다." "나는 안과 밖이 없이 법을 설하였다. 여래가 가르친 법들에는 스승의 주먹과 같은 것이 따로 없다." 스승의 주먹이란 감추어진 비의라는 의미다(『우파니샤드』가 스승의 무릎 아래서 은밀한 가르침을 전수받는 것임을 염두에 둔 표현이다). 무슨 뜻인가. 온 세상에 완전히 오픈된 공공연한 가르침이라는 뜻이다. 불교를 종교가 아니라 철학이나 교육, 나아가 윤리학이라고 보는 이유도 여기에 있다. 이렇듯, "불교는 처음부터 끝까지, 볼 수 있는 눈과 이해할 수 있는 마음을 가진 모든 사람에게 열려 있다".(삐야닷시 테라, 『붓다의 옛길』, 45쪽) 인류학적으로 유례없는 수행공동체가 탄생한 것이다.

더 중요하게는 승가가 출가자들의 조직이지만 세속과 단절된 삶을 지향하는 건 아니라는 점이다. 승가의 핵심은 욕망으로부터 해방되는 것이지 세속 자체를 벗어나는 것은 아니다. 나아가 깨달음, 곧 도를 이루면 속세를 떠나 초연하게 사는 것이 아니라 중생교화를 위해 적극적으로 세속에 뛰어들어야 한다. 중생구제라는 발원이 없다면 열반이나 해탈 또한 불가능하다. 붓다의 45년 설법이 바로 그 증거다.

그 당시 숲에는 다양한 종류의 수행공동체들이 있었다. 붓다의 승가가 그들과 다른 점은 자유분방하면서도 강력한 유대를 형성했기 때문이다(그에 비하면 바라문교의 아슈람은 상당히 느슨한 조직이었다). 그렇게 된 배경이 다름 아닌 우기다. 우기 3개월 동안 한곳에 머무르면서 탁발, 명상, 설법, 수면으로 이어지는 생활리듬이 정착되면서 공동체적 윤리가 한층 강화되었다고 한다. 출가자들이 집단적으로 함께 장기간 생활을 하는 것, 이건 명상과 요가와는 또 다른 수련을 요한다. 일상은 평범하지만 가열찬 현장이다. 자연히 각종 트러블과 루머, 사건 사고가 발생한다. 이것들을 조율하면서 수행을 하려면 우애와 공감에 대한 각별한 훈련이 수반되어야 한다. 율장이 체계화된 것도 그 때문이다.

게다가 재가신도들과의 유대관계도 중요한 사안이 되었다. 재가자들 네트워크는 승가의 물질적 기반이기도 했고, 다른 한편 승가에 대한 강력한 견제장치이기도 했다. 예컨대, 승가의 활동이 바람직하지 않다고 판단되면 재가자들이 탁발을 거부하기도 했다. 그야말로 성속을 아우르는 새로운 대안공동체가 탄생한 것이다.

아울러 승가네트워크는 붓다와 다르마라는 강력한 중심을 공유함에도 불구하고 중앙집권적인 권위와 위계에서 벗어나 있었다. "상가(Sangha)에는 다스릴 사람이 필요 없었으며, 중앙의 권위가 필요 없었다. 불교의 생활방식의 핵심은 그러한 의존을 보잘것없는 것으로 만드는 내적 자원을 얻는 데 있었다."(카렌 암스트롱, 『스스로 깨어난 자 붓다』, 264쪽) 그래서 탄생한 것이 '사방四方상가'라는 개념이다. "상가는 공간과 시간을 초월한 열린 공동체"다. "촘촘하게 짜인 기초 공동체로서의 '현전現前상가' 그리고 이 기초공동체들 간의 느슨한 연대체인 '사방상가', 이 상가의 조직 전통이야말로 불교공동체의 청정, 화합, 영속성을 가져온 원동력"(도법, 『붓다, 중도로 살다』, 97쪽)이었다.

붓다는 스승이지 교주가 아니다. 붓다의 수제자인 장로들도 각기 자기에게 맞는 구법의 활동을 펼칠 뿐 조직의 대표나 회원의 자격을 갖지는 않는다. 그래서 수행자들은 서로를 벗이라고 불렀다. 강력한 중심이 있긴 하지만 그것이 권력으로 작동하지 않는 조직, 오직 구도적 열정과 계율의 강밀도만으로 연결, 접속되는 집합체. 이것은 참으로 특이한 케이스다. "상가는 자발성에 기초한 제도 가운데 지상에 남아 있는 가장 오래된 제도"다. "엄청난 숫자의 병사들을 바탕으로 한 커다란 제국은 모두 무너졌다. 그러나 빅쿠들의 공동체는 약

2,500년간 유지되었다."(카렌 암스트롱, 『스스로 깨어난 자 붓다』, 243쪽) 그렇다. 전륜성왕의 길은 결코 붓다의 길을 따라잡을 수 없다. 아무리 강하고 빠르다 해도 결코 빛을 추월할 수 없는 것과 같은 이치다.

그런데 지금 우리가 만나는 불교는 제도종교다. 공동체라기보다는 종교적 시스템의 성격이 강화되었다. 그래서 우리는 초기불교의 그 활력과 신선함을 별로 느끼지 못한다. 세월의 무상함 속에서 시대적 배치가 달라진 것이다. 그러므로 지금 이 시점에서 출가냐 아니냐의 선택지는 핵심사항이 아니다. 핵심은 구도와 수행에는 반드시 네트워크가 필요하다는 것. 스승과 벗, 그리고 비전이 있는! 그리고 그것을 바탕으로 세상 곳곳과 연결되는!

하긴 그래서 인류는 역사적으로 수많은 학교를 세웠다. 누구든 태어나서 일정 연령이 되면 학교를 간다. 학교를 가는 것 자체가 일종의 출가다. 가족, 혈연이라는 장을 떠나는 순간이기 때문이다. 일단 학교에 들어가면 자식들은 다시 부모의 품으로 돌아오지 못한다. 그때부터 중심은 선생님과 친구, 배움터로 옮겨진다. 승가공동체의 패턴과 다르지 않다. 이처럼 한편에는 제도종교가, 다른 한편에는 제도교육이 존재한다. 우리는 이것을 양극단으로 여기지만 사실은 서로 깊이 통한다. 배움에는 네트워크가 필요하다는 것. 네트워크의 핵심은 우정과 지성이라는 것. 그런데 둘 다 그 본래적 의미보다는 제도와 시스템 자체가 비대해져 버렸다. 그래서 청년들은 그 장을 벗어나고 싶어 한다. 학교는 재미없고, 출가는 더더욱 싫고. 교육과 영성이 모두 소외되어 버린 셈이다.

그럼 다시 자기만의 외딴 방으로 돌아가야 하나? 물론 아니다! 그건 퇴행이다. 거기엔 출구가 없다. 그럼 어떻게 해야 할까? 무미건조하고 경직된 구조에서 벗어나 새로운 방식의 네트워크를 생성시켜야 한다. 형식이 뭐가 됐든 스승과 벗, 그리고 지성(혹은 영성), 이 세 가지가 생생하게 살아 있는 수련처가 도처에서 생겨나야 한다. 그런 점에서 승가는 붓다, 다르마와 함께 인류학적 차원에서 깊이 탐구되어야 할 보배임에 분명하다.

벗, 동쪽 하늘에 떠오르는 빛

이 지점에서 이런 질문이 떠오를 수 있다. '무소의 뿔처럼 혼자서 가라'는 메시지와 '수행공동체'의 원리는 서로 모순이 아닐까. 게다가 우리 머릿속에는 구도는 늘 고독한 은둔의 여정이라는 이미지가 박혀 있다. 하지만 막상 경전을 보면 그런 이미지는 찾아보기 어렵다. 붓다는 늘 제자들과 함께 움직이고 방문자들을 만나고 사람들과 대화를 나눈다. 붓다의 가르침에 감동받은 왕이나 장자들이 주관하는 큰 규모의 공양도 자주 받는다. 왕이 직접 메뉴를 정하고 장자가 손수 식사에 필요한 온갖 준비를 도맡아 한다. 이런 식사자리에는 붓다의 제자들 수백 명을 비롯하여 인근의 주민들이 대거 참여한다. 엄청난 스케일의 파티가 열리는 셈이다. 마음의 밭을 갈아서 그 지혜로 수많은 사람들을 먹이는 현장이 바로 이런 것이리라(고로, 지혜는 밥이다^^).

제자들 역시 마찬가지다. 새벽녘에 일어나 탁발을 하는 것부터가 도심이나 마을로 들어가는 길이고 어떤 곳에서건 모임과 회합이 그치지 않는다. 처음엔 붓다를 포함하여 여섯 명에서 시작했지만 이 동심원은 끝없이 퍼져 나가 수만 명, 수십만 명에 이르게 된다. 승가에 들어가는 순간, 혹은 붓다와 마주치는 순간 누구든 이 한량없는 동심원과 연결된다. 붓다와 그의 제자들은 세상을 떠나고 숨는 것이 아니라 오히려 세상 한가운데서 스스로를 노출한다. 마치 이렇게 외치는 것처럼 보이기도 한다. 여기 이런 삶이 있다고, 이것이야말로 가장 고귀한 삶의 방식이라고.

이들의 관계는 평등하고 수평적이다. 신분, 지위, 나이에 관계없이 그들은 벗이 된다. 도의 파트너, 도반이 된다. 이것을 우리 시대의 언어로 표현하면 길 위의 우정이라 할 수 있

청년 붓다

다. 결국 출가를 해서 붓다의 제자가 된다는 건 모든 세속적 위계에서 벗어나 서로가 서로에게 벗이 된다는 뜻이다. 그렇다면 구도의 길 위에선 친구와 우정이 전부라는 뜻인가? 아마도 그런 것 같다. 붓다는 벗이 한 인간의 삶에 미치는 영향을 이렇게 표현했다.

> "비구들이여, 나는 능히 아직 짓지 않은 선을 낳게 하고, 혹은 이미 지은 불선을 버린다. 이보다 더 수승한 법이 있음을 보지 못했다. 그것은 비구들이여, 좋은 벗을 말하는 것이다. 비구들이여, 벗이 훌륭하면 아직 짓지 않은 선법을 짓고, 또 이미 지은 불선의 법을 버릴 수 있을 것이다." (……)
>
> "비구들이여, 나는 다른 사람으로 인해 그처럼 큰 불이익을 초래하는 것을 달리 보지 못했다. 비구들이여, 그것은 곧 악한 벗이다. 비구들이여, 벗이 악하면 크나큰 불이익을 받는다."
>
> (『증지부 경전』; 마스타니 후미오, 『붓다 그 생애와 사상』, 221쪽)

벗이 악하냐 좋으냐에 따라 그 이익과 불이익은 이토록 엄청나다. 수행을 한다는 건 선을 닦고 불선을 버리는 것을 의미한다. 그러니 벗의 선과 불선은 너무도 중요하지 않은가. 더구나 이들은 도반이다. 도반이란 무엇인가? 진리를 향해 나아가면서 동시에 일상의 모든 것을 공유하는 관계다. 일상을 공유하면 무의식적 욕망과 습속이 다 드러나게 마련이다. 탐진치 삼독을 여의고 잘못된 습속에서 벗어나기 위해 출가를 했는데, 일상을 함께하는 벗이 그것을 가로막는다면? 그건 실로 치명적이다. 날마다 붓다의 가르침을 듣고 염송한다 해도 일상에서 그것을 지킬 수 없다면? 당연히 깨달음에서 멀어지게 될 것이다. 반대의 경우도 마찬가지다. 혼탁한 감정과 습속의 굴레에 빠져 있지만 함께하는 벗이 강건한 태도로 수행을 해나간다면? 당연히 거기에 이끌릴 수밖에 없다. 자연히 영향을 받을 수밖에 없다. 그렇다. 벗은 나로 하여금 수렁에 빠지게도 하고 앞을 향해 나아가게도 한다. 그러니 어떤 벗을 만나느냐는 일생일대의 사건이 아닐 수 없다.

좋은 벗을 일러 '선우'善友라 한다. 선우를 만난다는 건 최고의 행운이다. 붓다는 그 지복감을 이렇게 표현했다.

"비구들이여, 아침마다 해가 동쪽에서 떠오를 때, 그 조짐으로서 동쪽 하늘이 밝아오는 것을 볼 수 있을 것이다. 비구들이여, 그와 마찬가지로 비구들이 여덟 가지 성스러운 도를 닦을 때도 그 선구인 조짐이 있다. 그것은 좋은 벗을 말한다. 비구들이여, 좋은 벗을 가진 비구는 팔정도를 배우고, 팔정도를 닦을 것이라는 것을 기대할 수 있다."

(『쌍윳따니까야』; 마스타니 후미오, 『붓다 그 생애와 사상』, 223쪽)

오, 멋지다! 아침이 되면 해가 떠오른다. 해가 뜨는 것을 어떻게 아는가? 동쪽 하늘이 점차 밝아지는 것으로써 안다. 팔정도, 곧 깨달음에 이르는 이치도 마찬가지다. 그것이 가능한지 미리 알 수 있는가? 있다. 좋은 벗이 있다는 것이 그 조짐이다. 선우가 옆에 있다면 그는 팔정도를 잘 닦을 것이라고 확신할 수 있다. 어떻게 이런 추론이 가능한가? 태양이 빛이듯이 사성제와 팔정도 역시 빛이기 때문이다.

태양의 빛은 눈부시게 강하다. 그래서 정면으로 응시하기 어렵다. 느닷없이 중천에 불쑥 출현하지도 않는다. 동쪽 하늘을 점차 밝게 물들이면서 솟아오른다. 그걸 통해 우리는 태양이 뜨고 있음을 알게 된다. 진리의 빛 역시 마찬가지다. 태양처럼 눈부시다. 따라서 그 빛을 곧바로 직시하기는 어렵다. 대신 조짐이 있다. 그게 바로 좋은 벗이다. 진리의 빛을 간접적으로 분사해 주는 반사체로서의 벗. 그 조짐을 통해 곧 팔정도가 햇살처럼 빛나게 될 것임을 확신하게 된다는 이치다.

물론 나와 벗의 관계는 고정되어 있지 않다. 나 역시 누군가의 벗이다. 결국 서로에게 빛을 반사하는 존재, 그것이 우정이라는 것. 친구와 우정에 대한 이보다 멋진 표현은 정말 드물다. 아니, 최고다!

좋은 벗과 함께 가라!

그렇다고 승가가 늘 조화롭고 이상적인 공동체였다고 생각하면 오산이다. 한 사람의 마음에도 온갖 번뇌망상이 들끓는데, 다수의 사람들(그것도 출가수행자들)이 모인 곳이 늘 화평할 리가 있는가. 굳게 결심을 하고 들어왔어도 적응을 못해 환속을 밥 먹듯 하는 경우도 있었고, 조직이 커지면서 파벌이 나누어져 크고 작은 분규가 끊이지 않았다. 한 인류학자의 기록에 따르면, 붓다의 일상 가운데 많은 부분이 수행승들에 대한 성 상담과 견책이었다고 한다. 내용들이 가히 충격적이다(궁금하신 분들은 가와이 하야오·나카자와 신이치, 『불교가 좋다』를 참조하시라).

심지어 붓다 말년엔 승가조직의 후계자가 되겠다며 반역을 꾀한 경우까지 있었고, 붓다가 열반에 드셨다는 소식을 듣자 '이제 잔소리꾼이 사라져서 속이 시원하다!'고 환호하는 늙은 비구들도 있었다. 참 놀랍고 당혹스럽지만, 이런 식의 좌충우돌이야말로 승가공동체의 동력이기도 했다. 인간의 욕망과 습관이 얼마나 강력하고 질긴지를 보여 주는 생생한 현장이니 말이다. 이 현장을 떠나 대체 어디에서 열반을 구하겠는가. 진흙 속에서 연꽃이 피어나는 이치도 바로 이런 것일 터. 그래서인가, 신들조차도 신기했던가 보다.

천신: 한적한 숲속에서 살면서 고요하고 청정한 수행자들은 하루 한 끼만 들면서도 어떻게 얼굴빛이 맑고 깨끗합니까?

(……)

붓다: 그들은 지나간 일을 슬퍼하지 않고 오지 않은 일에 애태우지 않으며 현재의 삶을 산다. 그러므로 그들의 얼굴빛은 맑고 깨끗하다. 오지 않은 일에 애태우며 지나간 일을 슬퍼하는 어리석은 사람들은 낫에 잘린 푸른 갈대처럼 그 때문에 시든다.

(월폴라 라훌라, 『붓다의 가르침과 팔정도』, 191쪽)

생각해 보니 그렇다. 하루 한 끼밖에 먹지 않는데도 아무런 결핍이 없다니, 이건 중생들의 관점에서 보면 거의 기적에 가까운 일 아닌가? 그런 기적은 어떻게 가능한가? 붓다에 따르면 과거에 매이지 않고 미래로 인해 애태우지 않기 때문이다. 승가는 바로 이런 삶의 이치를 터득하고 실천하는 곳이다.

우정과 벗에 대한 스토리는 계속된다. 붓다가 고향인 샤카족 마을에 머물러 계실 때였다. 시자인 아난다가 묻는다. "좋은 스승(선지식), 좋은 벗, 좋은 제자를 갖는 것은, 이 성스러운 수행의 절반은 이룬 것이라고 생각합니다. 어떻습니까?" 승가공동체가 얼마나 좋은 커뮤니티인지를 확인받고 싶었던 것이다. 그 말은 아난다 자신이 이 네트워크 안에서 지극히 행복했음을 의미한다. 처음 이 대목을 보았을 때, 나는 아난다의 말이 과장이라고 생각했다. 수행의 절반은 좀 지나친거 아냐? 토대나 기초 정도면 모를까. 수행이란 뭔가 더 고차적이며 추상적인 것이라고 간주한 것이다. 헌데 붓다의 답변이 반전이었다.

> "아난다여, 그런 말 하지 마라. 아난다여, 좋은 선배, 좋은 벗, 좋은 후배가 있다는 것은 이 성스러운 도 수행의 전부이다. 아난다여, 그대들은 나를 좋은 벗으로 삼음으로써, 생·노·병·사의 법 안에 있는 자로서 그 법에서 해탈을 얻고, 근심·슬픔·고·괴로움의 법 안에 있는 자로서 그것에서 해탈할 수 있는 것이다. 이런 점으로 보아서도 좋은 선배, 좋은 벗, 좋은 후배가 있다는 것은 이 도의 전부임을 알아야 한다."
>
> (마스타니 후미오, 『붓다 그 생애와 사상』, 225쪽)

절반이 아니라 전부라는 것. 이 장면에서 가장 빛나는 대목은 '그대들은 나를 좋은 벗으로 삼음으로써'라는 구절이다. 붓다는 제자들에게 '자신을 좋은 벗으로' 삼으라고 말하고 있다. 그러면 해탈에 이를 수 있다는 것. 이것은 단지 붓다의 탈권위적 태도를 뜻하는 것만이 아니다. 그보다 훨씬 심오하고 근원적이다. 붓다는 우정이야말로 다르마가 흘러갈 수 있는 최고의 교량임을 말하고 있는 것이다. 이성적 욕망에 빠지지 말고, 혈연적 애착에 휘둘리지 말라고 그토록 당부했던 붓다가 우정에 대해 이토록 높은 가치를 부여하다니. 구도자가 되려면 이성에 대한 갈망, 혈연 간의 집착, 교환과 계약, 약탈과 경쟁에서 벗어나야 한다. 하지만 그렇다고 세상과 단절되고 고립되어서는 안 된다. 더 깊이 연결되어야 한다. 공감의 폭이 더욱 확장되어야 한다. 어떻게 해야 하는가?

세속의 혼탁한 관계망에서 벗어나되 진리를 향해 나아갈 수 있는 관계, 그것이 바로 우정이다. 탐진치의 욕망에서 벗어난 청정한 관계, 그것은 오직 우정뿐이다. 진리를 향해 나아간다면 벗들은 서로에게 스승이 될 수 있다. 붓다가 위대한 스승이면서도 자신을 '좋은 벗으로' 삼으라고 한 건 이런 맥락이다. 때로는 스승이 되고, 때로는 벗이 되는 관계, 그것이 우정과 진리의 수행공동체다. 이것은 붓다의 승가로부터 시작되었지만 배움에 대한 가장 보편적인 방식이자 비전이다. 좋은 삶을 원한다면 누구든 어디서든 벗을 찾고 스승을 구해야 한다. 저 지평선 너머의 태양을 가리키는 존재가 스승이라면, 지평선을 향해 한 걸음씩 나아가게 해주는 것이 벗이다.

이번에는 수제자 사리불이 묻는다. "대덕이시여, 좋은 스승, 좋은 벗, 좋은 후배가 있다는 것은 이 성스러운 수행의 전부라고 생각됩니다. 어떠합니까?" 역시 수제자답다. 붓다의 다르마를 완전히 터득한 것이다. 붓다의 답변. "옳다. 사리불이여, 좋은 법, 좋은 친구, 좋은 후배를 갖는 것은 이 도의 수행의 전부이다."(마스타니 후미오, 『붓다 그 생애와 사상』, 226쪽)

붓다의 이런 가르침은 초기부터 시작되었다. 『숫타니파타』는 '무소의 뿔처럼 혼자서 가라'는 구절로 유명하지만, 그 구절이 나오는 「무소의 뿔의 경」에는 벗에 대한 이야기가 흘러넘친다.

13. 우리는 참으로 친구를 얻은 행복을 기린다. 훌륭하거나 비슷한 친구를 사귀되, 이런 벗을 만나지 못하면 허물 없음을 즐기며, 무소의 뿔처럼 혼자서 가라.

24. 널리 배워 가르침을 새길 줄 아는, 고매하고 현명한 친구와 사귀고 유익한 길을 분명히 알아 의혹을 제거하며, 무소의 뿔처럼 혼자서 가라.

무소의 뿔처럼 혼자서 가라! 하지만 거기에는 단서가 있다. 훌륭한 친구를 사귀지 못할 경우, 그렇게 하라는 것. 진리의 길을 가로막거나 방해하는 건 벗이 아니기 때문이다. 그렇게 나아가다 보면 고매하고 현명한 벗을 만날 수 있다. 그러면 그와 더불어 함께 나아가라는 것.

붓다가 특히 경계한 건 논쟁을 즐기는 수행승들이다. 그들은 수행보다 사변에 빠져 누구하고든 시비를 따지려고 기를 쓴다. 붓다는 논쟁을 금지했다. 사변적 논쟁이야말로 세상 무익하다고 본 것이다. 진리는 진리와 다투지 않는다! 나아가 진리를 전파하는 이는 세상 누구와도 다투지 않는다. ─ 이것이 붓다의 윤리적 잣대였다.

더 나쁜 벗은 수행자가 아니면서 수행자인 체하는 이들이다. 예전에도 구도를 스펙으로 삼는 이들이 꽤 많았던가 보다. 자신을 속이고 세상을 속이는 가장 저급한 케이스다. 그들에 대한 붓다의 언술은 단호하다.

"쌀겨처럼 그를 키질하여 쓰레기처럼 날려 버려라!"

(「정의로운 삶의 경」)

붓다가 이렇게 과격한 표현을 쓰다니! 그만큼 벗의 역할이 중요하기 때문이다. 그러니 "어질고 단호한 동료 수행자, 현명하고 성숙한 벗을 얻지 못한다면, 왕이 정복한 나라를 버리고 가듯, 무소의 뿔처럼 혼자서 가라". 대신 "만일 어질고 단호한 동반자, 성숙한 벗을 얻는다면, 어떠한 난관들도 극복하리니, 기쁘게 새김을 확립하여 그와 함께 가라".

고로, '무소의 뿔처럼 혼자서 가라'는 붓다의 사자후는 마침내 이렇게 변주된다.

"좋은 벗과 함께 가라!"

영원한
청춘의 파토스

처음도 좋고 중간도 좋고 나중도 좋은!

붓다의 생애는 출가에서 초전법륜까지는 다이내믹하게 흘러오지만 이후의 과정은 아주 심플하다. 45년간의 설법, 그리고 열반, 이렇게 정리된다. 처음 20년은 시자 없이 홀로였다가, 55세부터 비로소 아난다가 그림자처럼 시봉을 했다. 아난존자는 붓다의 일상과 스케줄을 꼼꼼히 챙기는 역할도 했지만, 더 중요한 건 붓다의 설법을 낱낱이 기억하는 기록관이었다는 점이다. 『금강경』에서 여시아문("이와 같이 나는 들었다")이라고 할 때 그 '나'가 바로 아난이다. 그 많은 설법을 다 기억한다고? 그렇다. 그는 기억력에 관한 한 전무후무한 천재였다. 이름하여 다문제일多聞第一, 곧 들은 대로 다 기억하는 암송의 달인이었던 것. 수많은 제자들 중에 아난을 시자로 선택한 건 자신의 가르침을 후대까지 전파하려는 붓다의 빅픽처가 아니었을까, 하고 추정하는 이들도 있다.

> 이 세상에서 교조라 일컫는 사람 중에 그토록 오랜 전도생활(45년간의 설법—인용자) 을 한 예는 다시 없다. (……) 그 오랜 교화설법을 통해 그 교설내용이 기본적으로 아무 변화도 없었음을 알 수 있다. (……) 그 설법 태도나 어조에 있어서도 시기에 따라 변환한 것을 찾아볼 수 없다. 언제나 조용히 그리고 간절하게 설했다. 그 말하는 바는 언제나 확고부동한 도리와 논리정연한 표현을 유지했다.
>
> (마스타니 후미오, 『붓다 그 생애와 사상』, 120쪽)

그렇다. 보리수 아래서 성도한 이후 그가 깨달은 법은 확고부동했고 논리정연했다. 하긴 일체지, 무상정등정각에 도달했는데, 그것이 어떻게 변화를 겪는단 말인가. 다른 사상가 혹은 대문호들은 연대기적으로 현서한 차이를 노출한다. 성숙하건 타락하건 변화를 겪게 마련이다. "하지만 붓다는 한결같았고, 핵심은 중생의 근기에 따라 인연조건의 성숙도에 따라 방편이냐 보편이냐의 차이가 있을 뿐"이었다. 그래서 초기경전은 "연대기적 배열에 무관심했다". "그 경들을 연대순으로 배열하려는 것과 같은 노력은 한 번도 시도된 일이 없었다." 긴 경(디가니카야), 중간 길이의 경(맛지마니카야), 짧은 경(쿳다카니카야), 증일아함(앙굿따라니카야), 상응부(쌍윳따니카야) 등 주로 서술의 길이와 편집 스타일을 중심으로 한 분류만 시도되었을 뿐, "편년사체의 편집기획은 한 번도 시도되지 않았다".(마스타니 후미오, 『붓다 그 생애와 사상』, 122쪽)

이 언술 앞에서 나는 잠시 숨을 멈추는 경험을 했다. 초기 경전의 그 방대한 스토리를 탐사하면서도 그런 생각을 한 번도 해보지 않았다는 걸 깨달았기 때문이다. 그렇구나! 그렇게 많은 이야기가 펼쳐졌는데, 왜 거기에 시간적 추이에 따른 변화를 추적하려는 생각을 하지 않았을까. 다른 저자나 사상가였으면 당연히 사상의 추이부터 살펴보았을 텐데 말이다. 45년이면 강산이 다섯 번이나 바뀔 시간인데… 요컨대, 붓다의 가르침은 어느 경전, 어느 페이지, 어느 대목에서 시작해도 바로 그 심오한 핵심으로 즉각 연결된다.

붓다는 제자들을 떠나보낼 때마다 이렇게 당부한다. '처음도 좋고 중간도 좋고 나중도 좋은' 설법을 펼쳐라. 그리하여 '나에게도 이롭고 타인에게도 이로운' 말을 전하라. 이처럼 우리의 통념과는 달리 불교는 언어적 방편 혹은 변재를 중시한다. 대승경전의 출발을 알리는 『유마경』을 보라. 성속을 넘나드는 유마거사의 변설은 화려하다 못해 아찔할 지경이다. 모든 종류의 표상을 전복해 버리는 『금강경』의 단도직입에서 『화엄경』의 눈부신 스펙트럼은 말할 것도 없고. 특히 붓다가 직접 설한 초기경전은 그야말로 스토리의 대향연이다. 그도 그럴 것이, 다른 종교는 계시나 영감처럼 언어를 뛰어넘는 힘에 종종 의존하지만 불교는 통찰과 지혜가 중심이다. 그것은 명료한 논리, 풍부한 표현력이 없이는 불가능하다. 앞에서도 말했지만, 불경은 언어의 잠재력에 대한 무한한 용법을 보여 준다.

초기경전은 텍스트가 아니라 구전을 통해 몇백 년을 지속하다가 기원전 2세기 즈음해서야 비로소 팔리어로 기록되었다. 구전에 의해서도 완벽하게 보존될 만큼 가르침의 파동은 강력했다. 그 시간이 무려 45년이었다니. 그래서 누군가는 이렇게 말한다. "저 기나긴 45년간의 전도활동을 마치 하루같이 변함없이, 평정과 정연과 간절함으로 일관해 온 이 스승의 언행"(마스타니 후미오, 앞의 책, 123쪽)이야말로 '처음도 좋고 중간도 좋고 나중도 좋은' 최고의 예가 아닐까.

열반으로 가는 여정

마가다국의 빔비사라 왕과 코살라국의 파세나디 왕. 이 둘은 당대 최고의 권력자이자 붓다의 독실한 후원자였다. 이들의 노년과 최후는 참으로 비참했다. 빔비사라 왕은 아들에 의해 아사당했고, 코살라국의 파세나디 왕 역시 아들의 쿠데타로 인해 마가다국으로 도주하다가 거지들의 여관에서 이질에 걸려 죽었다. 성도 이후 45년, 붓다도 이제 80세 노인이 되었다. 스스로도 자신의 몸이 '낡은 부대자루에 끌려가는' 것처럼 노쇠했다고 토로한다. 이제 죽음을 맞이해야 한다. 아난다에게 3개월 뒤 열반에 들겠다고 선언한다. 그리고 열반으로의 여행이 시작되었다. 붓다의 걸음은 마가다국의 도성 라자가하를 떠나 북쪽으로 향한다. 수많은 제자들이 동행했다. 라자가하에서 안파랏티카로, 다시 나란다를 거쳐 파타리풋타로. 가는 곳마다 붓다는 가르침을 펼친다. 참으로 한결같다.

갠지스 강을 건너 바이살리 근처에 이르렀을 때 우기가 시작되자 안거에 들어갔다. 안거 중에 병이 들었지만 깊은 선정에 들어감으로써 병을 이겨 냈다. 그때 아난은 앞이 캄캄해졌다. 붓다가 열반에 들지도 모른다는 생각에서였다. 하지만 '승단에 대해 뭐라도 지시를 하고 돌아가시겠지?'라고 내심 안도를 했다. 회복된 다음 아난에게서 이 말을 듣자 붓다는 말한다. "아난다여, 승가조직이 나에게 무엇을 기대한다는 것이냐. 나는 모든 법을 다 설했다. 여래의 교법에는 따로 움켜쥔 비의 같은 건 없다. 나는 상가의 지도자가 아니다. 비구들이 나에게 의지한다고도 여기지 않는다. 그러니 오직 법을 등불 삼고 자신을 등불로 삼아라."

이미 언급했듯이 붓다의 가르침에 은밀한 비의 같은 건 없다. 모든 것은 다 설해졌고, 모든 법은 다 드러났다. 자신은 상가의 지도자가 아니라는 말도 깊이 새겨야 한다. 누누이 말하지만 붓다는 교주가 아니다. 진리를 알려 주는 스승이자 길벗일 뿐이다. 그러니 이제 곧 부서질 나를 의지하지 말고 법에 의지하고 자신을 의지처로 삼으라. 그 유명한 '자등명법등명'自燈明法燈明의 사자후를 터뜨린 것이다. 그리고 이어지는 장면.

> 그때 부처님께서는 이른 아침 발우와 가사를 손에 들고 걸식을 하기 위해 들어가셨다. 바이샬리 거리에서 탁발을 하시고 돌아오시는 길에 언덕에 올라선 부처님께서는 코끼리가 먼 곳을 바라보듯이 바이샬리 성을 돌아보시고 아난다에게 말씀하셨다. "아난다야, 이제 여래가 저 아름디운 바이샬리를 보는 것도 마지막이 될 것이다."
>
> (『대반열반경』; 법륜, 『인간 붓다』, 498쪽)

붓다는 특히 바이샬리를 사랑했다. 도시의 역동성, 상업의 활기, 공화정이 주는 자유로운 분위기 등등. 하지만 이젠 영

이별이다. 무상의 진리를 온전히 터득한 붓다에게도 이 순간의 아련함은 어찌할 수 없었나 보다. '코끼리가 먼 곳을 바라보듯이'라는 표현에 그 진한 여운이 담겨 있다. 그리고 다시 열반으로 가는 노정에 오른다. 가는 도중에 암바팔리라는 창녀—너무나 아름다워 모든 남성으로부터 구애를 받았으나 이젠 늙어서 아무도 돌아보지 않게 된 여인—에게서 동산을 보시받고 망고 숲이 있는 과수원에서 춘다에게 최후의 공양을 받는다. 그 음식을 먹자 붓다는 심한 복통에 시달린다. 식중독이라고도 하고 독이 든 음식이라고도 한다. 제자들은 격하게 반응한다. 하지만 붓다는 제자들을 달랜다.

> "아난다야, 너는 알아야 한다. 춘다의 공양은 크나큰 공덕이 있는 것이니라. 무슨 까닭인가. 여래가 세상에 출현함에 두 종류의 공양을 한 사람이 최상의 공덕을 얻으니, 첫째는 여래가 무상정등정각을 성취하려고 할 때 와서 받들어 공양한 사람이요, 둘째는 여래가 열반하려고 할 때 와서 받들어 공양을 올린 사람이니라. 이 두 사람의 공덕은 똑같아서 서로 다름이 없으니 춘다의 공양은 다른 어떤 공양보다도 훌륭하고 헤아릴 수 없는 공덕이 있는 것이니라."

> (『대반열반경』; 법륜, 『인간 붓다』, 515쪽)

놀라운 반전과 비약이다. 붓다의 자비심이라면 치명적인 음식을 공양한 춘다를 용서하는 정도야 충분히 예상할 만하다. 하지만 붓다는 우리의 예상을 뛰어넘는다. 춘다의 공양이 수자타의 공양에 견줄 만큼 훌륭하다는 것이다. '헤아릴 수 없는 공덕'이라는 표현까지 덧붙인다. 어째서? 춘다의 이 공양으로 여래가 곧 열반을 성취할 것이기 때문이다. 중생들의 깜냥으론 춘다의 잘못된 공양 때문에 병을 얻어 죽음에 이르렀는데 이게 무슨 말도 안되는?!

붓다의 이야기는 계속된다. 여래는 곧 열반에 들 예정이다. 그것을 위해 이렇게 긴 여행을 하는 중이다. 그런데 춘다가 공양을 통해 그 여정을 비로소 완성시켜 준 셈이다. 그러니 이 공양이야말로 참으로 큰 공덕이 아니겠냐는 것. 그 순간 이 애통한 장면은 원망과 자책의 그물을 벗어나 더할 나위 없는 공덕과 축복의 순간으로 바뀐다.

그래서 든 생각. 붓다의 연기법이란 생로병사, 희로애락의 전 과정을 반전의 스토리로 만드는 능력이 아닐까? 삶은 수많은 이야기들의 파노라마다. 하지만 우리는 그 무한한 잠재태 중에서 오직 하나의 스토리밖에 끌어내지 못한다. 나와 너, 선과 악, 시와 비, 득과 실 등 이분법에 갇힌 스토리. 그것은 너무 얄팍하고 무미건조해서 하는 사람도 듣는 사람도 질려 버린다. 하지만 붓다는 그 시들어 빠진 화소들에 싱싱한 생명력을 부여한다. 그런 점에서 붓다는 최고의 스토리텔러다. 춘다의 공양담이 그 절정이자 대단원이다.

> "춘다여, 그대는 뉘우침을 내거나 스스로 꾸짖을 필요가 없다. 그대는 이미 세상에서 가장 얻기 어려운 최상의 공덕을 쌓았으니 응당 스스로 경사스럽고 행복한 마음을 내어야 하리라."
>
> (『대반열반경』; 법륜, 『인간 붓다』, 515쪽)

어처구니없는 실수 혹은 치명적 사건을 가장 거룩한 공덕으로 바꿔 버리는 대전환! 그러니 뉘우치거나 자책하지 말고 맘껏 그 축복을 누리라고 당부한다. 이거야말로 "여래의 기적이고 여래의 신통력"(법륜, 앞의 책, 518쪽)이 아닐까.

노구에 식중독까지. 붓다의 육신은 이제 지쳤다. 북으로 향하던 걸음이 고향인 카필라바스투 아래, 쿠시나가라에서 멈췄다. 붓다는 지친 몸을 사라쌍수 아래 사자자세로 뉘었다. 역시 나무는 붓다의 영원한 벗이다. 룸비니 동산의 무우수 아래서 탄생했고, 열두 살 때 갯복숭아나무 아래서 깊은 명상에 들었고, 서른다섯 보리수 아래서 깨달음에 이르렀다. 그리고 지금 다시 사라쌍수 아래서 생을 마치려 한다.

그때 갑자기 사라쌍수 가지마다 꽃이 피어났고, 꽃잎들이 붓다의 몸 위로 쏟아졌다. 하늘의 풍악과 신들의 찬탄과 더불어. 오호~ 슬프고도 장엄한 레퀴엠이 울려 퍼지는가 싶은 데… 역시 반전이 기다리고 있다.

> "아난다야, 너는 알아야 한다. 이처럼 향과 꽃과 풍악으로 여래를 공양하는 것은 여래를 참으로 공양하는 것이 아니니라. 어떤 것을 일러 여래를 참으로 공양하는 것이라고 하는가. 아난다야, 비구·비구니·우바새·우바이가 법을 잘 받아서 깊고 미묘한 이치를 생각하고 계율을 청정하게 지키고, 그 법과 계율에 따라 올바로 행하면, 그것을 일러 여래를 참으로 공양하는 것이라 하느니라."
>
> (『대반열반경』; 법륜, 같은 책, 525쪽)

진정 최후의 순간까지 한결같다. 신들의 찬양, 하늘의 풍악, 바람에 날리는 꽃비, 그 판타지에 도취되어 제자들이 다르마의 이치를 잊을까 염려스러운 것이다. 찬양과 풍악과 꽃비는 무상하게 흘러가는 환영에 불과할 뿐 다르마의 핵심은 아니다. 그러니 거기에 현혹되어 법과 계율을 잊지 말라고 다시 한번 당부한다. 이토록 세심하고 이토록 자상한 스승이 세상에 또 있을까.

벗이 벗에게 물어보듯이

드디어 마지막 시간이 다가왔다. 붓다는 아난에게 말한다. 성안에 있는 모든 이들에게 오늘 밤에 붓다가 열반에 들 것임을 알리라고. 죽음에 이르는 과정을 모두에게 보여 주고자한 것이다. 죽음이야말로 제행무상의 이치를 리얼하게 목격할 수 있는 현장이 아닌가. 더구나 붓다의 죽음이 아닌가. 과연 붓다에겐 숨겨진 비의 같은 건 없다. 사람들이 구름처럼 모여들었다.

붓다는 제자들에게 마지막으로 당부한다. "비구들이여, 그대들이 붓다에 관해, 다르마에 관해, 상가에 관해 혹은 또 도에 관해, 실천의 방법 등에 관해 아직 의혹이 있거든 지금 물어라."(마스타니 후미오, 『붓다 그 생애와 사상』, 271쪽) 제자들은 침묵한다. 붓다가 다시 말한다. 이제 곧 열반에 들 터이니 이 기회를 놓치지 말고 부디 질문하라고. 이어지는 깊은 침묵. 혹시 나를 너무 공경하다 보니 어려워서 그런가? 그건 옳지 않다. 하여 다시 당부한다. 어려워하지 말고 편안하게 질문하라, 벗이 벗에게 물어보듯이!

스승이 열반에 드는 이 장엄한 순간에 뭔가를 묻는다는 게 쉽지 않았을 것도 같고, 그때 그 자리에 있었던 제자들은 법에 대하여 아무런 의혹이나 의심이 없었기 때문일 수도 있다. 하지만 이 장면은 언제 봐도 가슴이 뭉클하다. 마지막 남은 호흡까지 아끼고 아껴서 다르마를 전달하고자 하는 붓다의 마음이 절절하게 전해져서다. 제자들의 깊은 침묵 속에서 최후의 설법이 울려 퍼진다.

'모든 것이 무상하니 부디 용맹정진하라!'

마침내 붓다의 호흡이 멈췄다. 그것은 죽음이 아니라 열반이라 부른다. 인간을 포함한 모든 생명체에게 죽음은 공포와 두려움의 대상이지만 붓다의 죽음은 영원한 평정과 지복을 의미한다. 수억 겁을 달려온 윤회의 수레바퀴를 끝내는 거룩한 순간이기 때문이다. 욕망의 불꽃은 이미 성도하면서 모두 꺼졌다. 남은 것은 육신에 드리워진 카르마의 잔재들. 호흡이 멈추면서 그 잔재들마저 모조리 사라졌다. 그야말로 '등불이 마지막 기름 한 방울까지 모두 태우고 끝내 심지마저 태우듯'(법륜스님) 모든 것을 다 불내운 열반이다.

마음 평안하신 구제자는
이제 내쉼도 들이쉼도 없다.
욕심 없는 자는 적정에 이르고
성자는 이제 입멸하시었다.

흔들림 없는 마음으로

능히 고를 이기시고

등불이 꺼져 가듯이

마음의 해탈을 이루시었네.

(마스타니 후미오, 『붓다 그 생애와 사상』, 272쪽)

가까운 거리에서 임종을 지킨 '천안제일'天眼第一 아누룻다의 게송이다. 완전한 소멸, 완전한 해탈이다.

다르마는 빛이고 파동이다

이제 붓다의 육신은 소멸되었다. 부활도 환생도 없다. 더이상의 생은 없다. 남은 건 오직 붓다의 가르침인 다르마뿐이다. 법신 혹은 진리의 빛이라고 한다. 몸을 떠남으로써, 열반에 들어감으로써 붓다는 존재 자체가 빛이 된 것이다.

이 말은 결코 은유나 상징이 아니다. 리얼 그 자체다. 상대성이론과 양자역학이 그것을 증명해 주었다. 20세기 초반 아인슈타인은 상대성이론을 통해 시공간의 고정된 실체성을 해체해 버렸다. '시간은 직선으로 흐른다', '주체와 무관하게 흘러가는 시간이라는 실체가 있다'는 것이 뉴턴역학의 오래된 전제였다. 다들 그렇게 생각하지 않는가. 시간은 나와 상관없이 흐르고 있고, 그것이 인간을 늙음과 죽음과 소멸의 과정으로 이끈다고. 그리스·로마 신화에서 크로노스, 곧 시간을 신격화한 것도 그런 맥락이다. 시간이 실체화되면 공간 또한 그렇게 된다. 하지만 상대성이론에 따르면 절대시간, 절대공간은 없다. 아울러 시간과 공간, 질량과 에너지, 그리고 속도는 서로가 서로를 규정한다. 시공이 따로 있는 것이 아니라 시공이 작용하는 연기조건이 있을 뿐이다.

다른 한편, 인류는 오랫동안 우주의 근원엔 최소단위의 원소가 있을 것이라 간주했다. 하지만 양자역학에 따르면 근원에 있는 것은 원소가 아니었다. 파동이면서 입자였다. 파동도 아니고 입자도 아니다. 우리는 물질이 먼저고 그 내부에 여러 가지 힘들이 상생상극한다고 생각하지만, 사실은 프로세스와 패턴이 먼저 있고, 그것들이 어떤 조건과 결합하는 순간 때론 입자로, 때론 파동으로 현행한다는 것. 무슨 뜻인가? 관찰자와 관찰대상이 분리되지 않는다는 뜻이다. 이로써 서구사상의 대전제인 주체와 객체의 이분법이 종식되었다.

음양오행론도 그 점에선 상통한다. 목화토금수는 원소가 아니라 운동이다. 운동의 패턴이 목화토금수로 흘러간다. 그 흐름과 리듬이 에너지를 발생시키고 원소를 만들고 물질, 생명을 생성시킨다. 즉, 우리 각각의 차이와 고유성은 운동과 리듬, 곧 패턴에 달려 있다. 생리와 형태는 최후의 구성물이다. 그런데 우리는 표면을 장식하는 잉여를 붙들고 그것을 지키기 위해 안달한다. 거기에서 온갖 이분법이 발생한다. 주체와 객체, 시간과 공간, 물질과 정신, 나와 너 등등. 번뇌가 발생하는 원천이 바로 여기다.

윤회의 원천은 카르마다. 카르마는 주체가 아니라 행위 혹은 의식의 패턴을 의미한다. 윤회에서 벗어나려면 이 패턴을 벗어나야 한다. 행위의 방향과 속도를 바꿈으로써. 카르마의 패턴에서 벗어나면 그것이 곧 열반이다. 붓다는 깨달음을 통해 열반을 성취했다. 윤회를 반복할 어떤 행위나 조건에서도 벗어난 것이다. 그리고 죽음을 통해 완전한 적멸에 들어갔다. 그렇다면 붓다의 육신은 어디로 갔는가? 법신, 곧 다르마의 파동이 되어 온 우주에 흐른다. 연기법이 곧 여래다. 제행무상, 제법무아의 원리가 곧 세존이다. 지혜의 파동, 자비의 리듬이 곧 붓다. 그렇다면 이제 뒤에 온 이들은 그 파동과 접속하여 무명에서 벗어나는 길을 닦으면 된다. '법을 등불 삼으라'는 붓다의 전언은 이런 의미였으리라.

우리가 쓰는 역법은 B.C.와 A.D.로 나뉘어 있다. 기준은 예수님의 탄생이다. 한 존재의 탄생이 시간의 흐름을 그 전과 후로 나눈 것이다. 그런 점에서 서구화된 세계는 다 예수의 매트릭스 위를 살고 있는 셈이다. 불교는 어떨까? 당연히 불기를 헤아린다. 현재 2022년은 불기 2566년이다. 시작점은 어디일까? 바로 붓다의 열반이다. 탄생이 아니라 소멸. 붓다의 열반은 무여열반無餘涅槃, 완벽한 소멸을 의미한다. 그것은 육신에 남아 있던 카르마의 잉여조차 완전히 사라졌다는 뜻이다. 한 존재의 죽음이 슬픔과 비탄이 아니라 완성과 지복이 되는 이 거대한 역설! 붓다의 몸은 완전히 해체됨으로써 빛의 파동으로 전이되었다. 육신은 생로병사를 밟아야 하지만 빛에는 생로병사가 없다. 오직 리듬과 파동이 있을 뿐! 불멸이고 불사다!

물론 이 빛을 세상에 전파하기 위해선 수많은 스승과 구루들이 필요하다. 대승불교에선 그런 존재를 보살이라고 불렀다. 붓다의 진리가 허공에 가득한데 왜 보살이 또 필요한가? 티베트에선 이렇게 설명한다.

> 붓다는 태양과 같고 전능하며 모든 것을 두루 비춘다. 그러나 태양은 여전히 한 조각의 종이도 태우지 못한다. 우리에게는 세상을 보는 돋보기와 에너지를 끌어오는 도관이 필요하며, 그 때문에 구루가 존재하는 것이다.
>
> (비키 메킨지, 『나는 여성의 몸으로 붓다가 되리라』, 305쪽)

하여 붓다가 떠난 이후 수많은 보살, 수많은 구루가 등장했다. 그들을 통해 다르마의 빛이 사방에 퍼져 나가기 시작했다.

달마가 동쪽으로 간 까닭은?

과연 그랬다. 붓다 사후 그의 가르침은 싱싱하게 살아 움직였다. 불교의 역사적 궤적이 그것을 말해 준다. 붓다 생전 인도에서 유력한 종교로 부상했고, B.C. 3세기경 최초로 인도 전역을 통일한 아소카 왕의 시대에는 마침내 전 인도의 국교가 되었다. 그리고 다시 200년쯤 뒤 대승불교 운동이 시작된다. 이 대승의 파동은 먼저 중국대륙을 향했다. 중국과 인도는 지리적으로는 인접해 있지만 문화적·사상적 토양은 달라도 너무 다르다. 하지만 불교는 이 장벽을 넘어 새로운 사유와 언어, 삶의 방식을 만들어 내는 데 성공했다.

이런 화두를 들어 보았을 것이다. —'달마가 동쪽으로 간 까닭은?' 생각해 보니 그렇다. 왜 동쪽으로 갔지? 왜 서쪽이 아니고 동쪽이지? 인도는 지정학적으로 보면 동서문화의 교차점에 있다. 하지만 동쪽으로는 히말라야가 가로막고 있어서 상대적으로 서쪽으로의 이동이 용이하다. 아리아인들 자체가 서쪽, 러시아 남부 대평원에서 도래했고, 문명 간 교류도 중앙아시아나 유럽 쪽과 훨씬 왕성하게 이루어졌다. 산스크리트어 자체가 인도·유럽 어족에 속하지 않는가. 하지만 불교는 파미르 고원을 넘지 못했다. 전법을 하지 않은 건 아니다. 다양한 루트로 전법을 시도했지만 그럼에도 불교는 서구문화의 토양에 접속하지 못했다.

결국 다르마의 파동은 동쪽으로, 동쪽으로 흘러갔다. 그 결과 중화문명권의 사상에 '유불도' 삼교회통이라는 테제를 정립하기에 이르렀다. 그러니까 불교가 없는 한자문명권을 상상할 수 없게 된 것이다. 중화문명권에 속한 한반도의 경우, 통일신라에서 고려에 이르기까지 아주 오랫동안 불교왕국이었던 것도 이런 맥락이다. 이것이 하나의 선분이라면, 예기치 않게 생성된 또 하나의 선분이 있다. 서기 7세기, 다르마가 중원으로 간 지 600년쯤 후, 이번에는 눈의 나라 티베트에서 불심이 일어났다. 세계에서 가장 험준한 히말라야 설산을 넘어 붓다가 눈의 나라와 조우하게 된 것이다. 그즈음 인도불교는 사상적으로 절정을 향해 가는 중이었다. 붓다의 연기법이 대승의 공 사상과 유식, 그리고 금강승으로 도약하고 있었다.

그래서 일어난 역설. 눈의 나라는 중화문명권의 나라들보다 훨씬 뒤늦게 불교를 만났지만, 그 덕분에 최고 수준의 다르마를 받아들이게 되었다. '가장 늦게 온 자가 가장 먼저 온 자가 된다'는 게 이런 뜻인가. 이후 수백여 년의 시간이 흐르고, 그 사이에 눈의 나라는 온전히 붓다의 나라가 되었다. 중국처럼 유교나 도교 같은 수준 높은 사상도 없었고, 히말라야 설산이라는 삶의 조건이 워낙 척박해서 그랬을 수도 있다. 하지만 단지 환경과 역사적 조건의 문제만은 아니었다. 앞서 '당번고도' 스토리에서도 밝혔지만, 7세기 무렵, 토번왕조는 당나라를 위협할 정도의 강성한 제국이었지만 가장 맹렬하게 팽창하던 그 시대에 대전환이 일어난다. 세계를 정복하는 것에서 마음을 정복하는 것으로 방향을 바꾼 것이다. 이 위대한 전환의 유래는 아무도 알지 못한다. 짐작건대, 유목민의 존재방식과 붓다의 다르마가 절묘하게 조응한 것이 아닐는지. 혹은 조오불상(12세 불상)의 공감력이 설산의 영성을 일깨운 것일지도.

그 사이, 인도에서 불교는 하강곡선을 그리고 있었다. 힌두교의 대중적 확산과 이슬람의 총공세에 밀려 마침내 불교는 인도라는 영토에서 축출되고 말았다. 이것은 추방일까? 탈주일까? 추방이면서 동시에 탈주였으리라. 붓다는 인도인이 아니다. 법신은 당연히 인도라는 국경 안에 머무를 이유가 없다. 다르마는 당연히 전 우주적인 파동이요 빛이다. 그러니 마땅히 인도라는 경계를 넘어야 한다. 이런 원리가 그때 역사적으로 일어난 것뿐이다.

그렇게 해서 태생적 뿌리로부터 벗어난 붓다의 다르마는

이제 동아시아와 남아시아, 그리고 티베트, 몽골 등 중앙아시아에서 최고의 영적 나침반이 되었다. 지구본을 놓고 보면 인도를 기준으로 완벽하게 동쪽 지역이다. 이것은 그저 우연일까? 아니면 붓다가 보리수 아래서 동쪽을 향해 아사나 자세로 앉을 때 이미 예견된 것일까?

달라이 라마가 서쪽으로 간 까닭은?

그리고 19세기 말, 서세동점西勢東漸의 파고 속에서 붓다의 법이 서쪽으로 이동하기 시작한다. 책의 서두에서 밝혔듯이, 먼저 남아시아의 초기경전들이 영어, 독일어, 불어로 번역되면서 서구 지성사에 충격파를 가하기 시작했다. 기술문명은 서에서 동으로 밀려왔지만, 그때 발견된 동양의 오래된 지혜들은 서구인들의 마음에 새로운 지평을 열기 시작했다. 일종의 서곡이었다. 그러다 드디어 결정적인 변곡점이 발생한다. 붓다의 다르마가 동에서 서로 이동하는! 그것은 히말라야 설산, 은둔의 왕국에서 오랫동안 불심을 키워 온 눈의 나라에서 일어났다.

1959년 3월 19일 밤, 스물네 살의 달라이 라마 14세는 티베트 라싸의 노블링카 궁전을 빠져나온다. 1950년에 시작된 중국의 침략과 티베트인들의 저항이 최고조에 달했던 시점이다. 폭력을 멈추고 희생을 줄일 수 있는 출구는 오직 하나. 달라이 라마가 라싸를 떠나는 것뿐. 마침내 인도로 가는 망명길에 올랐다. 그때 받은 신탁, "오늘 밤 당장 떠나라!" 이미 오래전부터 신탁은 이런 상황을 예언해 왔다. 붉은 군대의 침략과 다르마의 쇠망과 파멸, 그리고 티베트 민중의 울부짖음 등등. 그 와중에 섬광처럼 명멸한 예언 하나,

"붓다의 법이 서구에서 빛나리라!"

과연 그랬다. 1960년 마침내 북인도 작은 마을 다람살라에 티베트 망명정부가 세워졌다. 붓다의 법이 다시 인도로 귀환한 것이다. 불교가 인도에서 추방된 지 무려 천여 년 만에! 인도 전역에 티베트식 승원들이 세워지고 다람살라는 전 세계 불자들의 정신적 성지가 되었다. 그즈음 서구문명의 폭력성과 모더니즘의 공허에 지친 유럽의 청년들이 다람살라로 자원방래하기 시작했다. 쾌락의 환멸에 빠진 청년들이 붓다를 찾아 사슴 동산으로 왔던 것처럼. 그리하여 달라이 라마와 그 제자들을 통해 붓다의 가르침은 서유럽으로, 아메리카로, 중남미로 퍼져 나갔다.

이런 시대전환에 부응하여 중년 이후 달라이 라마는 유럽

과 미국, 세계 곳곳을 주유하기 시작했다. 오늘은 뉴욕에서 강연을 하고, 내일은 유럽의 수도원에서 성서와 그리스도를 이야기하고, 그다음 날은 노르웨이의 썰매 위를 달렸다. 그 옛날 달마가 동쪽으로 갔듯이, 20세기 후반 달라이 라마는 서쪽으로, 서쪽으로 나아갔다. 마침내 붓다의 가르침이 파미르 고원을 넘은 것이다. 그와 더불어 붓다는 드디어 인도를 넘어, 동양을 넘어, 온 인류의 스승이 되었다.

만약 불교가 계속 인도에 남아 있었다면? 그래도 과연 전세계인의 가르침이 될 수 있었을까? 힌두교와 이슬람의 압박이 없었다 해도 인도인의 관습과 방대한 영토 자체가 불교의 역동성을 잠식했을 것이다. 하지만 인도로부터 추방당하면서 주류와 전통이라는 권위를 벗어던질 수 있었고, 길 위에서 낯선 문명과 교섭하면서 끊임없이 변용될 수 있었다. 이 무한한 변주능력이야말로 다르마의 잠재력이다. 그래서 청춘이다. 다르마는 청춘의 파토스와 함께 유동한다.

달라이 라마의 탈주 역시 마찬가지다. 티베드불교가 히말라야 고원에 그저 머물렀다면 과연 다르마가 세계를 향해 나아갈 수 있었을까? 파미르 고원을 넘을 수 있었을까? 아닐 것이다. 라싸의 포탈라궁은 관광의 핫플레이스로, 티베트인들의 깊은 불심은 인류학적 호기심의 대상으로 전락했을 것이다. 하지만 달라이 라마가 라싸를 떠나 '세계에서 가장 오래된 게스트(난민)'가 되는 바람에 붓다의 다르마는 서구를 넘어 전 지구로 뻗어 나갈 수 있었다. 과연 역사는 아이러니와 반전의 연속이다.

붓다의 예언대로 다르마는 불멸한다. 왜? 빛이기 때문이다. 빛은 질량과 부피를 갖지 않는다. 완벽한 무아, 무상이다. 어떤 것도 빛의 속도를 따라잡을 수 없다. 즉, 포착할 수도, 규정할 수도 없다. 끊임없이 유동한다. 경이로운 여정이다. 과연 이 여정은 어디를 향할 것인가?

오라, 청년들이여!

현대과학은 뇌의 구조를 세밀하게 분석하고, 물질의 원리를 궁극의 영역까지 파헤친다. 디지털은 시공간의 장애를 뛰어넘어 온 누리를 연결했을뿐더러 장차 우주까지도 정복할 태세다. 가히 신의 경지다. 아울러 인공지능은 이미 인간의 영역을 훨씬 뛰어넘었다. 그 신통방통한 능력은 손오공의 72 가지 변신술이 무색할 지경이다. 그런데, 참 이상하다. 이쯤 되면 인간은 이제 깨달음에 이르러야 하지 않나? 최소한 이 문명을 기반으로 세상을 좀더 자유롭고 평화롭게 만들고 싶은 마음이 막 일어나야 하지 않나? 하지만 그렇기는커녕 보다시피 더더욱 탐욕에 찌들고 분노에 휩싸인 상태다. 심하게 말해서, 마음의 차원은 구석기시대보다도 더 협소해진 느낌이다.

아, 하긴 손오공도 도를 깨우치진 못했다. 무소불위의 도술을 가지고도 자신의 힘을 오직 타인을 지배하고 무찌르는 쪽으로 쓰느라 결국엔 분노조절장애자가 되고 말았다. 그렇구나. 우리 시대의 능력자들과 참 닮았다. 탁월한 지위, 고도의 경지에 올랐음에도 탐욕을 제어하고 분노를 조절하는 데는 완전 꽝(!)인 수많은 능력자들. 대체 뭐가 부족한 것일까? 손오공은 결국 하늘에 올라 온갖 난동을 다 부린다. 그 바람에 천지의 리듬도 엉망진창이 되어 버린다. 하늘의 천군이 다 동원되었는데도 제압할 방법이 없자, 옥황상제는 서역에서 설법 중이던 붓다에게 간청을 한다. 부디 저 난동꾼 좀 어떻게 제압해 달라고.

여러모로 우리 시대와 닮았다. 우리 시대 역시 기술문명을 활용하여 온갖 살상무기를 만들어 군비경쟁을 하거나, 아니면 상품생산을 통해 오직 욕망을 부추기는 데 골몰할 뿐이다. 결국 삶이건 문명이건 키워드는 파괴와 쾌락, 두 가지뿐이다. 문명의 혜택이 주는 기쁨과 평화는 도무지 누릴 줄 모른다. 또 기술의 이면에 있는 자연의 원리와 우주의 법칙을 어떻게 우리 삶에 적용할지에 대해서는 도통 관심이 없다.

이런 식이라면 앞으로 기술이 발전하고, 문명이 진화할수록 인간의 탐진치는 더더욱 증장될 수밖에 없다는 뜻이 아닌가. 하여, 다시 붓다다!

하늘을 뒤집어 놓은 손오공을 다스리기 위해 석가모니가 출동했듯이, 21세기를 살아가야 하는 우리한테도 붓다가 필요하다. 21세기의 슈가맨, 붓다! 더 정확히는 붓다의 지혜, 붓다의 자비가 필요하다. 탐진치의 트라이앵글을 해체하려면 이 길밖엔 없다. '깨어 있는 마음'이 지혜라면, '가없는 마음'이 자비다. 깨어 있으면 마음의 경계가 한없이 넓어진다. 거꾸로 마음을 무량하게 펼치면 온전히 깨어 있게 된다.

지구의 온도를 낮추고 자연과 공존하려면? 지혜와 자비가 필요하다. 분노를 조절하고 탐욕을 제어하려면? 마음을 탐구하고 사유를 확장해야 한다. 역시 지혜와 자비다. 고립과 단절에서 벗어나 사람과 사람이 연결되려면? 이기심에서 벗어나 이타심을 훈련해야 한다. 역시 지혜와 자비다. 모든 속박에서 벗어나 자유를 누리고자 한다면? 자아의 감옥에서 도주해야 한다. 자아를 벗어나 온전히 생명의 흐름 속을 유영해야 한다. 역시 지혜와 자비가 아니고선 불가능하다.

디지털과 함께 태어나 그 속에서 성장한 우리 시대 청년들에겐 두 개의 길이 있다. 디지털 좀비가 될 것인가? 아니면 디지털 노마드가 될 것인가? 전자가 자의식의 늪에 빠져 탐진치에 중독되는 길이라면, 후자는 그 늪에서 벗어나 세계 전체와 공명하는 자유인의 길이다. 불행히도 대부분은 전자의 코스를 밟는다. 후자의 길을 가는 이들은 물론이고, 특히 전자의 코스를 밟다가 정처 없이 방황하는 이들에게도 붓다는 최고의 멘토이자 벗이다. 욕망에서 자유로, 증식에서 순환으로, 허무에서 생명으로 가는 비전을 알려 줄 터이므로.

아, 굳이 출가를 할 필요는 없다. 붓다 당시엔 책도 없었고, 카스트의 위계와 의무가 워낙 강고해서 출가를 하지 않으면 깨달음의 진리를 접할 기회조차 없었다. 하지만 이젠 걱정 마시라! 온 사방이 다 경전이고, 다르마다. 특히 책은 세상의 보배 가운데 가장 싸다^^. 유튜브의 지성과 영성은 무려 공짜다! 누구나, 어디서나 깨달음을 향해 나아갈 수 있게 되었다. 그리고 진리의 구현처는 동굴도, 산사도, 은둔처도 아닌, 매일매일의 일상이다. 자기가 선 그 자리가 바로 구도의 현장이라는 뜻이다. 다만 마음의 방향과 구조를 바꾸면 된다. 일상과 습관의 패턴을 바꾸면 된다. 다만 그뿐이다!

이런 분위기에 무의식적으로 공명한 것인가. 책의 서두에서 밝힌 바와 같이 우리 시대 청년들은 붓다를 좋아한다. 신기한 노릇이다. 대체 왜? 청춘은 청춘을 알아본다고, 붓다는 청춘이었다. 출가와 고행 그리고 성도와 초전법륜은 청춘의 산물이다. 그의 다르마는 늙지 않는다. 어떤 경계에도 머무르지 않기 때문이다. 그래서 늘 푸르르다. 오, 인류 지성사에 이 토록 유연하고 역동적인 진리의 파동이 있었던가.

당연한 말이지만, 청년들은 붓다를 잘 모른다. 불교의 원리와 역사에 대해서는 더더욱. 그럼에도 '무소의 뿔처럼 혼자서 가라'는 게송에 격하게 반응한다. '번뇌의 독화살을 뽑아라', '두번째 화살을 맞지 마라'는 조언에 환호하고, '오직 날개의 무게로만 가는 새처럼 가라!'는 말에 심쿵한다. 청년들이 이 아포리즘에 담긴 진리의 파동을 감지한 것일까. 알 수 없다. 하지만 중요한 건 바야흐로 붓다와 청년들의 접속이 시작되었다는 사실이다.

21세기 청년이 붓다를 만나면? 2,600년 전 사슴 동산에서 그랬던 것처럼 붓다는 또 이렇게 말하리라. 와서 보라! 그리고 질문하라! 벗이 벗에게 물어보듯이. 존재에 대하여. 세계에 대하여. 생사와 윤회에 대하여. 자유와 해방에 대하여. 그러면 들려주리라. 속박과 두려움, 또 오염에서 벗어나는 길을. 그리하여 마침내,

"바람이 되고 사자가 되고 연꽃이 되는 노래를."

참고한 책들

· 경전

『마하박가 - 율장대품』, 전재성 옮김, 한국빠알리성전협회, 2014.

『본생경』 1, 불전간행회 엮음, 민족사, 1995.

『불본행십경』 2, 동국대학교역경원 엮음, 동국대학교역경원, 1994.

『성서(공동번역)』, 대한성서공회, 2017.

『숫타니파타』, 전재성 옮김, 한국빠알리성전협회, 2013.

『쌍윳따니까야』, 전재성 옮김, 한국빠알리성전협회, 2014.

『앙굿따라니까야』, 전재성 옮김, 한국빠알리성전협회, 2018.

· 단행본

R. K. 나라얀 엮음, 『마하바라타』, 김석희 옮김, 아시아, 2014.

S. 라다크리슈난, 『인도철학사』 1·2, 이거룡 옮김, 한길사, 1996.

가와이 하야오·나카자와 신이치, 『불교가 좋다』, 김옥희 옮김, 동아시아, 2007.

달라이 라마·툽텐 최된, 『달라이 라마의 불교 강의』, 주민황 옮김, 불광출판사,
　　2015.

도법, 『붓다, 중도로 살다』, 불광출판사, 2020.

마스타니 후미오, 『붓다 그 생애와 사상』, 반영규 옮김, 대원사, 1997.

박경훈, 『부처님의 생애』 상·하, 동국대역경원, 1978.

법륜, 『부처님의 발자취를 따라』, 정토출판, 2000.

법륜, 『인간 붓다』, 정토출판, 2010.

비키 메킨지, 『나는 여성의 몸으로 붓다가 되리라』, 세등(世燈) 옮김, 김영사, 2011.

삐야닷시 테라, 『붓다의 옛길』, 유미경 옮김, 달물, 2015.

와타나베 쇼코, 『불타 석가모니』, 법정 옮김, 문학의숲, 2010.

월폴라 라훌라, 『붓다의 가르침과 팔정도』, 전재성 옮김, 한국빠알리성전협회, 2005.

이학종, 『붓다 연대기』, 불광출판사, 2021.

카렌 암스트롱, 『스스로 깨어난 자 붓다』, 정영목 옮김, 푸른숲, 2003.

카렌 암스트롱, 『신의 전쟁』, 정영목 옮김, 교양인, 2021.